ビジネス・キャ

検定試験
過去問題集　解説付き

BUSINESS CAREER

経営情報システム　2級

菅原　邦昭 ●監修
ビジネス・キャリア®検定試験研究会 ●編著

一般社団法人 雇用問題研究会 ●発行

●はじめに

　ビジネス・キャリア®検定試験（ビジキャリ）は、技能系職種における技能検定（国家検定）と並び、事務系職種に従事する方々が職務を遂行するうえで必要となる、専門知識の習得と実務能力の評価を行うことを目的とした中央職業能力開発協会（JAVADA）が行う公的資格試験です。

　ビジキャリは、厚生労働省が定める事務系職種の職業能力評価基準（http://www.hyouka.javada.or.jp/）に準拠しており、人事・人材開発・労務管理、経理・財務管理から、営業・マーケティング、経営戦略、さらには、生産管理、ロジスティクスまで、全8分野の幅広い職種をカバーしていることから、様々な目的に応じた自由度の高いキャリア形成・人材育成が可能であり、多くの方々に活用されております。

　本書は、過去にビジネス・キャリア®検定試験で実際に出題された問題から経営情報システム分野の試験区分ごとに100問をピックアップし、正解を付して解説を加えたものです。

　受験者の方々が、学習に際して本書を有効に活用され、合格の一助となれば幸いです。

　最後に、本書の刊行にあたり、ご多忙の中ご協力いただきました関係各位に対し、厚く御礼申し上げます。

令和4年5月

一般社団法人 雇用問題研究会

ビジネス・キャリア®
検定試験
過去問題集 解説付き

経営情報システム 2級

•もくじ

●標準テキスト及び試験範囲と本書に掲載されている試験問題の対応表
経営情報システム2級

【情報化企画】

標準テキスト（第2版）				
第1章 経営情報化企画	第1節 経営戦略	1	経営戦略の基礎	
		2	さまざまな経営戦略	
		3	経営戦略の策定プロセス	
		4	戦略の評価	
	第2節 情報化戦略	1	情報化戦略と経営戦略	
		2	内部環境の分析	
		3	外部環境分析	
		4	情報化の課題と目標の設定	
		5	情報化戦略の基本方針策定	
	第3節 情報倫理・コンプライアンス	1	教育の重要性	
		2	企業の責任	
		3	情報倫理の考え方	
		4	関連法規やガイドライン	
		5	組織の学習体制	
	第4節 情報化戦略の評価	1	評価の必要性	
		2	情報化成熟度	
		3	情報化投資の評価	
		4	リスクマネジメント	
	第5節 情報化戦略の成果	1	長期間にわたる成果の確認	
		2	バランススコアカード（BSC）	
第2章 業務の分析・評価・ 改善	第1節 業務の分析	1	業務分析手法	
		2	問題・ニーズ把握	
		3	ボトルネックの把握	
		4	業務リスク分析	
		5	ビジネスプロセス分析	
	第2節 業務の可視化	1	図式化手法	
		2	ドキュメント	
		3	マニュアル化	
	第3節 改善計画の策定と評価	1	問題解決手法	
		2	業務改善策を見いだすための手法	
		3	改善目標の設定	
	第4節 業務改善の推進	1	業務改善体制	
		2	業務改善の推進	
		3	BPR/BPM	
	第5節 業務改善にかかわる国際標準など	1	QMS	
		2	TQC	
		3	TQM	
		4	EA	

8ページに続く

試験範囲（出題項目）				本書の問題番号
A　経営情報化企画	1　経営戦略	1	経営戦略の基礎	
		2	さまざまな経営戦略	1〜2
		3	経営戦略の策定プロセス	3〜7
		4	戦略の評価	8〜10
	2　情報化戦略	1	情報化戦略と経営戦略	11〜12
		2	内部環境の分析	13〜14
		3	外部環境分析	15〜17
		4	情報化の課題と目標の設定	
		5	情報化戦略の基本方針策定	18
	3　情報倫理・コンプライアンス	1	教育の重要性	
		2	企業の責任	
		3	情報倫理の考え方	19
		4	関連法規やガイドライン	
		5	組織の学習体制	
	4　情報化戦略の評価	1	評価の必要性	20
		2	情報化成熟度	21
		3	情報化投資の評価	22〜25
		4	リスクマネジメント	
	5　情報化戦略の成果	1	長期間にわたる成果の確認	
		2	バランススコアカード（BSC）	26
B　業務の分析・評価・改善	1　業務の分析	1	業務分析手法	27〜28
		2	問題・ニーズ把握	29〜32
		3	ボトルネックの把握	33
		4	業務リスク分析	
		5	ビジネスプロセス分析	
	2　業務の可視化	1	図式化手法	34〜38
		2	ドキュメント	39
		3	マニュアル化	40
	3　改善計画の策定と評価	1	問題解決手法	41〜43
		2	業務改善策を見いだすための手法	44
		3	改善目標の設定	45
	4　業務改善の推進	1	業務改善体制	46〜47
		2	業務改善の推進	
		3	BPR/BPM	48
	5　業務改善にかかわる国際標準など	1	QMS	49
		2	TQC	
		3	TQM	
		4	EA	50

9ページに続く

標準テキスト（第2版）		
第3章 **システムの開発**	第1節　経営と情報システム構築のかかわり	1　経営戦略と情報戦略の重要性 2　中長期的視点の重要性 3　システム化構想の成果物
	第2節　システム化計画の策定	1　システム化計画 2　情報システム開発プロセス
	第3節　情報システム開発・保守の組織体制	1　組織・体制の整備 2　開発プロジェクト体制（役割分担、責任範囲、指揮系統、報告体制） 3　要員の調達
	第4節　見積り	1　見積りのタイミングと見積り精度 2　開発規模の見積り 3　開発生産性 4　費用見積り 5　見積り評価
	第5節　要求仕様書と要件定義書	1　要求仕様と要件定義 2　要求仕様書の作成 3　要求分析手法 4　要件定義の進め方
	第6節　システム設計	1　システム分析方法論 2　システム設計手法の特徴と表記法
	第7節　ヒューマン・インターフェース設計	1　利用者の設定と利用局面 2　入出力手段の選定と利用環境 3　ヒューマンエラー対策 4　ユーザビリティーの確認
	第8節　データベースとファイルの設計	1　データベースとファイルの違い 2　データベース設計 3　ファイル設計
	第9節　システム開発手法とツール	1　開発モデル 2　プログラム言語 3　開発支援ツール 4　開発プロセス基準
	第10節　システムのテスト計画	1　テストの意義 2　テストの種類 3　テスト計画
	第11節　システムの移行計画	1　システム転換・移行の方法論 2　システムの受け入れ準備 3　システムの移行
	第12節　開発プロジェクトマネジメント	1　プロジェクトマネジメントの標準 2　プロジェクトマネジャーの役割 3　プロジェクトの運営

10ページに続く

試験範囲（出題項目）			本書の問題番号
C　システムの開発	1　経営と情報システム構築のかかわり	1　経営戦略と情報戦略の重要性 2　中長期的視点の重要性 3　システム化構想の成果物	51
	2　システム化計画の策定	1　システム化計画 2　情報システム開発プロセス	52〜54 55
	3　情報システム開発・保守の組織体制	1　組織・体制の整備 2　開発プロジェクト体制（役割分担、責任範囲、指揮系統、報告体制） 3　要員の調達	56〜57 58〜62 63〜64
	4　見積り	1　見積りのタイミングと見積り精度 2　開発規模の見積り 3　開発生産性 4　費用見積り 5　見積り評価	65
	5　要求仕様書と要件定義書	1　要求仕様と要件定義 2　要求仕様書の作成 3　要求分析手法 4　要件定義の進め方	66
	6　システム設計	1　システム分析方法論 2　システム設計手法の特徴と表記法	67〜68
	7　ヒューマン・インターフェース設計	1　利用者の設定と利用局面 2　入出力手段の選定と利用環境 3　ヒューマンエラー対策 4　ユーザビリティーの確認	69〜70
	8　データベースとファイルの設計	1　データベースとファイルの違い 2　データベース設計 3　ファイル設計	71
	9　システム開発手法とツール	1　開発モデル 2　プログラム言語 3　開発支援ツール 4　開発プロセス基準	72
	10　システムのテスト計画	1　テストの意義 2　テストの種類 3　テスト計画	73 74〜75
	11　システムの移行計画	1　システム転換・移行の方法論 2　システムの受け入れ準備 3　システムの移行	76 77
	12　開発プロジェクトマネジメント	1　プロジェクトマネジメントの標準 2　プロジェクトマネジャーの役割 3　プロジェクトの運営	78〜80 81〜82

11ページに続く

標準テキスト（第2版）		
第4章 IT資源の調達	第1節　組織のIT資源調達への取り組み	1　IT経営におけるIT資源調達の位置づけ 2　IT資源のライフサイクル 3　IT資源の分類 4　IT資源調達における組織の活動
	第2節　IT資源の調達プロセス	1　調達プロセスの概略 2　調達計画の作成 3　情報収集 4　調達仕様書作成 5　予定価格の積算 6　見積書や提案書の提出依頼 7　見積書や提案書の審査、評価 8　契約 9　検収 10　プロセスの見直し
	第3節　調達プロセスの運用	1　調達仕様書とRFP、RFQの位置づけ 2　RFP、RFQを作成する 3　調達仕様書の作成
	第4節　調達に必要な業務やIT支援に関する知識	1　製造業務 2　物流業務 3　販売業務 4　会計業務 5　人事・労務業務 6　統合管理 7　オフィス情報システム 8　ビジネスのデジタル化 9　調達における情報セキュリティ 10　調達におけるIT技術の評価・選択

＊標準テキストの章立てについては、学習のしやすさ、理解促進を図る観点から、一部、試験範囲の項目が組替・包含されている場合等があります。

試験範囲（出題項目）				本書の問題番号
D IT資源の調達	1	組織のIT資源調達への取り組み	1 IT経営におけるIT資源調達の位置づけ	
			2 IT資源のライフサイクル	
			3 IT資源の分類	
			4 IT資源調達における組織の活動	
	2	IT資源の調達プロセス	1 調達プロセスの概略	
			2 調達計画の作成	83
			3 情報収集	84
			4 調達仕様書作成	
			5 予定価格の積算	
			6 見積書や提案書の提出依頼	
			7 見積書や提案書の審査、評価	
			8 契約	85〜86
			9 検収	
			10 プロセスの見直し	
	3	調達プロセスの運用	1 調達仕様書とRFP、RFQの位置づけ	
			2 RFP、RFQを作成する	
			3 調達仕様書の作成	
	4	調達に必要な業務やIT支援に関する知識	1 製造業務	87〜88
			2 物流業務	89〜93
			3 販売業務	
			4 会計業務	
			5 人事・労務業務	
			6 統合管理	94〜95
			7 オフィス情報システム	
			8 ビジネスのデジタル化	96〜97
			9 調達における情報セキュリティ	98
			10 調達におけるIT技術の評価・選択	99〜100

＊試験範囲の詳細は、中央職業能力開発協会ホームページ（http://www.javada.or.jp/jigyou/gino/business/jyouhou.html）をご確認ください。

経営情報システム2級

【情報化活用】

		標準テキスト（第2版）	
第1章 運用工程	第1節　運用工程の概要	1	ライフサイクルにおける位置づけ
		2	運用工程の役割
		3	運用工程の活動
		4	管理の対象
		5	運用の統制
		6	参考となる基準や資料等
	第2節　運用管理（1）	1	運用設計
		2	IT 資源の管理
	第3節　運用管理（2）	1	IT サービスの提供
		2	オペレーションの管理
		3	キャパシティ管理
		4	イベント管理
		5	サービスレベル管理
		6	費用の管理
		7	報告
		8	インシデントの管理
		9	利用者の支援
	第4節　保守、変更管理、移行	1	保守の活動の概要
		2	IT 資源の種類ごとの特徴
		3	変更管理
		4	移行（リリース及び展開）
第2章 活用	第1節　情報の活用	1	情報の収集と活用
		2	情報の価値
		3	情報の共有化
	第2節　デジタル・メディアの活用	1	要素技術
		2	統合技術
		3	Web 技術
	第3節　ネットワークの活用	1	Web
		2	検索
		3	e メール（電子メール）
		4	クラウドサービス
		5	ソーシャルメディア
		6	グループウェア
		7	EC：Electronic Commerce
		8	企業間連携
	第4節　ビジネスツールの活用	1	文書作成ソフトウェア
		2	表計算ソフトウェア
		3	プレゼンテーションソフトウェア
	第5節　データの活用	1	統計
		2	意思決定の支援
		3	マーケティングで使われる指標例

14ページに続く

試験範囲（出題項目）			本書の問題番号
A　運用工程	1　運用工程の概要	1　ライフサイクルにおける位置づけ	1〜2
		2　運用工程の役割	
		3　運用工程の活動	
		4　管理の対象	3〜4
		5　運用の統制	5〜6
		6　参考となる基準や資料等	7〜8
	2　運用管理（1）	1　運用設計	
		2　IT資源の管理	9〜17
	3　運用管理（2）	1　ITサービスの提供	18〜19
		2　オペレーションの管理	20〜21
		3　キャパシティ管理	22〜23
		4　イベント管理	
		5　サービスレベル管理	24〜26
		6　費用の管理	27〜28
		7　報告	
		8　インシデントの管理	29〜31
		9　利用者の支援	
	4　保守、変更管理、移行	1　保守の活動の概要	32〜33
		2　IT資源の種類ごとの特徴	34〜36
		3　変更管理	
		4　移行（リリース及び展開）	
B　活用	1　情報の活用	1　情報の収集と活用	37〜39
		2　情報の価値	
		3　情報の共有化	
	2　デジタル・メディアの活用	1　要素技術	40
		2　統合技術	41〜42
		3　Web技術	43〜44
	3　ネットワークの活用	1　Web	45
		2　検索	46
		3　eメール（電子メール）	47
		4　クラウドサービス	48〜49
		5　ソーシャルメディア	50
		6　グループウェア	51〜52
		7　EC：Electronic Commerce	53
		8　企業間連携	54〜55
	4　ビジネスツールの活用	1　文書作成ソフトウェア	56
		2　表計算ソフトウェア	57
		3　プレゼンテーションソフトウェア	58〜59
	5　データの活用	1　統計	60〜64
		2　意思決定の支援	65
		3　マーケティングで使われる指標例	66〜67

15ページに続く

標準テキスト（第2版）		
第3章 評価	第1節　情報化の効果の考え方	1　経営戦略との連動性 2　評価の前提となる外部環境、内部環境 3　評価の対象や項目（ヒト、モノ、カネなどの視点） 4　評価の範囲
	第2節　評価方法	1　会計的評価法 2　バランスト・スコアカード 3　戦略マップ 4　成熟度モデル 5　IT投資マネジメント 6　情報化企画書の効果評価例
	第3節　モニタリング・コントロール	1　モニタリング・コントロールの意義 2　モニタリングの対象となるプロセス 3　モニタリング実施方法
第4章 対策	第1節　対策の概念	1　リスクマネジメント 2　内部統制 3　情報セキュリティ管理
	第2節　対策の管理システムの詳細	1　内部統制の構築・管理 2　情報セキュリティ管理
	第3節　対策の管理策の詳細	1　組織的なセキュリティ 2　人的資源のセキュリティ 3　物理的および環境的セキュリティ 4　通信およびシステム運用のセキュリティ
	第4節　対策の応用と動向	1　セキュリティ管理の実践 2　関連するリスクマネジメントの基準 3　関連する情報セキュリティの基準

＊標準テキストの章立てについては、学習のしやすさ、理解促進を図る観点から、一部、試験範囲の項目が組替・包含されている場合
　等があります。

試験範囲（出題項目）					本書の問題番号
C　評価	1　情報化の効果の考え方		1	経営戦略との連動性	
			2	評価の前提となる外部環境、内部環境	
			3	評価の対象や項目（ヒト、モノ、カネなどの視点)	
			4	評価の範囲	
	2　評価方法		1	会計的評価法	
			2	バランスト・スコアカード	
			3	戦略マップ	
			4	成熟度モデル	
			5	IT投資マネジメント	68〜69
			6	情報化企画書の効果評価例	
	3　モニタリング・コントロール		1	モニタリング・コントロールの意義	70〜72
			2	モニタリングの対象となるプロセス	
			3	モニタリング実施方法	73〜75
D　対策	1　対策の概念		1	リスクマネジメント	76
			2	内部統制	77〜84
			3	情報セキュリティ管理	85
	2　対策の管理システムの詳細		1	内部統制の構築・管理	86〜87
			2	情報セキュリティ管理	88〜90
	3　対策の管理策の詳細		1	組織的なセキュリティ	
			2	人的資源のセキュリティ	91
			3	物理的および環境的セキュリティ	92
			4	通信およびシステム運用のセキュリティ	93〜95
	4　対策の応用と動向		1	セキュリティ管理の実践	96
			2	関連するリスクマネジメントの基準	97〜100
			3	関連する情報セキュリティの基準	

＊試験範囲の詳細は、中央職業能力開発協会ホームページ（http://www.javada.or.jp/jigyou/gino/business/jyouhou.html）をご確認ください。

15

●本書の構成

本書は、「過去問題編」と「解答・解説編」の2部構成となっています。
ビジネス・キャリア®検定試験において過去に出題された問題から100問を
ピックアップ。問題を「過去問題編」に、各問についての解答及び出題のポ
イントと解説を「解答・解説編」に収録しています。
発刊されている「ビジネス・キャリア®検定試験 標準テキスト」（中央職業
能力開発協会 編）を併用しながら学習できるように、問題の内容に対応す
る標準テキストの該当箇所も示しています。
各ページの紙面構成は次のようになっています。

過去問題編

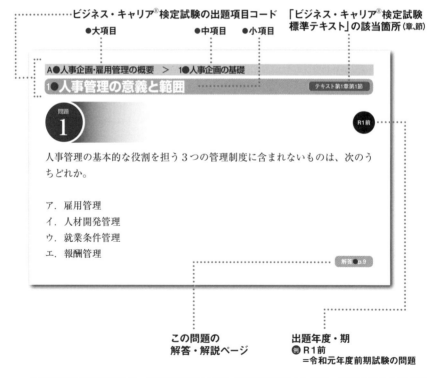

ビジネス・キャリア®検定試験の出題項目コード　「ビジネス・キャリア®検定試験 標準テキスト」の該当箇所（章,節）

●大項目　　　　　　●中項目　　●小項目

A●人事企画・雇用管理の概要　＞　1●人事企画の基礎
1●人事管理の意義と範囲　　　　　　　　　　　テキスト第1章第1節

問題
1
R1前

人事管理の基本的な役割を担う3つの管理制度に含まれないものは、次のう
ちどれか。

ア．雇用管理
イ．人材開発管理
ウ．就業条件管理
エ．報酬管理

解答 ●p.9

この問題の
解答・解説ページ

出題年度・期
例 R1前
＝令和元年度前期試験の問題

＊検定試験の出題項目コード及び標準テキストの該当箇所については、該当するものが必ず
　しも単一であるとは限らないため、最も内容が近いと思われるコード、章・節を参考として
　示しています。

解答・解説編

正解の選択肢

出題のポイント（この問題でどのような内容が問われているか）

A●人事企画・雇用管理の概要　＞　1●人事企画の基礎

1●人事管理の意義と範囲

テキスト第1章第1節

問題 **1** 解答

R1前

正　解　　イ

ポイント　　人事管理を構成する諸制度の基本的な理解度を問う。

解　説

ア．含まれる。職場や仕事に人材を供給するための管理機能を担う。①採用管理、②配置・異動管理、③人材開発管理、④雇用調整・退職管理、のサブシステムからなる。

イ．含まれない。雇用管理を構成するサブシステムの１つである。

ウ．含まれる。働く環境を管理する機能を担う。①労働時間管理、②安全衛生管理、のサブシステムからなる。

エ．含まれる。給付する報酬を管理する機能を担う。①賃金管理、②昇進管理、③福利厚生管理、のサブシステムからなる。

人事管理の基本的な役割を担う３つの管理制度（雇用管理、就業条件管理、報酬管理）と、基盤システム、サブシステムとの連関は、次の図のとおり。

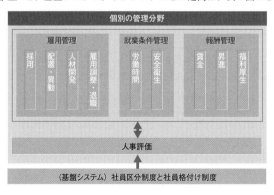

設問の各選択肢について正誤根拠を示すとともに、学習するうえで重要な点などについて解説しています。

ビジネス・キャリア®検定試験 過去問題集 解説付き

BUSINESS CAREER

経営情報システム 2級

- 情報化企画

経営情報システム **2級**

● 情報化企画

ビジネス・キャリア®検定試験
過去問題編

2●さまざまな経営戦略　　　　　　　　テキスト第1章第1節

経営戦略の策定と展開で用いる分析手法に関する記述として不適切なものは、次のうちどれか。

ア．3C分析では、「顧客（Customer）」、「競合（Competitor）」及び「自社（Company）」の3つの軸を用いて、自社を取り巻く環境を分析する。顧客の分析と競合の分析が外部環境分析に該当し、自社の分析が内部環境分析に該当するといえる。

イ．ファイブフォース分析では、「業界内の競合他社」、「新規参入業者」、「代替品」、「売り手」及び「買い手」という5つの競争要因について、自社が属する業界を分析し、競争要因が、業界や自社に与える影響を明らかにする。

ウ．キャプランとノートンが提唱したバランススコアカードでは、「財務の視点」、「顧客の視点」、「内部プロセスの視点」及び「学習と成長の視点」から戦略目標を導いた後、経営ビジョンと戦略とを策定する。

エ．PPM（Product Portfolio Management）では、「市場成長率」及び「相対的市場シェア」という2つの軸を用いて複数の事業を分析する。分析された各事業は、「花形」、「金のなる木」、「問題児」及び「負け犬」として評価された後、今後の方向性、資源配分が決定される。

オ．VRIO分析では、「経済的価値」、「希少性」、「模倣困難性」及び「組織」の4つの観点から企業の経営資源を分析し、自社の競争優位性を明らかにする。

解答●p.124

経営戦略策定時におけるCSF（Critical Success Factor）に関する記述として不適切なものは、次のうちどれか。

ア．自社の機会、脅威、強み、弱みを組み合わせて得た今後の成長発展への方策、または強化すべき課題の中から特に重要なものを選んでCSFとする。

イ．SWOT分析などによって抽出された経営課題をCSFに展開する場合は、常に自社のコアコンピタンスを意識することが必要である。

ウ．限られた経営資源に集中するため、CSFの抽出に当たっては、その重要度に応じて優先順位を付け、保有する事業の成長性と収益性を基に通常3〜5個に絞り込む。

エ．CSFは、経営戦略を構成する中核要素であり、限られた経営資源を重要なテーマに集中させるためにも、総花的にならないよう絞り込むことが必要である。

オ．脅威と強みを組み合わせて得られるCSFは、現行の事業ドメイン内での新展開に納まることもあれば、現行ドメインから外れて新たな事業ドメインを定義する場合もある。

解答 p.125

3● 経営戦略の策定プロセス

以下の＜事例＞において、経営戦略課題達成の考え方として不適切なものは、次のうちどれか。

＜事例＞

　A社は、配送センターを保有する家庭用雑貨卸売業を営む企業である。A社は主要取引先である大手スーパーなどからの価格引下げ要求と多品種少量発注への対応により近年収益が低下している。また、取引先小売店からは、A社が保有するリテールサポートノウハウの提供ニーズが拡大しているものの、小売店をサポートする人材が育成できていない状況にある。下表は、A社のSWOT分析とその分析結果をもとにバランススコアカードの戦略フレームワークを活用して導き出されたCSFをまとめたものである。

［SWOT分析］

内部環境	外部環境
［強み］ 　取引先との強い信頼関係	［機会］ 　リテールサポートニーズの拡大
［弱み］ 　物流拠点の分散による効率低下	［脅威］ 　取引先からの低価格要求

［CSF］（Critical Success Factor）

多品種少量発注への迅速な対応	ローコストオペレーション対応力の強化	リテールサポート体制の強化による付加価値の向上

ア．財務の視点からは、収益の向上を戦略目標に掲げて、リテールサポート事業への進出による売上げ拡大を行うことにした。その際のKGI（Key Goal Indicator）には、全売上額に対するリテールサポートの売上額比率を設定した。

イ．顧客の視点からは、顧客満足度の向上を戦略目標に掲げて、リテールサポート事業進出によって顧客ロイヤリティの向上を図ることにした。その際のKPI（Key Performance Indicator）には、既存顧客に対する提案件数を設定した。

ウ．内部プロセスの視点からは、物流業務のプロセス改革を戦略目標に掲げて、物流システムの再構築を行うことにした。その際のKGIには、EDI化率を設定した。

エ．学習と成長の視点からは、リテールサポートノウハウの蓄積を戦略目標に掲げて、取引先データの分析能力の向上を行うことにした。その際のKPIには、教育訓練回数を設定した。

オ．経営戦略の立案に当たって考えた戦略マップは、「顧客の経営指導ができる人材の育成」→「リテールサポート事業の展開」→「新規顧客の獲得」→「収益の向上」という因果関係である。

解答 ●p.126

H27後

以下の＜事例＞に基づき、Ａ社の経営課題への対応施策に関する記述として最も優先度の低いものは、次のうちどれか。

＜事例＞

　Ａ社は、従業員数10名のダンボールの製造販売を行う下請企業である。ダンボール業界は、主たる顧客層である製造業の海外進出等によって、顧客獲得競争が激化するとともに、原価を度外視した価格競争や原材料費の値上がり等により、売上高が低迷し、利益率は悪化の一途をたどっている。Ａ社は、こうした経営環境にあって、元請企業のラインでは採算の合わない、小ロット、短納期、規格外オーダーメイドの仕事を主に請け負うことにより、なんとか経営を維持している状況にある。

　なお、Ａ社の原価方式及びIT成熟度は、以下のとおりである。

［原価方式及びIT成熟度］

・原価方式については、Ａ社全体の総コストを生産量で割る方式（平米計算

方式）が用いられている。

・IT成熟度については、PCは2台あるが、LAN接続されておらず、仕事の仕方は、ほとんど紙ベースで行われている。

　上記を踏まえ、A社の社長は、インターネットを活用した一般顧客に対する販路開拓と受注単位ごとの適正な利益確保の2点を当面の経営課題であると認識している。

ア．「受注→製品製作→発送→代金回収→フォロー」の業務プロセスを改革する。

イ．自社ホームページを制作するとともに、マッチングサイトやモールへの出店を行う。

ウ．1製品当たりの製造コストを把握できる個別原価計算システムを表計算ソフトを活用して構築する。

エ．A社オリジナル企画商品を開発するため、商品企画力の強化を行う。

オ．ITインフラ環境の整備とIT活用人材育成のためのIT教育を実施する。

解答 ● p.127

問題 5 　H26後

以下の事例において、経営戦略及び情報化戦略に関する記述として不適切なものは、次のうちどれか。

＜事例＞

　A社は、主要顧客である大手電子部品メーカーB社に対して、片面及び両面のプリント基板を納入する従業員数100名の製造業である。A社は、これまでの月次納入サイクルを週次に変更するようB社から強い要請を受けており、生産管理方法の抜本的な変更の必要性に迫られている。そのため、A社の社長は、「在庫増によらない納期遵守」という基本方針を打ち出すとともに、従来のプリント基板から、より付加価値の高いフレキシブルプリント基板を生産することで高付加価値経営に転換を図るべく、部下の総務部長に対して

新たな経営戦略及び情報化戦略の策定を指示した。

ア．週次納入サイクルへの対応を行うため、社長が打ち出した「在庫増によらない納期遵守」という基本方針を実現するため、部品欠品率などの管理指標をKPI（Key Performance Indicator）として設定した。

イ．生産管理方法の改革に合わせて、現行の生産管理システムを変更する必要が生じる。A社の情報化レベルを調査したところ、「IT人材成熟度」は、レベル3の段階にあったので、生産管理システム変更に伴う要件定義は自社で行うこととした。

ウ．経営環境を基に重要成功要因を抽出するため、SWOT分析を行った。重要成功要因の抽出は分析を多角的な観点から行い、抽出した重要成功要因については絞り込みを行わず、すべての解決策を策定した。

エ．抽出した経営課題をバランススコアカードの財務の視点、顧客の視点、内部プロセスの視点、学習と成長の視点の4つの視点で因果関係を考慮しながら戦略マップを作成したが、因果関係を成立させる上で不足する経営課題については、戦略マップ作成の段階で追加した。

オ．今回の戦略策定に当たっては、経営戦略と情報化戦略には両テーマへの対応策を盛り込んだが、課題対応の緊急性等を考慮しアクションプランの段階では、両テーマに時間軸でのプライオリティを設定して優先順位を付けて作成することにした。

解答 ●p.128

問題 **6**

H29後

ボストン・コンサルティング・グループが提唱したプロダクト・ポートフォリオ・マネジメントのマトリックスにおける一般的な説明として不適切なものは、次のうちどれか。

<プロダクト・ポートフォリオ・マネジメントのマトリックス>

	花形 （Star）	問題児 （Question Mark）
	金のなる木 （Cash Cow）	負け犬 （Dog）

↑高い　市場成長率　↓低い

←高い　　　自社製品の相対的な市場占有率　　　低い→

ア．「花形」に分類される製品

　　競合他社との競争が激しいことから、技術開発、販売促進などの経営資源を投入する必要があるため、売上高が多い割には利益への貢献が少ない。

イ．「問題児」に分類される製品

　　技術開発投資、販売人材の投入などを積極的に展開することにより、シェアの拡大を図るか、または撤退する。

ウ．「金のなる木」に分類される製品

　　会社の経営の主柱として高い利益を得る製品であることから、広報宣伝、販売促進などの経営資源を重点的に配分する。

エ．「負け犬」に分類される製品

　　新たに経営資源を投入しても、投資コストの回収が望めないことから、早期に製造や販売を止めて、市場から撤退する。

オ．製品の位置づけの変化

　　「問題児」の製品の市場占有率を高めることにより、「花形」に育て上げることができる。また、「花形」の商品は、市場成長と市場シェアの状況によって、「金のなる木」になる可能性がある。

解答 p.129

H28後

経営戦略策定プロセスに関する記述として不適切なものは、次のうちどれか。

ア．経営戦略を策定する上での思想的なバックボーンは、経営理念である。経営理念は、経営に対する普遍性を持つ基本的な価値観の表明であることから、社員の行動規範を策定する際のよりどころとなる役割を果たすことになる。

イ．内・外の経営環境の分析結果を踏まえ、当該事業を成功させるための要件を探り、それを実現するために何をすべきかを検討するステップが、戦略オプションの立案であるが、その際に活用される分析手法の１つに3C分析がある。

ウ．策定した戦略オプションごとに、予想される結果や必要となる資源、実行の難易度などを検討し、実行すべき最適戦略案を決定する。決定された戦略は、個別事業の事業展開に関する事業戦略、マーケティングなどの機能別戦略に落とし込まれる。

エ．機能別戦略の実行に当たっては、リスクへの挑戦、既存組織風土の打破、革新的なものの見方など、社員の人間的な側面に働きかけることが必要であるとともに、KGI（Key Goal Indicator）などの指標を設定し、それを評価できる仕組みも必要になる。

オ．機能別戦略の実行後は、期待された効果を上げたかどうかを確認するための検証を実施し、戦略目標を達成できなかった場合には、その原因を究明し一般に経営理念にさかのぼって見直しを行うことが必要である。

解答 ● p.130

4●戦略の評価　　　　　　　　　　　　　　　　　テキスト第1章第1節

H29前

情報化ビジョンの策定に関する記述として不適切なものは、次のうちどれか。

ア．情報化ビジョンの策定に必要な外部・内部環境の分析では、ITソリューションの最新動向や社内業務プロセスなどを分析することが必要である。

イ．情報化ビジョンを策定するために収集するベストプラクティスは、自社において最大限努力して調査可能な範囲でよい。

ウ．経営戦略で策定した新事業ドメイン、経営ビジョン、CSFなどを与件として策定した情報化ビジョンは、その後の競争環境や自社の成熟度の変化によって、与件とともに変わる可能性がある。

エ．情報化ビジョンの策定に当たっては、自社を取り巻く制約条件については調査する必要はなく、情報化戦略目標の策定段階で初めて調査すればよい。

オ．情報化ビジョンを策定することによって、理想と現実とのギャップが明らかになり、取り組むべき課題の優先順位が決まることで、中長期の情報化計画を作成することが可能になる。

解答 ●p.131

H29前

経営成果指標に関する記述として不適切なものは、次のうちどれか。

ア．経営計画、年度経営計画、月次実行計画を作成している場合は、経営環境の変化への対応を考慮して、中期経営計画を毎年ローリングし、経営成果指標としての経営目標の見直しを行うことが不可欠である。

イ．「競争優位の確立」をITの戦略的投資目的とした場合のKPIの例として、「新製品投入後の市場シェア」を設定した。

ウ．組織全体のCSFを、企業レベル→部レベル→課レベルという形で、上位のCSFを下位組織にカスケードしたインフルエンス・ダイアグラム（影響・連関関係図）を作成することで、組織全体のCSFの連鎖関係を確認できる。

エ．定量的に測定が難しい顧客ロイヤリティなどの無形資産のKPIは、「商品やサービスのリピート購入率」、「解約件数」などとして設定することが可能である。

オ．計測の結果、KPI値を達成していない場合は、その対策の第一段階として、評価結果を全員にフィードバックしてなぜ達成できなかったかを考える「場」を設定するにとどめ、管理プロセスや目標値は変更しない。

解答 p.132

問題 10

H28後

CSFとKGIなどの経営成果指標及びそれを達成する仕組みに関する記述として不適切なものは、次のうちどれか。

ア．PDCAサイクルとの関係では、P（計画）でKGIとCSFを設定し、D（実施）でCSFを実行後、KPIをC（評価）することにより、KGIの実現を測定し、必要に応じてCSFの実現方法をA（改善）することになる。

イ．プロジェクトの成否を判断する場合、プロジェクト開始前にKGIとその評価指標としてのKPIを設定しておき、それが達成できたかどうかを判断することは適切である。

ウ．経営には、多くの経営課題があり、その課題を達成するには、多様な手段が存在する。そのため各部門間の相互協力を引き出すため、すべての部門に関係する多くの施策を掲げることがあるが、それは総花的な施策となり好ましくない。

エ．KPIは、KGIに先行して発生する指標であるため、KGIと関連させ測定が容易な指標として設定することが望ましい。

オ．経営戦略では、まずCSFを設定し、次に具体的に達成すべきKGIを策定する。さらに、KGIを定量的に測定するための指標としてKPIを設定する。

解答 p.133

A●経営情報化企画　＞　2●情報化戦略

問題 11

次の＜事例＞に基づき、Ｘ社の経営戦略方針を踏まえた対応施策として不適切なものは、次のうちどれか。

＜事例＞

　Ｘ社は、売上高1,000億円の老舗企業である。現在、下表のように多種多様な事業を展開している。Ｘ社の最近の業績推移は、売上高、経常利益率ともに低迷している。このような状況の中、Ｘ社の社長は、自社の経営戦略方針を以下のように考えている。

［経営戦略方針］
・自社の強みを有する事業分野を中心に、売上高及び経常利益を、それぞれ毎年10％増加させる。
・事業分析に基づき事業評価を行い、シナジー効果が薄い無関連多角化戦略は採用しない。
・将来のＸ社の利益の担い手となる事業分野に対して積極的な投資を行う。
・企業全体の情報資源を有効活用する観点から、これまでに自前で開発したシステムの見直しを検討する。

＜表＞

事業分野	売上高比率	製品内容	市場成長率	市場シェア
不動産事業	30%	宅地造成	低	4位
化粧品事業	5%	化粧水等の一般化粧品	低	－
素材生産事業	6%	耐火素材、建築防水材等製品	低	－
アパレル事業	3%	複数の衣料製品	低	－
繊維事業	10%	ナイロン、アクリル等製品	高	4位
食品事業	11%	缶コーヒー、カップ麺等製品	高	3位

薬品事業	5%	風邪薬等の一般家庭薬品	高	－
電子部品事業	15%	半導体、プリント基板、コイル等	高	3位
ハウジング事業	15%	住宅/アパート/マンション建設等	高	2位
合計	100%			

ア．不動産事業、電子部品事業はシナジー効果が薄いので、両事業から撤退する。

イ．化粧品事業、アパレル事業はシナジー効果が薄いので、両事業から撤退する。

ウ．不動産事業は「金のなる木」に当たり、ハウジング事業は「花形」に当たるので、不動産事業から得たキャッシュを、ハウジング事業に投資する。

エ．情報システムの見直しに当たっては、事業ごとの見直しも行われるため、価値連鎖分析により事業レベルでの競争優位が確立できるシステムを検討する。

オ．情報システムの見直しに当たっては、プライベートクラウドの利用を含めて検討する。

解答 ● p.134

問題 **12**

H28前

KPIに関する記述として不適切なものは、次のうちどれか。

ア．顧客ロイヤリティなどの無形資産は、定量的に測定できないため、KPIとしての設定が困難であることから、定性目標の形をとることが妥当である。

イ．KPIは、重要目標達成指標に向けて、プロセスが的確に実施されているかを中間的に計測する評価指標であり、最終目標の達成度合いを先行的に確認することができる。

ウ．KPI値を達成していない場合、対策の第一段階は、評価結果を全員に掲示することであり、管理プロセスや目標値の妥当性の検討や見直しはその

　後でよい。

エ．KPIは、組織の目標を理解させるためのコミュニケーション・ツールと
　　しての側面を持っている。

オ．特定のアクションの実行につながらないKPIの設定は、単なる数字の提
　　示でしかなく、意味がない。

解答 ● p.135

2●内部環境の分析

リスクマネジメントに関する記述として不適切なものは、次のうちどれか。

ア．リスクマネジメントには、リスクアセスメント、リスク低減、それらの結果の評価とアセスメントという3つのプロセスが含まれる。

イ．リスクの大きさは、リスクが現実となる発生確率と発生したときの影響度を掛け合わせた「リスク値」で示すのが一般的である。発生確率や影響度は必ずしも厳密な確率値や損害金額ではなく、関係者が合意する基準値などでもよい。

ウ．リスク対策を時間軸で見ると、「事前対策」、「緊急時対策」、「復旧対策」に分類できる。緊急時対策は、リスク発生直後にスピード感をもって実施するものだけに、平常時に冷静な視点で検討しておくことが求められる。

エ．リスク対策の方法としては、「リスク回避、低減、移転、保有」という考え方がよく使われる。「リスク移転」とは、第三者にリスクを移すことで、IT保険（ユーザーからの損害賠償請求が対象）への加入やフェールセーフを実現する代替機能の準備などが該当する。

オ．内外の環境変化に伴ってリスクの発生確率や影響度は変わり、また新しいリスクが生まれることも多い。したがってリスクマネジメントは初期段階だけでなく継続的に実施することが重要である。

解答 p.137

バランススコアカードにおける「学習と成長の視点」でのKPI目標例として適切なものは、次のうちどれか。

ア．サービスを提供した顧客に対して満足度調査を行い、満足度を10段階評価で平均8以上とする目標を設定した。

イ．事例のデータベース化を進めることによってソリューション事例の登録などを増やし、顧客提案件数を前年度の1.5倍とする目標を設定した。

ウ．情報戦略のコンサルティングサービスに重点を置くため、社内要員のうち10%をITコンサルタントとして育成する教育目標を設定した。

エ．売上額を高めるため、情報戦略立案やシステム企画立案に対するコンサルティングの受注件数を全体の受注件数の10%とする目標を設定した。

オ．システム運用での事故を減少させるために、オペレータのヒューマンエラー率1%減少を目標として設定した。

解答 ●p.138

3●外部環境分析

業務プロセスのベストプラクティスに関する記述として適切なものは、次のうちどれか。

ア．他社の業務プロセスは、様々な制約条件により自社では実現できないことが多いことから、自社における最も優れた業務プロセスをベストプラクティスとする。

イ．優れた業務プロセスでも、自社の社員が実行できなければ意味がないことから、自社の平均レベルをベストプラクティスとする。

ウ．競合他社より自社の業務プロセスのほうが優れていても、競合他社に比べて自社の業績が悪い場合には、他社の業務プロセスをベストプラクティスとして採用する。

エ．ベストプラクティス策定の一般的な手順は、「①適用範囲の設定→②ベストプラクティスの設定→③自社とベストプラクティスとの比較→④ベストプラクティスへの移行計画の策定及び実施」である。

オ．業績ナンバーワン企業の業務プロセスが、ベストプラクティスである。

解答● p.139

ベンチマーキングに関する記述として最も不適切なものは、次のうちどれか。

ア．業界内において、最もIT化の進んだ企業の事例を入手できたことから、その企業の事例を情報戦略目標として設定し、早急にこの事例を導入できるようにアクションプランを策定した。

イ．IT活用で効果を上げている社内の部門があることから、まず、その部

門についての情報入手と実地調査を行った。

ウ．自社の機能・組織と類似している特性を持つ、自社とは異なる業界における企業のIT活用について調査を実施したいと考え、類似した機能・組織を見つけ出す検討会を開催した。

エ．同じようなプロセスを持つ企業を対象として、業種、業界、組織を越えた情報収集を行い、ベストプラクティス発見の可能性を検討した。

オ．自社におけるベストプラクティスを選定するに当たり、IT活用に伴う社内業務改革について合意を得ることが重要と考え、主要関係部門との会議にトップの参画を要請した。

解答 ●p.139

問題 17
H27後

企業の経営環境分析手法に関する記述として不適切なものは、次のうちどれか。

ア．企業の経営環境をマクロな視点から分析する手法にPEST分析がある。PEST分析では、「政治的環境、経済的環境、社会的環境、技術的環境」の4つの視点から自社への影響を分析するが、企業はこれらの環境変化を所与（与えられた条件）のこととして受け止め、受動的に対応することが求められる。

イ．企業を取り巻く利害関係を分析する手法にステークホルダー分析がある。ステークホルダー分析では、ステークホルダーマップを作成して、どのステークホルダーに対して、どの部門が中心になってどのように対応するのかを明確にするための計画を作成することが有効である。

ウ．企業の現状環境を分析する手法に3C分析がある。3C分析では、自社製品が顧客からどのように受け止められているのか、そして競合相手・売り手・買い手・代替品製造業者などの戦略の見極め、さらには自社のビジョンや強みを見つめ直すことによって、現状の経営戦略を再検討することが可能となる。

エ．企業の内部経営資源と外部環境を4つのカテゴリーで要因分析し、事業

環境変化に対応した経営資源の最適活用を図る手法にSWOT分析がある。SWOT分析によって、「機会と強み、機会と弱み、脅威と強み、脅威と弱み」の組み合わせから、今後の成長発展の方策や強化すべき課題を検討することが可能となる。

オ．企業の業界構造を分析する手法にアドバンテージ・マトリックス手法がある。アドバンテージ・マトリックス手法では、「業界の競争要因数」と「競争優位を構築できる可能性」の2軸によって事業のタイプを4つに分けて分析し、それぞれの事業タイプ別に「規模」と「ROA」の関係からその事業の特徴を明確にすることが可能となる。

解答● p.140

A●経営情報化企画 ＞ 2●情報化戦略

5●情報化戦略の基本方針策定

テキスト第1章第2節

 問題 **18**

 H29後

情報化戦略目標を設定するに当たり、経営戦略との整合性を確保した上で、「財務の流動性・収益性」との整合性を検証するためのやり方として、最も適切なものは、次のうちどれか。

ア．ファンクショナル・ベンチマーキング
イ．情報システム化計画との整合性分析
ウ．情報システム全体のSWOT分析
エ．特定ユーザー部門のバランススコアカード
オ．情報化投資計画との整合性分析

解答●p.142

3●情報倫理の考え方　テキスト第1章第3節

問題
19

H24後

情報倫理・コンプライアンスに関する記述として不適切なものは、次のうちどれか。

ア．個人情報の保護に関する法律では、5,000を越える個人データを扱う事業者は、個人情報取扱事業者として扱われる。

イ．不正アクセス行為の禁止等に関する法律では、なりすまし行為やコンピュータのセキュリティホールを攻撃する行為の禁止とともに、不正アクセス行為を助長する行為も禁止されている。

ウ．情報倫理の範囲には、法律だけでは規制できないモラル、マナー、エチケット等が含まれる。その具体的な項目は、「情報利用者としての倫理」、「情報専門家としての倫理」、さらに、企業・団体が確立すべき「組織の情報倫理」の視点から整理すると分かりやすい。

エ．「著作権を侵害する自動公衆送信」の事実を知りながら、受信するデジタル方式の録音または録画は、個人や家庭内の利用のためであっても、行うことはできない。

オ．特許法における認定の条件には、新規性、進歩性、社会的有用性がある。ソフトウェア、ビジネスモデル等も、特許の対象となる。

解答●p.143

A●経営情報化企画　＞　4●情報化戦略の評価

1●評価の必要性

テキスト第1章第4節

問題
20

情報システム評価に関する記述として不適切なものは、次のうちどれか。

ア．情報システムの評価基準には、「信頼性」、「安全性」、「効率性」などの評価基準のほかに、セキュリティ評価基準など種々の基準があり、どのような評価基準を設定するかは、評価の目的や立場などによって異なる。

イ．情報システムを評価する場合は、「評価対象の決定（何を評価するか）」、「評価視点の決定（だれの立場で評価するか）」、「判断基準の決定（判断基準をどこに置くか）」の3軸を決定することが重要である。

ウ．情報システムの評価要件としては、経営方針との適合性、経営戦略との合目的性なども踏まえて、顧客・取引先などとの合意形成も重要となる。

エ．情報システムの投資評価は、あくまでも金銭的効果を評価基準とするべきであり、ユーザー満足度などを評価基準に組み入れるべきではない。

オ．情報システムの性能を評価する手法には、「静的積算」、「待ち行列解析」、「シミュレーション」、「ベンチマークテスト」などがある。

解答●p.144

2●情報化成熟度　

組織の情報化成熟度に関する記述として不適切なものは、次のうちどれか。

ア．経営の実情に合った投資枠内において、情報化成熟度にマッチした戦略を立案することが大切である。

イ．ITの人材を社内で育成するのが難しい場合には、社外からIT経営、ITインフラ管理の専門家を採用することにより、情報化成熟度を十分に向上できる。

ウ．情報化成熟度には色々なモデルがあるが、経済産業省が公表したモデルでは、IT人材力、IT企業文化力、ITインフラ力及びIT活用力から評価する方法がある。

エ．IT活用を成功させるためには、組織の情報化に関する能力レベルを把握し、その実情に合った情報化を推進しつつ、組織の能力を向上させていくことも必要である。

オ．情報化成熟度評価の手順は、まず、自社の現状の成熟度を評価し、次に、経営戦略を進めるために必要な情報化成熟度を設定する。

解答●p.146

A●経営情報化企画　>　4●情報化戦略の評価

3● 情報化投資の評価
テキスト第1章第4節

問題 22
H25後

以下に示す式は、ITの投資案件を評価する技法の1つである投下資本利益率法を表すものである。Aに入る項目として適切なものは、次のうちどれか。

投下資本利益率＝ ｛（A－初期投資額）÷使用予定年数｝ ÷初期投資額

ア．投資設備の減価償却費合計
イ．投資した設備の維持費合計
ウ．投資から生み出されるキャッシュフローの合計
エ．投資から生み出される経常利益額の合計
オ．投資のために借入れした額の合計

解答 p.148

問題 23
H29前

情報化投資に関する記述として不適切なものは、次のうちどれか。

ア．戦略的情報化投資は、経営戦略を実現するための手段として実施される。そのため、自社の経営戦略や情報化投資目的との適合性を踏まえて実施し、最終的には、ビジネスの成果として測定される必要がある。
イ．情報化投資を行う場合は、PRM（Performance Reference Model：業績評価参照モデル）を活用して情報化投資における効果を客観的に評価することができる。PRMでの評価は、その目的に応じて、投資の実現性とコストの2軸から評価を行う。
ウ．情報化投資のタイプは、ITインフラ型投資、IT戦略型投資などに分類することができ、投資のタイプによって投資効果の測定方法も異なる。そ

のため投資に当たっては、事前に自社の実情に合致した投資効果の測定方法を検討しておくことが必要である。

エ．情報化投資における評価方法の1つに、事前評価の段階で設定したKPIの達成度を捕捉し、そのKPIの達成度を評価する方法がある。この評価を実施するためには、システム構築の段階からKPIをモニタリングする仕組みを構築しておくことが不可欠である。

オ．戦略的情報化投資における投資効果については、経営者や関連各部門との間で、評価指標の内容やその評価の方法について、事前に十分に協議し、合意形成を図っておくことが非常に重要である。

解答 ●p.149

ユーザー企業における情報化投資に関する記述として不適切なものは、次のうちどれか。

ア．投資費用は、導入時の初期コストだけではなく、稼働後に継続して必要となる運用コストを含めた総額で把握し、システムの廃棄やサービス停止が予想される場合は、その時点で発生する終結コストを見積もる。

イ．全社で利用する情報インフラ基盤に対する投資は、それだけでは利益を生まず、個別アプリケーション投資を伴って初めて利益を生むものである。

ウ．戦略的情報化投資の評価に当たっては、経営者を始め各関係部門間で評価指標についてあらかじめ合意しておくことが重要となる。

エ．費用対効果の計算は、投資すべきか否かの意思決定をするための重要な情報である。したがって、計算の正確性と精度を高めることを最優先すべきである。

オ．セキュリティやリスク対策への投資は、情報漏えいやリスク損失が発生した場合の当該組織に与える影響額を想定して判断する。

解答 ●p.150

情報化投資を現在価値法で評価する場合に、最も投資効果の大きいシナリオは、次のうちどれか。ただし、期間は2年、割引率は5％とし、各シナリオのキャッシュフローは、下表のとおりとする。

単位：万円

シナリオ	投資額	回収額	
		1年目	2年目
A	100	10	30
B	100	20	10
C	100	10	10
D	100	10	20
E	0（投資しない）	0	0

ア．A

イ．B

ウ．C

エ．D

オ．E

解答 p.151

2● バランススコアカード（BSC）　　　テキスト第1章第5節

問題 **26**

企業におけるバランススコアカードに関する記述として不適切なものは、次のうちどれか。

ア．バランススコアカードでは、「財務」、「顧客」、「内部プロセス」及び「学習と成長」の4つの複眼的視点から業績を考えることが基本コンセプトになっているが、場合によっては、5つや6つの視点から考えることもある。

イ．「財務の視点」における評価指標には、「売上高伸び率」、「売上高利益率」、「原価低減率」、「総資本回転率」などがあり、各指標と企業のビジョン、戦略との結びつきが大切である。デザインや品質による差別化を図っていく企業では、「原価低減率」よりも「付加価値率」が重要視される。

ウ．「顧客の視点」において、「顧客満足度」、「市場占有率の向上」及び「クレーム率の減少」は、どの業種においても、常に重要な評価指標である。

エ．「学習と成長の視点」における評価指標には、「社員のモラル」、「スキル」、「改善提案率」、「目標達成率」などの向上に加え、「社員のモチベーションの向上」を含めることが重要である。

オ．「内部プロセスの視点」とは、組織内部の業務プロセスのことであり、他の視点を達成するためには、組織内プロセスの変革が必要な場合もある。

解答● p.153

1●業務分析手法　　　　　　　　　　　　　テキスト第2章第1節

問題
27

システム開発で活用される業務分析に関する記述として不適切なものは、次のうちどれか。

ア．業務分析手法の1つに現場調査がある。この調査は、実際に現場を見ながら、業務処理量、品質、業務処理時間などのデータを取得して、現状を明確化するための調査手法である。

イ．業務分析には、経営の仕組みを業務機能の視点で構造的に整理し、現状業務フローを作成するだけではなく、問題点の明確化及び改善策の立案、さらには業務改善の実施計画なども含まれる場合がある。

ウ．業務分析で使用されるUML（Unified Modeling Language）ダイアグラムには、ユースケース図、クラス図などがあり、それらのダイアグラムは、システム設計だけでなく組織の構造を表現する場合にも使用される。

エ．業務分析で使用するUMLアクティビティ図は、誰（Who）を表す「ロール」とロールが何（What）を実行するかを表す「アクティビティ」から構成され、ある事象の開始から終了までの機能を実行される順序に従って記述する。

オ．UMLオブジェクト図は、システムの動的な振る舞いをオブジェクト間の関係によって表現する図で、内部設計に用いることを目的に作成される。

解答●p.155

問題
28

業務分析に関する記述として適切なものは、次のうちどれか。

ア．業務分析とは、業務を要素に分けてその構造や役割（機能）を明らかに

することであり、それによって業務の目的が明確になる。

イ．業務分析におけるトップダウンアプローチは、課題の洗い出しを行った
のちに、As-Is業務をTo-Be業務に近づけていく方法で、解決策の策定は
As-Is業務の調査・分析とTo-Be業務の設定後に行われる。

ウ．業務分析におけるボトムアップアプローチとは、部門ごとに業務分析を
行い、当該部門内で最適化を図ることが結果として全社最適化になること
を意味する。

エ．業務分析は、現状行われている業務の機能、流れ、構造などを調査・整
理することが主であり、より効率的・効果的な業務の進め方はシステム設
計段階の検討でよい。

オ．業務分析で得られた情報は、その後のシステム開発工程で活用される。
したがって、第三者が見ても分かるように可視化しておくことが必要であ
る。

解答 p.156

2●問題・ニーズ把握

問題の分析とその対応策として最も不適切なものは、次のうちどれか。

ア．営業部門の1人当たりの売上高が競合他社と比べて15%ほど低いことから、その原因を内部要因と外部要因に分けて分析し、対策を立てることにした。

イ．ある商品の販売額が徐々に減少してきている理由を分析した結果、我が国の少子化が主な原因と判明したため、対応策の検討を保留し長期的な課題とした。

ウ．現在、顧客からのクレームの中には大きな問題はないが、今後のために、クレームの内容を分析して潜在的なニーズを抽出し、そのニーズに対する対策を立てることにした。

エ．競合他社が次々と新製品を出して売上を伸ばしてきたため、競合他社の状況を分析して対策を立てることにした。

オ．利益分析の結果から、為替レートの変動により輸出関係の利益が大幅に変動していることがわかったため、レートの変動に対応できる販売計画と生産計画を検討することにした。

解答●p.157

QC7つ道具の使用目的と使用方法に関する記述として適切なものは、次のうちどれか。

ア．小売業において、発注量の判断材料にするために、気温と売上高とを特性要因図にまとめ、その相関関係を分析する。

イ．卸売業において、重要顧客を分析するために、ヒストグラムに顧客を売上高順に並べ、顧客のランクづけを行う。

ウ．製造業において、製造工程の問題を監視するために、寸法のバラツキを管理図に記載し、異常の発見に活用する。

エ．建設業において、発生した問題に対処するために、事象とその原因とを段階的に掘り下げてパレート図にまとめ、真の原因を探る。

オ．サービス業において、お客様アンケートを実施し、アンケート項目と集計結果を散布図にまとめ、満足・不満足の傾向を分析する。

解答 p.157

業務システムのニーズ把握、整理に関する記述として不適切なものは、次のうちどれか。

ア．ニーズは利害関係者の要求事項であるが、その中には発言する人の立場や役割によって相矛盾するものや重要度の判断基準が異なるものが多々あることを理解すべきである。

イ．ニーズには現行システムに対する不満や改善要望事項も含まれるので、ニーズ把握の時点で、それらが解決されるか否かの見通しを提示することが望ましい。

ウ．業務運営側の潜在的なニーズを把握するために実務担当者へのヒアリングがよく行われる。

エ．ブレーンストーミングは、ニーズの把握やそれに対する意見収集だけでなく、解決に向けた発想を促す手法として有効である。

オ．収集されたニーズは、実現効果とともに必要な期間、コストなどを考慮してプライオリティを設定し、システム化計画に反映することが求められる。

解答 p.158

業務分析を目的に実施される業務担当者へのヒアリングに関する記述として最も不適切なものは、次のうちどれか。

ア．ヒアリングの主目的は、業務運営の実態を把握し、意見や要望を聞くことによって、問題点の洗い出しや解決のヒントを得ること、及び業務関係者間の人間関係を的確に把握することである。

イ．ヒアリング相手は時間的制約があるため、実施前の準備が大事であり、対象者の業務経験、役割、スキルなどの調査、質問内容のポイントを絞っておくことが欠かせない。

ウ．ヒアリングを開始するとき最初にすべきことは、何のために実施するか、収集した情報をどのように利用するかをよく説明し、秘密事項については厳守することを約束することである。

エ．ヒアリングでは聞き上手に徹することを求められるが、特定の話題に集中し過ぎないように時間をコントロールすることも欠かせない。先輩からの指導を受けながらのヒアリングなど実務経験を積むことも必要である。

オ．ヒアリング実施後は、収集した業務実態や意見を単に文書化するだけでなく、その相互関係や因果関係をモデル化して報告書にまとめ、今後の業務改善の企画に生きる素材にすることが必要である。

解答 ●p.159

3●ボトルネックの把握 テキスト第2章第1節

問題 **33**

業務プロセスの円滑な進行を阻害する要素、隘路をボトルネックと呼ぶが、その把握や解消方法を検討する手法に関する記述として不適切なものは、次のうちどれか。

ア．PERT/CPMは、作業の手順と前後関係をネットワーク図で表現することにより、遅れの許されない作業経路を把握し、最適な経路を求める管理手法である。

イ．PERT/CPMのネットワーク図において、最も所要時間がかかり、かつ機能的に重要な作業経路をクリティカルパスと言い、その経路がボトルネックにならぬように管理することが重要である。

ウ．クリティカルパスは絶対に遅れが許されない経路であり、その経路が結果的に作業全体の所要時間を示すことになる。

エ．TOC（Theory of Constraints：制約理論）は、「どのような業務プロセスでも、少数または唯一のボトルネックによって業務全体のパフォーマンスが制限される」という考え方の上に成立している。

オ．タイムチャート分析は、作業工程の所要時間を担当者や細分化された作業要素ごとに調査し、余剰時間、待ち時間がどこで発生するかを把握する手法である。

解答●p.160

問題 **34**

H29後

UMLに関する記述として不適切なものは、次のうちどれか。

ア．UMLは、オブジェクト指向によるシステム開発を行う場合に使用されるモデル化技法であり、データ構造や処理の流れなどソフトウェアに関連する様々な設計や仕様を図示するために標準化された記法がある。

イ．クラス図は、管理対象となるクラスの内部構造（クラス名、属性、操作）と、複数クラス間の相互の関係を表し、システムの変化や動作を示す振る舞い図（Behavior Diagram）に分類される。

ウ．クラス図の関連には、あるクラスが別のクラスを必要とする「依存」や、親クラスと子クラスの関係を示す「汎化」、あるクラスが複数のクラスから構成されていることを示す「集約」などの種類がある。

エ．ユースケース図は、システムが提供する機能を表現する図で、利用者の要求を分析してシステムが果たすべき役割を明確化するために作成されることが多い。

オ．ユースケース図では、システムの利用者をアクターとして、システムの機能をユースケースで表現し、アクターとその利用するユースケースの間を「関連」と呼ばれる線で結んでいく。

解答●p.161

問題 **35**

H27後

製造業P社では、製造工程管理と品質管理を目的に生産管理システムを導入することにした。導入に際して、生産管理システムが提供する機能をユースケース図に記述した場合、A～Eに当てはまる組み合わせとして適切なものは、次のうちどれか。

[ユースケース図]

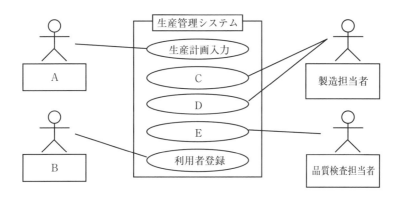

ア．A：資材調達担当者　　　　B：システム管理者　　　　C：資材発注
　　D：棚卸データ入力　　　　E：品質実績入力

イ．A：生産計画担当者　　　　B：システム管理者　　　　C：生産計画照会
　　D：生産実績入力　　　　　E：品質計画入力

ウ．A：生産計画担当者　　　　B：人事担当者　　　　　　C：資材発注
　　D：生産実績入力　　　　　E：品質実績入力

エ．A：生産計画担当者　　　　B：システム管理者　　　　C：生産計画修正
　　D：生産実績入力　　　　　E：品質計画入力

オ．A：生産計画担当者　　　　B：システム管理者　　　　C：生産計画照会
　　D：生産実績入力　　　　　E：品質実績入力

解答 ●p.162

以下の＜事例＞における受発注業務の改善に関する記述として適切なもの
は、次のうちどれか。

＜事例＞

　卸売業において業務改善を行うために、受発注に関連する業務について現
状のDFDを作成した。

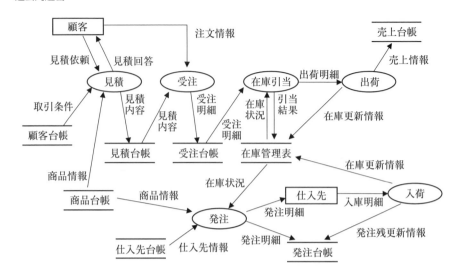

ア．見積り時に発注台帳を参照して見積金額と納品予定日を顧客へ回答する
　ことにより、顧客満足度の向上を図る。

イ．見積金額を回答するときに顧客台帳、商品台帳だけでなく在庫管理表を
　参照することにより、見積り精度の向上を図る。

ウ．営業支援システムを導入して発注業務のIT化を促進することにより、
　配送コストを削減する。

エ．発注時に在庫管理表の在庫量と発注台帳の発注残を参照して適切な発注
　量を算出することにより、在庫量を削減する。

オ．見積台帳と発注台帳を参照して仕入先のABC管理を行うことにより、
　発注業務の効率化を図る。

解答 ●p.162

次の＜事例＞において、業績向上を図るために業務の可視化やIT活用を進める方法として最も不適切なものは、次のうちどれか。

＜事例＞

　B社は、数カ所の店舗でテニス用品の小売とテニス教室の運営を行っているが、最近は業績が伸び悩んでいる。

　これを受けて、社長から「お客様とB社全体での関係強化を図り、優良顧客を増やしていくことにより業績向上を目指す」との方針が示された。現状のB社では、保有している顧客情報の内容や顧客管理業務の流れが小売とテニス教室の事業や店舗ごとに異なっている。こうした中、新たな顧客管理業務の姿を描き、ITを有効活用することが求められている。

ア．業務の可視化のために図式化手法を用いると、業務の全体像が把握しやすくなり、業務担当者とシステム担当者の間でのコミュニケーションを効率化する効果がある。事業や店舗ごとの業務流れ図作成は作業負荷が高いが、最初のステップとして実施することが望ましい。

イ．業務の可視化に向けて業務担当者の協力を得るためには、可視化した結果がどのように使われ、どのように役立ち、どのようなメリットがあるのかを説明することが有効である。テニス教室のコーチも顧客情報を収集・活用する立場にあるため、その対象に入れる。

ウ．新たな顧客管理業務の姿を検討する段階では、現状の姿から始めるのではなく、あるべき姿から始めて、必要な顧客情報と業務の流れ、それを可能とする顧客管理システムの要件を洗い出す方法もある。

エ．優良顧客を識別していくに当たっては、デシル分析やRFM（Recency、Frequency、Monetary）分析などの手法がある。これらの分析を行っていくためにはITの活用が有効である。

オ．お客様との関係強化には、双方向的コミュニケーションや感性に訴える取り組み、嗜好や経験などの定性的情報の把握などが有効である。その主

たるねらいは、業績回復に寄与するための短期的な売上増加である。

解答 ●p.163

業務の可視化によく利用される図式化手法に関する記述として不適切なものは、次のうちどれか。

ア．図式化のねらいは、業務の全体像や流れを把握し、業務担当者とシステム開発者に分かり易いコミュニケーション手段を提供することであり、目的に沿った図式化手法を選択することが重要である。

イ．BPMN（Business Process Modeling Notation）は、ビジネスプロセスをビジュアルに描く表記法であり、組織構造の表現や機能の詳細化にも適している。

ウ．DFD（Data Flow Diagram）は、業務で利用するデータの流れに着目し処理との関連を描く手法で、業務が複雑な場合は、上位のDFD（コンテキスト・ダイアグラム）と下位のDFDに分けて表現することがよく行われる。

エ．UML（Unified Modeling Language）は、オブジェクト指向によるシステム開発に用いられる手法であり、業務担当者とのコミュニケーションにはクラス図、ユースケース図、状態図が主に使われる。

オ．状態遷移図は、対象としているものが処理によってどのように移り変わるかを主に丸印と矢印によって表す手法で、リアルタイムシステム機能の流れや画面の遷移などの表現によく用いられる。

解答 ●p.164

2●ドキュメント

情報システムの企画、開発や保守作業では種々のドキュメントを作成する必要がある。ドキュメント作成時の留意点、ルールに関する記述として最も不適切なものは、次のうちどれか。

ア．ドキュメント記述の表現を統一し、読みやすくするために、使用する文章スタイルや図表の表現形式を事前に決め、作成者に周知し、厳守させる。

イ．ドキュメントの目次及び目次別の作成者分担を事前にしっかりと決めておくことにより、作成担当者間で重複した内容の記述になったり、ドキュメント内で使用する用語の意味付けが異なることを回避できる。

ウ．ドキュメントを読む人のレベルに合った内容にするために、読み手の専門スキルや業務習熟のレベルを想定し、適切な水準にする。

エ．作成または修正したドキュメントが一元管理され、作成者に最新情報が伝わるように管理体制やその運営方法を明確にしておく。

オ．ドキュメント配布後の内容更新や廃棄が適切に行えるように、その管理部署や必要な手続、承認プロセスを事前に決めておく。作成時の管理体制の延長線ではなく、セキュリティや管理効率の視点から検討する。

解答 ●p.165

3●マニュアル化
テキスト第2章第2節

問題 **40**

H28前

以下に示す＜作業項目＞をもとに業務のマニュアル化を進めるにあたり、その順番に並べたものとして最も適切なものは、次のうちどれか。

＜作業項目＞
①フォーマット（使用する用語、文章表現方法、レベルなど）の決定
②使用者レベルと目指す水準の決定
③作成目的の確認
④マニュアルに盛り込む項目の検討
⑤業務の洗い出し

ア．⑤　→　③　→　②　→　④　→　①　→　作成　→　評価運用

イ．③　→　⑤　→　④　→　①　→　②　→　作成　→　評価運用

ウ．③　→　②　→　⑤　→　④　→　①　→　作成　→　評価運用

エ．⑤　→　②　→　③　→　④　→　①　→　作成　→　評価運用

オ．③　→　⑤　→　②　→　④　→　①　→　作成　→　評価運用

解答●p.166

1●問題解決手法

ユーザー企業の新システム開発責任者がプロジェクト計画を立案するに当たっての「制約条件」に関する記述として不適切なものは、次のうちどれか。

ア．プロジェクトオーナーから指定された、やや厳しいプロジェクトの最終納期、予算は制約条件である。

イ．概算見積り時に想定した新システムの機能要件、非機能要件などは制約条件ではない。

ウ．担当業務に関係する業界統一ルールや当社が採用している企業会計方式、運用方式は制約条件である。

エ．ベンダーの提案書に記述されたユーザー業務部門とベンダーとの役割分担や、プロジェクト体制図は制約条件ではない。

オ．要件定義の協議中に業務担当者から提示された業務要件（新業務フロー、各業務部門の作業内容など）は制約条件である。

解答● p.167

オペレーションズ・リサーチ（OR）やシミュレーションの手法に関する記述として不適切なものは、次のうちどれか。

ア．ORとは、限られた資源を有効に利用して、目的を最大限に達成するための意思決定を科学的に行う手法であり、具体的には、数学的モデルを用いた解析やシミュレーションなどによって、解決策の検討が行われる。

イ．線形計画法とは、制約条件を守りながらその中で最適な方策を決定する手法の1つであり、製品の製造ラインなどで最大利益を上げる生産数を決

める際にも用いられる。

ウ．PERT/CPMとは、作業の順序と前後関係をネットワーク図により表現し、最も重要で難易度が高いクリティカルパスを把握することにより、最適な経路を見出す手法であり、スケジュールを作成する際によく用いられる。

エ．ゲーム理論とは、複数の意思決定主体の利益がそれぞれの戦略の相互依存関係によって定まるというゲーム的状況を分析する数理的手法で、同業他社が存在する競争環境下で最適解を求めるのに有効である。

オ．マクシミン戦略とは、ゲーム理論で使用される考え方で、複数の選択肢の中から、各選択肢を採用した場合の最悪のケースを想定し、そのケースの中で最も利益が大きいものを選ぶ意思決定方法である。

解答 ●p.168

問題 **43** H24後

次の＜事例＞を読み、以下の設問に答えなさい。

＜事例＞

X社は、コピー機を中心としたオフィス機器の販売と、アフターサービスを提供している会社である。この会社の販売員の活動は、企業への訪問、商談、見積書の作成、契約、導入と、アフターサービス、メンテナンスサービスの窓口活動も行っている。

販売員は、既存顧客の深耕と、新規顧客開拓のために外回りの仕事が多く、およそ全体の5割程度の時間を費やしている。残りの時間は、オフィスでの事務作業等（営業関係の事務、一般的な事務処理等）に費やしている。しかし、事務作業等は、残業時間でカバーしているのが実情である。こうした中、X社では、販売業務の大幅な改善を行うこととなった。

設問　X社における業務改善の方法に関する記述として最も適切なものは、次のうちどれか。

ア．業務改善の手順として、販売員の活動実体を把握するためには、販売員のインタビューを行い、問題を調査して、それに基づいて業務改善計画を策定するとよい。

イ．業務改善をするためには、販売員の作業実態を把握することから始めるべきであり、そのためには、販売員の作業活動をブレイクダウンし、作業分析をするとよい。

ウ．業務改善のためには、慣れた手法を使うことが鍵であり、KJ法が使い慣れた手法であることから、業務上の問題の把握や効果を定量化するための手法として活用するとよい。

エ．業務改善をするためには、初めの段階で、全体像を把握することが必要であり、そのためには、ビジネスプロセスモデリング手法を使って、ビジネスプロセスを整理するとよい。

オ．あるべき業務機能の姿を描くには、データ主導型の手法を用いるのが効果的であることから、E-R（Entity-Relationship）モデル手法を使用するとよい。

解答 ●p.169

B●業務の分析・評価・改善　＞　3●改善計画の策定と評価

2●業務改善策を見いだすための手法　　テキスト第2章第3節

ある工場では、製品Aと製品Bを生産している。製品Aの1カ月当たりの生産量をx個、製品Bの1カ月当たりの生産量をy個としたとき、以下に掲げる条件の下で最大の利益が実現できるxとyの組み合わせは、次のうちどれか。

［条件］
（1）それぞれの製品1個当たりの利益は、次のとおりである。

製品	1個当たりの利益
製品A	3万円
製品B	5万円

（2）製品製造に使用する設備として、設備Lと設備Mがある。それぞれの1カ月当たりの使用可能時間は、次のとおりである。

設備	使用可能時間／月
設備L	136時間
設備M	120時間

（3）それぞれの製品を製造する際は設備Lと設備Mを使用し、製品を1個生産するのに必要な使用時間は、次のとおりである。

	設備L	設備M
製品Aを1個生産するのに必要な時間	2時間	5時間
製品Bを1個生産するのに必要な時間	6時間	4時間

　なお、1日で終わらなかった場合は、翌日に作業を引き継ぐことができ、そのためのオーバーヘッドは無視できるものとする。

ア．x：8　　　y：20

イ．x：12　　y：15

ウ．x：20　　y：5

エ．x：35　　y：11
オ．x：50　　y： 6

解答 ●p.170

B●業務の分析・評価・改善 ＞ 3●改善計画の策定と評価

3●改善目標の設定

テキスト第2章第3節

業務改善目標の設定と達成度評価に関する記述として不適切なものは、次のうちどれか。

ア．改善目標としては、最終目標だけでなく、マイルストーンとして、中期目標や短期目標を設定することが重要である。

イ．改善目標は、生産面、人員面、企業のイメージアップ、法の遵守等の視点からも設定される。

ウ．定性的な改善目標の達成度を評価する場合には、評価者個人の好み、価値観等が混ざるという問題点がある。

エ．費用対効果を測る場合には、効果を明確にするため、あらかじめ、評価する時期、評価する項目、評価する数値単位、評価者等を設定しておくべきである。

オ．当初設定した改善目標は、途中で目標自体を見直すことは適切ではない。

解答●p.172

1 ●業務改善体制

問題 **46**

業務の改善体制と管理方法に関する記述として不適切なものは、次のうちどれか。

ア．プロジェクトチームのメンバーとしては、コミュニケーション能力、強い意志、柔軟な姿勢を持った要員を選任する。また、問題を指摘し、解決策を提案できる能力、業務担当者を取りまとめ、改善を強力に推進していくリーダーシップ能力が必要である。

イ．プロジェクトにおいては、役割分担と責任の所在を明確にし、責任体制を文書化することが重要である。責任だけでなく、改善策実施にふさわしい権限が与えられていること、また、プロジェクトメンバーのモチベーション維持のために、結果に対する対価を設定することも必要である。

ウ．業務改善作業の日程計画の策定によく利用されるガントチャートは、一般的には作業の前後関係やクリティカルパスを表現しにくいという欠陥がある。

エ．改善計画の管理については、PDCAサイクルを活用した管理方式を採用する。そのためには進捗管理ができるように、あらかじめすべての作業を詳細化し、数値化して評価できるようにしておく必要がある。

オ．業務改善推進基準としては、ISO9001の品質管理及び品質保証に関する国際規格を適用する。特に理念や手続を文書化することが重要視されており、文書どおりに実際に作業が行われていれば一定の品質レベルが保たれていると判断できる。

解答 ● p.173

業務改善活動に関する記述として最も適切なものは、次のうちどれか。

ア．業務改善活動を行うに当たっては、現在の担当者だけではなく外部のコンサルタントも業務改善チームのメンバーにする。

イ．業務改善チームの士気を高めるために、チーム内での指揮命令系統や役割分担を明確にする。

ウ．業務改善活動を進めるためにQCサークル活動を導入し、内部統制の仕組みを構築する。

エ．業務改善活動の内容は業務内容が異なる部署の間でも共有し、他部署や社外の取り組みも参考にしながら進める。

オ．業務改善を円滑に進めるために、残業時間を規制して改善活動にあてる時間を確保する。

解答 ● p.173

BPM（Business Process Management）に関する記述として不適切なものは、次のうちどれか。

ア．BPMソリューションには、業務プロセスを可視化するためのモデリング機能、最適なプロセスを探るためのシミュレーション機能などが実装されていることが多い。

イ．BPMでは、改善対象業務を抽出するため業務の見える化を行い、業務プロセスを継続的に改善していく必要があるが、必ずしもITツールを使う必要はない。

ウ．BPMの主なプロセスは、改善対象業務の抽出→当該業務の分析→As-Isプロセスの課題抽出→To-Beプロセスの作成→実行→モニタリングに基づく検証・改善という流れになる。

エ．BPMと同様の考え方に、BPR（Business Process Re-engineering）があるが、その違いは、BPMが継続的改善であるのに対し、BPRは有期のプロジェクト改革であるという点にある。

オ．BPMの主要な特徴には、PDCAサイクルによる継続的改善、データフロー・ダイアグラムなどのモデルの活用、データ指向の3つが挙げられる。

解答 ●p.175

B●業務の分析・評価・改善 ＞ 5●業務改善にかかわる国際標準など

1●**QMS**

問題 **49**

H29前

ISO9001に基づく品質マネジメントシステムの認証を取得した場合の効果に関する記述として不適切なものは、次のうちどれか。

ア．国際標準の規格であり、対外的な信用度が増す。

イ．当規格を適用することによって、効率的な作業形態となりコスト削減が可能となる。

ウ．製品やサービスを提供する活動について、トレーサビリティが向上する。

エ．定期的に審査を受けることが義務化されており、品質を継続的に維持できる。

オ．従業員への教育強化により、品質に関する意識が向上する。

解答●p.176

問題
50

EA（Enterprise Architecture）に関する記述として不適切なものは、次のうちどれか。

ア．政策・業務体系は、政策・業務の内容、実施主体、業務フロー等について、共通化・合理化など実現すべき姿を体系的に示したもので、ここでは業務説明書、機能構成図、機能情報関連図、業務フローなどを作成する。

イ．データ体系は、概念データモデルを、エンティティ、リレーションシップで表現することによって、データ構造やデータ項目間の関係を明らかにするためのものである。

ウ．適用処理体系は、業務処理に最適な情報システムの形態を体系的に示したもので、ここでは情報システム関連図や情報システム機能構成図などを作成する。

エ．技術体系は、情報システムを構築する際に利用する情報技術の要素及びセキュリティ基盤を体系化したもので、ここではネットワーク構成図、ハードウェア構成図、ソフトウェア構成図などを作成する。

オ．EAガバナンスとしてのStandardsではデータモデル、セキュリティ要件などの標準を策定し、移行計画としてのTransitional Processesでは業務、システムなどの移行管理計画を作成する。

解答●p.177

71

C●システムの開発　＞　1●経営と情報システム構築のかかわり

2●中長期的視点の重要性

問題
51

H29後

中期情報システム化計画作成時の留意事項の説明として最も優先順位が低い
ものは、次のうちどれか。

ア．経営戦略や事業戦略との整合性を図るためには、経営計画との擦り合わ
　　せや経営者、事業責任者へのインタビューなどを行う。

イ．最新のIT技術の動向を把握し、それをシステムに反映させるため、IT
　　ベンダーに向けてRFI（Request For Information）を提示する。

ウ．システム開発環境やインフラ環境の変化への対応は重要であるため、中
　　期情報システム化計画では、その対応を業務システム構築の制約条件とし
　　て盛り込む。

エ．情報システム体制と今後の人材育成（補強）計画は情報システムの構築、
　　維持の根幹をなすものであり、中期情報システム化計画作成時に同時に検
　　討する。

オ．現システムの抱える問題や課題を整理して、次期情報システム開発の優
　　先順位を判断する材料の一部とする。

解答●p.178

1●システム化計画　　　　　　　　テキスト第3章第2節

問題 **52**

H20後

情報システム開発化計画及びプロジェクト計画に関する次の記述のうち、不適切なものを選びなさい。

ア．情報システムは、自社の経営戦略を実現するものでなくてはならない。したがって、情報システム開発化計画の重要事項である開発方針を検討する場合は、まず長中期の経営戦略、情報化戦略を確認することから始めるべきである。

イ．開発方針は、経営・情報化戦略だけでなく、自社の経営環境、資源、組織、意思決定プロセスなどを視野に入れて検討することが重要であり、それが考慮されていないと実際には機能しない情報システムとなる。

ウ．開発方針は、経営戦略、経営環境との整合性確保が最重要であり、変化する技術動向やシステム化動向に左右されてはいけない。技術的な実現性は、リスク管理を考慮したプロジェクト計画の立案の中で担保すべきである。

エ．システム化の目的は、ともすれば抽象的な方向性の羅列になりがちである。目的の到達レベルを目標として設定することが重要で、数値目標を示すことによりシステム完成時の達成度評価が可能となる。

オ．プロジェクト計画書は、システム開発作業を開始するための承認及びプロジェクト関係者の合意、協力を得るために必須な文書で、目的・目標を実現するための具体的なスケジュール、推進体制、プロジェクト管理ルールなどが記述される。

解答●p.179

73

H29前

情報システムの開発プロジェクトを開始する前に、システム化計画を策定し、関係部門の承認を得ることが不可欠である。このシステム化計画に関する記述として不適切なものは、次のうちどれか。

ア．システム化計画では、システムの目的・目標や開発方針（開発の進め方）が、経営戦略や情報化戦略と整合性のとれた内容であることを明確にしなければならない。

イ．システムの最終目的を実現するためには、多額の投資や長い期間が必要なことも多い。したがって、目的を実現するための開発方針は、技術動向や投資コストなどを中長期的な視点で検討することが大事である。

ウ．システム化計画では、他社と差別化できる特長的なシステム機能や実現手段の提示が必須であり、そのためには他社動向の十分な調査や専門技術を持つ外部機関からの情報収集が欠かせない。

エ．システム化計画書には、目的、目標、対象範囲やシステムの機能概要だけでなく、マスタースケジュール、実施体制、適用技術や費用などを盛り込むべきである。

オ．システム化計画書の承認を得るためには、他社事例や実現方法の代替案なども十分に検討しておき、提示案が最適であることを理解、納得してもらうことが必要である。

解答 ●p.180

H28前

システム開発を進めるに当たり考慮すべき点として不適切なものは、次のうちどれか。

ア．ソフトウェア開発における初期段階の見積りは、システム構想や分析

フェーズで実施される場合が多いため、未確定の部分が多数あり、高い精度を求めることが難しい。したがって、後続の工程において、仕様と実現方法の確定度合いに合わせて、何度か見積もることが適切である。

イ．品質管理の基本は、作り込まれたバグを、テスト工程で確実に摘出することである。したがって、設計から製造までの工程において、作り込まれたバグに対する確実なテストの実施が重要なポイントとなる。

ウ．性能問題に対する対応コストは、開発後半になるほど増大する。一方、初期段階においては、システムに対する情報が不足しているため性能評価が難しく、各種の前提条件を設定しなければならない。したがって、性能管理は、開発工程全般を視野に入れた対策立案が必要である。

エ．システム開発において、情報セキュリティに対する考慮が重要な要素となっている。特に、Webシステムでは、システム作りに伴う脆弱性が問題視されることから、設計及び製造工程での脆弱性チェックや、テスト工程でのセキュリティ検査を実施する必要がある。

オ．技術の進歩に伴い、システム運用に対する要求も多様化している。したがって、パッケージ製品の適用やスクラッチ開発を問わず、上流工程の段階から実運用までを考慮した運用設計を進める必要がある。

解答 ●p.180

C●システムの開発　＞　2●システム化計画の策定

2●情報システム開発プロセス　テキスト第3章第2節

問題

55

システム設計の技法に関する記述として適切なものは、次のうちどれか。

ア．構造化分析設計においては、まずジャクソン法やワーニエ法といった技法により業務を洗い出し、プログラムの構造を決定してから、機能間の関係を分析する。

イ．データ中心設計で用いられるERDは、データ項目の集まりであるエンティティと、エンティティ間の論理的なつながりをマトリックスで表現するものである。

ウ．オブジェクト指向設計において、オブジェクトの共通な性質を抜き出して定義したものを「カプセル」、その定義に具体的な値を与えたものを「クラス」という。

エ．HIPO（Hierarchy Input Process Output）とは、入出力データと処理との関係を決める方法論の一種であり、階層ごとに入力と出力とを整理し、機能や構造を分析するものである。

オ．DFDは、プロセス中心設計などで用いられるもので、プロセス、データストア及び外部エンティティの3種類の記号により、業務の流れを表現するものである。

解答●p.182

1●組織・体制の整備

問題 **56**

H27後

企業における情報システムの企画、構築、運用等の局面で、CIO（Chief Information Officer：最高情報責任者）の役割と機能に関する記述として最も不適切なものは、次のうちどれか。

ア．経営戦略の立案や推進に当たっては、情報システムの視点から提案や提言を行い、かつその法的規制やリスクについても検討し、経営戦略に反映させる。

イ．情報化戦略策定においては、情報システムの目的とその効果をできるだけ明確にして、経営者や事業部門責任者と調整のうえ、合意形成を目指す。

ウ．情報化資源の調達では、情報システム実現のため利用部門や情報システム部門と連携して、予算と人材を確保する。

エ．情報システムの構築・導入時は、プロジェクト責任者を支援する。しかし、プロジェクトのQCDが当初の目標に届かないと予測される障害が発生した時は、直接介入して対策に当たる。

オ．情報システムの運用時は、モニタリングを通じて経営戦略支援や情報化戦略の目的が達成されているか評価し、更なる改善を促す。

解答●p.184

問題 **57**

H29後

情報システムに関わる組織及び役割に関する記述として不適切なものは、次のうちどれか。

ア．情報システムの開発や運用などを特定の委託先にアウトソーシングする場合は、委託後も業務がブラックボックス化しないようある程度の管理能

力や技術能力を保持しなければならない。

イ．システムの開発作業を外部委託する場合、情報システム要員は、業務分析、業務設計を担当するシステムアナリストやプロジェクトマネジャー的な役割が増大する。

ウ．システム開発の組織を立案する場合は、各作業の作業分担、責任範囲、指揮系統、報告系統を明確にすることが重要である。特に複数部門や外部委託先との共同作業については、作業範囲と責任者の関係がはっきりするまで詳細にWBSを作成し、役割を明確にすべきである。

エ．システムの利用部門は、システム開発のニーズを持つ部門として、業務要件や入出力情報のレイアウトなどを決める要件定義や外部設計の工程に参画することが重要である。その後は、本稼働前に実施されるユーザー教育が主要な役割になる。

オ．システム開発の成否は、参加メンバーのスキルやモチベーションによるところが大きいため、それらを高めるチーム編成、コミュニケーション計画に十分な配慮が必要である。

解答 ●p.185

C●システムの開発 ＞ 3●情報システム開発・保守の組織体制

2●開発プロジェクト体制（役割分担、責任範囲、指揮系統、報告体制）　テキスト第3章第3節

問題 58　H27後

システム開発プロジェクト体制の構築に関する記述として適切なものは、次のうちどれか。

ア．プロジェクトの発足に当たっては、ベンダーの体制を明確にすることが不可欠であるが、自社の体制は、事前に設定せず、都度柔軟に構築する。

イ．どのようなシステム開発でもベンダーと発注元の基本的な役割分担は変わらないので、ベンダーが提示するプロジェクト体制に合わせて、自社の体制を構築する。

ウ．メンバーが個別にコミュニケーションを行うと、プロジェクト全体で情報を共有することが難しくなるため、発注元とベンダー間のコミュニケーションは両PM（プロジェクトマネジャー）を通じて行う体制とする。

エ．発注元のPMは、開発するシステムの仕様を確定するだけでなく、プロジェクトの投資対効果の測定や予算の確保、関係部署との調整なども行う。

オ．プロジェクトの発足に当たっては、PMを明確にするだけでなく、現場担当者のキーマンを常任とするステアリングコミッティを組織する。

解答　p.186

問題 59　H29前

販売物流システム再構築プロジェクトを立ち上げることになり、プロジェクトマネジャーに任命されたA氏が、開発プロジェクト計画の検討を始めた。A氏が作成した開発プロジェクト計画書の内容として不適切なものは、次のうちどれか。

ア．各開発工程で作成するドキュメントの種類とそこに記載すべき項目。

イ．ユーザーとの間でいったん合意した業務仕様について、変更要請が発生した場合の変更管理票とその承認プロセス。

ウ．課題検討会議、リーダー会議、仕様検討会議などの会議の目的とそこで決定すべき内容、開催日程、参加者。

エ．プロジェクトの達成目標（例：物流経費の10%削減を実現など）。

オ．正確に開発規模を予測できるように、全工程を詳細化したWBS（Work Breakdown Structure：作業分解構成図）。

開発プロジェクトチームの編成や運営に関する記述として不適切なものは、次のうちどれか。

ア．組織体制表は、名前、役割（責任範囲）とともに指揮・命令・報告系統がわかるように作成する。そのためにはできるだけ体制図等も併用し図式化するほうがよい。

イ．プロジェクトに参加するメンバーは、プロジェクト専任とするべきである。他の職務と兼任のままでは指示命令系統が混乱し、プロジェクト運営に支障をきたすことになる。

ウ．組織体制表には、責任と役割を認識してもらうために関係者全員の名前を載せ、かつそれぞれの役割を明記することが望ましい。

エ．重要な指示・報告は、文書または口頭で行うとともに、打ち合わせ記録を起票して指示者の確認を受ける。

オ．プロジェクトマネジャーやリーダーは、成果物の品質・コスト・納期を管理するとともに、メンバーの心身の健康管理やプロジェクト内外のコミュニケーションの円滑化にも配慮する。

情報システム開発の企画段階で、開発プロジェクト計画を作成し、関係者のレビューを受け、その結果いくつかの指摘を受けた。指摘事項と対応方針との組み合わせとして一般的に適切であると考えられるものは、次のア～オのうちどれか。

＜指摘事項＞
A．プロジェクト体制図に、ユーザー部門の核人材が記載されている。その人は本来業務が忙しいので、別の人に担当させたい。（ユーザー部門責任者より）
B．設計を担当する予定のサブシステムは、他と比較して難易度が高く記載してある期限までに完成させるのは難しい。スケジュールを延期してほしい。（プロジェクトメンバーより）
C．変更管理手続の記載がないので、安易に変更要請が発生しやすい。手続の規定を詳細に定義してほしい。（外部委託パートナーより）
D．経営環境の変化が激しいので、今後の状況によってはプロジェクト規模の縮小をお願いする可能性がある。（経営者より）
E．利用を予定している開発支援ツールは、ある条件下でパフォーマンスが悪くなる。別のツールを検討するべきである。（PMOより）

（対応方針）
①指摘事項を反映して、計画書を修正する。
②指摘事項について、現段階では判断材料が少ないので、計画はこのまま進める。実行段階で顕在化しそうなときに対応する。
③指摘事項はプロジェクトでコントロールできない問題なので、計画書には反映しない。

ア．A－①
イ．B－②

ウ．C－②
エ．D－③
オ．E－②

解答 ●p.189

問題
62

H29後

企業の情報システム担当のプロジェクトマネジメントに関する記述として不適切なものは、次のうちどれか。

ア．ベンダーの選定に当たっては、コスト面だけの評価ではなく、同種の業務システムの構築経験、開発マネジャーの経験と力量、ベンダーとそのパートナー会社の状況なども考慮して、総合的に判断する必要がある。

イ．ベンダーから提示されるコスト（見積り）に含まれる物品やサービスの内容に関しては、認識のずれが発生しやすいので、よく擦り合わせて契約後のトラブルを最小限に抑える必要がある。

ウ．新たなITシステムの導入に伴い、業務ルールに見直しが発生する場合が多い。したがって運用テストの段階において、業務部門に対する新システムの操作説明と併せて業務の変更内容を通知する必要がある。

エ．ベンダー側とのプロジェクト管理上の役割分担があいまいになりがちであることから、プロジェクト開始時点において役割分担を明確にしておくことが重要である。

オ．本稼働の決定に当たっては、利用部門、ベンダーの双方により、機能面、品質面、性能面などでの妥当性を検討しなければならないが、最終的には利用部門側の責任において判断するべきである。

解答 ●p.190

3●要員の調達

 問題 **63**

 H28後

以下の＜事例＞において、調達関連の作業を実施する順番として適切なものは、次のうちどれか。ただし、a～gには、今回の調達においては必須ではない項目が含まれているので、それを除いた順番とすること。

＜事例＞

　流通業A社では現在の基幹業務システムを改修して使いやすくするために、開発作業を外部委託することにした。その調達の責任者となったB氏は、調達計画を立案するために、必要と思われる作業項目を下記のa～gのとおり列挙した。

＜B氏の考えた作業項目＞

a．RFP（提案依頼書）を発行する。
b．RFI（情報提供依頼書）を発行する。
c．適用できそうなパッケージソフトのカタログを集める。
d．開発ベンダーを選定する委員会のメンバーを決める。
e．今回の調達における予定価格を積算する。
f．開発ベンダーからの提案に対する評価基準書を作る。
g．新聞に今回の調達の公告を載せて提案ベンダーを募る。

ア．e → f → d → a → ベンダーからの提案書を受け付ける
イ．e → a → b → g → ベンダーからの提案書を受け付ける
ウ．b → c → f → a → ベンダーからの提案書を受け付ける
エ．c → d → b → f → ベンダーからの提案書を受け付ける
オ．a → e → f → g → ベンダーからの提案書を受け付ける

解答●p.191

情報システムの調達を行うに当たり、RFI（Request For Information）を作成することにした。RFIに関する記述として不適切なものは、次のうちどれか。

ア．RFIの発行は、ITベンダーだけではなく、大学・研究機関・業界団体などに対しても行われる。

イ．RFIの発行は、一般的な製品・技術情報を収集する際に実施されるだけでなく、ベンダーを調査する場合にも行われる。

ウ．RFIの記載内容としては、依頼目的、提供を受けたい情報内容、期限、提供された情報の取り扱い、受付窓口などが挙げられる。

エ．RFIは、情報収集が目的のため、RFI発行先が必ずしも、その後に検討される発注先の選定候補にはならない。

オ．RFIは、RFP（Request For Proposal）発行後、追加あるいは補足の情報を収集することを主たる目的として発行される。

解答 ● p.192

2●開発規模の見積り

ソフトウェア開発等における見積技法等に関する記述として不適切なものは、次のうちどれか。

ア．COCOMOモデルは、使用する開発言語や開発対象業務の複雑性あるいは開発チームの開発能力といった各種変動要因を加味して、開発工数や期間を見積もる方法である。

イ．ファンクションポイントモデルは、ソフトウェアの"機能"を基本にして、その処理内容の複雑さなどからポイント（点数）を付けていき、そのポイントを合計してシステム規模や開発工数を算出する方法である。

ウ．ソフトウェアの見積りは、システムの企画時、システム要件定義時、システム設計完了時など、一度だけではなく、何回も行うことが適切である。

エ．プログラムステップ法は、プログラムソースコードのステップ数を基に、開発工数を見積もる方法である。よってこの技法は、GUI（Graphical User Interface）開発にも適用できる方法である。

オ．ハルステッドモデルは、実行形式にしたときのステップ数で見積もる方法であるため、プログラムのソースコードには、アセンブラ換算したものを基準としてコスト算出する方法をとる。

解答●p.194

C●システムの開発　＞　5●要求仕様書と要件定義書

3●要求分析手法　テキスト第3章第5節

問題
66

要件分析、要件定義書に関する記述として最も適切なものは、次のうちどれか。

ア．ユーザー要求を聞き出し、まとめる要件分析の手法の1つとして、ファンクションポイント法が挙げられる。

イ．要件定義書では、ユーザーのニーズを正確に記述することが求められるため、ユーザー自身がすべて作成しないと、適切なものにならない。

ウ．要件の種類には、入出力情報、処理条件などの機能要件と、信頼性、性能、保守性などの非機能要件があるが、非機能要件は、具体的なインフラ構成やアーキテクチャが決定した段階でないと、その定義は難しい。

エ．要件定義書は、ユーザーを始めとするプロジェクト関係者が参加するレビューによって、内容の確認・承認が行われることから、その後の要件変更は、システム開発に支障があるため、極力受け付けない。

オ．要件定義書には、ユーザー業務の要求事項だけでなく、「制約条件」として、関連システムとのインターフェース条件、利用する場所・期間の制限などを記述することが望ましい。

解答●p.196

2●システム設計手法の特徴と表記法　　テキスト第3章第6節

システムの再構築を行う際のデータ分析・データベース設計に関する記述として不適切なものは、次のうちどれか。

ア．ユーザーヒアリングなどにより新システムで必要な実体と実体間の関連を抽出し、ERD（Entity-Relationship Diagram：実体関連図）を描く。

イ．現行のシステムで使用しているデータベースやファイルを解析して現状のデータベース構造を描き、そこに新システムの要件を付加する。

ウ．開発の生産性を上げ、性能向上を図るために、画面・帳票の構造に近いデータベース構造とする。

エ．現行システムで使用されている業務用語を整理し、データ項目命名のための用語集を作成する。

オ．データの発生から消滅までのライフサイクル分析を行い、業務機能を実施するのに十分であるか否かの検証を行う。

解答 ●p.197

データ中心設計手法に関する記述として適切なものは、次のうちどれか。

ア．各種の設計手法の中で最も伝統的な手法であり、個々のフェーズで必要なデータ項目を決めていく手法である。

イ．この手法を採用するには、組織内の事象を解析し、必要なデータの体系化・標準化を図っておくことが前提条件となる。

ウ．複数のサブシステム間において、同じデータ項目名が使われても開発に影響しないことから、開発作業工数の削減が期待できる。

エ．業務全般を網羅したデータモデルの作成は、業務に習熟した要員であれ
　ば容易に実施できる。

オ．プログラムとデータとが従属していることから、業務処理に変更が加わ
　るとデータ形式も変更される。

解答 ● p.198

2●入出力手段の選定と利用環境　テキスト第3章第7節

問題 **69**

H29後

以下の＜事例＞におけるシステムの機能や入出力情報に関する記述として不適切なものは、次のうちどれか。

＜事例＞

菓子製造販売業のA社は、良質な材料でケーキを自家生産しており、地元で評判である。しかし、店舗販売分の生産が午前中に集中するため、生産設備が空いている時間が多いことが経営上のネックであった。そのため、生産設備の遊休時間帯を使ってできるケーキの受注生産〜通信販売をネット販売システムで実現しようとしている。下図は、A社の構築しようとするシステムについての受注プロセスにおけるHIPO図である。

なお、一部の処理（Process）は空欄にしてある。

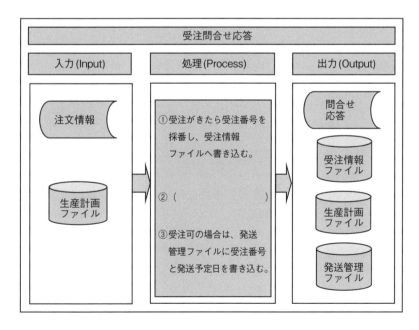

ア．注文情報として必要な項目は、注文者の情報、送付先の情報、配送希望日、オリジナルケーキの詳細情報である。

イ．問合せ応答として必要な項目は、受注番号、注文内容、受注の可否である。

ウ．注文情報が入力されたら、受注情報ファイルにて在庫引当を行う必要がある。

エ．図の②では、生産計画ファイルのデータをチェックし、配送希望日に見合った生産が可能かどうかを判断する。

オ．発送管理ファイルにて管理する情報は、受注番号、発送有無、発送年月日、配送業者、配送希望日である。

解答 ● p.199

出力設計における考慮点に関する記述として不適切なものは、次のうちどれか。

ア．出力の目的、内容などを定義し、出力帳票のレイアウトなどの詳細な設計を行う。

イ．業務の中でどのような出力帳票をどのタイミングで出力し、どのような意思決定へと連携させるかのストーリーを作成することが必要である。

ウ．納品書、期末在庫一覧表などの出力帳票を設計するときには、ユーザーの使用状況を調査（ヒアリング）して使い勝手を考えなければならない。

エ．出力画面は、ユーザーがそれ以降の意思決定につながる情報を得る手助けとなるよう設計する。

オ．データを名称で表示させると、帳票や画面が煩雑となるので、出力する際には、コードで表示する。

解答 ● p.199

2●データベース設計　　　　　　　　　　　テキスト第3章第8節

データベース及びデータの活用に関する記述として不適切なものは、次のうちどれか。

ア．データベースは、その格納方式により、階層型、ネットワーク型、リレーショナル型などに分類される。

イ．SQLは、データベース操作言語の一種であり、DDL（データ定義言語）やDML（データ操作言語）で構成される。

ウ．データベースに格納されるデータ量が増えてパフォーマンスが悪化した場合は、インデックスを用いて検索機能を向上させることが多い。

エ．データウェアハウスとは、企業活動における過去から現在までのデータを保管し、意思決定をするために蓄積されたものである。

オ．データマイニングとは、「仮説検証型」の分析手法であり、「発見型」と呼ばれるOLAP（多次元分析処理）とは目的が異なる。

解答●p.201

C●システムの開発 ＞ 9●システム開発手法とツール

1●開発モデル

テキスト第3章第9節

問題
72

H29後

プロトタイピングモデルによる開発の利点や欠点について記述した①～⑥には、適切な説明と不適切な説明が混在しているが、すべて適切な説明の組み合わせは、次のうちどれか。

①ユーザー部門の参画意識が強くなり、一体感の醸成に役立つ。

②ユーザーの要望に敏感なシステムになり、過剰な仕様につながるので、全体最適を追求するときはデメリットになる。

③完成後のシステムのユーザー研修、検証作業は、開発時からユーザーを交えて開発しているので簡略化してもよい。

④ユーザー部門と開発部門が頻繁に打合せをするので、日程調整に手間取り、かえって時間がかかることが多い。

⑤プロトタイピングモデルは、システム全体を対象にすると更に全体の品質が高くなるので、積極的に適用するべきである。

⑥ユーザーニーズへの適合性や初歩的なミスに気が付くことが多いので、早い時期にユーザー部門と開発部門の認識のずれを解消できる。

ア．①、③、⑥

イ．②、③、⑤

ウ．①、④、⑤

エ．②、⑤、⑥

オ．①、④、⑥

解答●p.203

2●テストの種類

テキスト第3章第10節

問題
73

ホワイトボックステストに関する記述として適切なものは、次のうちどれか。

ア．モジュールの入力と出力に着目して行うものである。

イ．すべてのテストケースを実行することは困難な場合が多い。

ウ．モジュールの内部構造は考慮しない。

エ．別名でファンクショナルテストという呼び方をすることもある。

オ．プログラマー自身に誤解があった場合のエラー検出が容易である。

解答●p.204

C●システムの開発　＞　10●システムのテスト計画

3●テスト計画

テキスト第3章第10節

SIベンダーに開発を委託した新販売管理システムがA社に納入されることとなった。A社における受入テスト時の行動として不適切なものは、次のうちどれか。

ア．利用部門である営業部門の担当者に使用してもらい、操作性を確認する。

イ．要件定義時に定められた応答時間を満たしているか、性能を測定する。

ウ．停電やデータ消去などの障害が発生した際の故障時対策ができているかどうかを確認する。

エ．業務運用の観点から、設定したテストシナリオに沿ったケースを実施する。

オ．要件定義どおりに設計がなされているか、基本設計書の内容をレビューする。

解答●p.206

以下のテスト計画書作成手順が適切な順に並べられたものは、次のうちどれか。

A：テスト項目のすべてを列挙

B：テスト効率を上げるために、適切なテストケースを設定

C：テスト環境、テスト方法などのテストに関する概要を設定

D：テストを実行するときの具体的な手順を設定

E：テストケースごとのテストデータと結果判定基準を設定

ア．A→B→C→D→E

イ．C→A→B→D→E

ウ．A→C→B→D→E

エ．C→A→B→E→D

オ．A→C→B→E→D

解答●p.206

.

2●システムの受け入れ準備　　　　　　　　テキスト第3章第11節

問題
76

H28前

システム稼働に際しては、システム部門とユーザー部門の連携が重要である。以下に示す①～⑥はシステム稼働判定時に検討すべき事項であるが、ユーザー部門が中心となって判断すべき事項の組み合わせとして適切なものは、次のうちどれか。

①移行によってトラブルや現在の業務に不都合は発生しないか。
②あらかじめ約束したパフォーマンスが出ているか。
③開発したプログラムのバグは出し切ったか。
④エンドユーザーに当事者意識を持たせているか。
⑤ユーザー教育が十分に終わって理解が進んでいるか。
⑥運用マニュアルや稼働後のバックアップ体制は整っているか。

ア．①、⑤、⑥
イ．②、③、④
ウ．①、②、⑥
エ．①、④、⑤
オ．②、④、⑤、⑥

解答●p.208

3●システムの移行

問題
77

以下は、システム移行に関連するトラブルと、その際にプロジェクトマネジャーが行った対処の事例に関する記述である。対処内容が最も不適切なものは、次のうちどれか。

ア．2つの金融機関の合併によるシステム統合プロジェクトにおいて、一方のシステムにもう一方のデータを移行する方向で検討していたが、データの管理内容に大きな差異があることが判明した。移行時期を延伸することにしたが、予備費が計上されていなかったため、既存システムを利用延長するための予算を新たに計上した。

イ．基幹業務システムの移行についてユーザー部門へ説明を実施した際、A部門から利用者教育が不十分であることを理由にシステムの移行を拒否された。会社トップからはシステム稼働日厳守を指示されていたが、A部門に対する教育日程を追加した上で稼働日の調整ができるかどうか、経営層を含めた関係部門と協議した。

ウ．顧客情報を管理するシステムの移行後に、一部のデータについて移行漏れが判明した。既に旧システムが撤去された後だったため、予備費を使用してサーバーを調達し、事前バックアップ媒体からのデータ復元、漏れたデータの抽出・検証を行い、新システムにデータを追加投入した。

エ．システムの移行作業実施中に、サーバーにハード障害が発生したが、クラスタ構成のもう一方のサーバーは動作していたため、そのまま作業を続行した。ハード障害については事前に想定していなかったが、翌日には修理できる目処が立ったため、当面片系のみでの運用とすることをプロジェクトマネジャーの判断で決定した。

オ．システム移行作業後、新システムを起動したが、エラーが発生して、業務システムが起動しなかった。新たに導入したバッチファイルに誤りがあることが判明したため、新システム上で直接バッチファイルを修正して移

行作業を継続するよう指示した。

解答 ●p.209

1●プロジェクトマネジメントの標準

問題 **78**

H27前

開発プロジェクトのマネジメントに関する記述として適切なものは、次のうちどれか。

ア．リスク管理とは、プロジェクトの開始時にリスクとなる項目を特定し、その発生の可能性を事前に取り除くことである。そしてこれがプロジェクト成功に導く第一歩となる。

イ．プロジェクト計画段階のWBSを作成するときの留意点として"できる限り詳細に記述する"ことが求められる。その理由はWBSにより、システムの規模を見積もり、開発スケジュールが作成されるからである。

ウ．情報システムコストは導入コストとランニングコストに大別できる。ランニングコストは開発段階では見通せない費用（業務システムメンテナンス費用、ソフトベンダーの値上げ等）もあり、急な予算化に経営者の理解が得られないことも多いので、わかりやすい説明で理解を得る努力が欠かせない。

エ．開発プロジェクトチームのコミュニケーションは、システム開発の品質や進捗に大きく影響するので、プロジェクト責任者は常に個々のメンバーと接触を図り、意思疎通に努める必要がある。

オ．品質管理に使われるレビューの方法として、ウォークスルーやインスペクションがある。いろいろな角度からレビューすることが求められるので、できるだけたくさんの人が参加することが望ましい。

解答●p.210

H26後

販売管理システム再構築プロジェクトでのシステム開発段階で起きた問題への対策として、プロジェクトマネジメントの観点から不適切なものは、次のうちどれか。

ア．要件定義時に定めた業務機能要件について、プログラミングに着手した後に現業部門からの変更が多く発生したが、開発工程に余裕があったので、変更を受け入れ同時にリリースする方針とした。

イ．当初の規模見積りの精度が悪く、予想以上に規模が膨らんでいることが設計工程終了後に判明したので、システム化範囲の見直しを行った。

ウ．サブシステム間でのインターフェース不正により、結合テストの進捗が芳しくなかったため、インターフェース設計の再レビューを実施するとともに、稼働時期の延伸について調整した。

エ．結合テスト段階でデータベースの資源競合による問題が発生したため、サブシステムで共有するデータベースについてCRUD（Create、Refer、Update、Delete）分析を行うとともに、リスク費用を使用して開発要員を追加した。

オ．システムテスト段階で要件定義時の性能目標を確保できないことが判明したため、ハードウェア構成の一部アップグレードにて対処できるよう、追加費用の確保を経営層と調整した。

解答 ● p.211

H29前

以下の＜事例＞において、問題が発生した最も大きな原因であると思われる工程は、次のうちどれか。

＜事例＞

　A社では、基幹業務システム再構築プロジェクトの推進中である。再構築を請け負ったITベンダーB社では、プロジェクトの開始段階で工程完了判断基準を設定し、開発作業を進めてきた。なお、B社がA社のシステム開発を請け負うのはこれが初めてだった。

　結合テスト工程までの各工程は完了判断基準をクリアしており、問題なく進捗してきたのだが、システムテスト（総合テスト）工程に入ったところで、テストに参画していたユーザー部門の複数の職員から、「新システムの品質が悪くて使い物にならない」というクレームが上がってきた。B社の責任者がA社の職員から話を詳しく聞いてみると、

　　・既存システムにあった機能が使えなくなっている
　　・新規要件が誤った内容で実装されている
　　・単体テストで検出すべきバグが現時点でも多数見つかっている
　という内容のものが多かった。

ア．基本設計工程
イ．詳細設計工程
ウ．プログラム設計〜プログラミング工程
エ．単体テスト工程
オ．結合テスト工程

解答 ●p.212

101

C●システムの開発 ＞ 12●開発プロジェクトマネジメント

2●プロジェクトマネジャーの役割　　テキスト第3章第12節

問題 81

システムテスト実施に当たり、PERT（Program Evaluation and Review Technique）の手法を用いて、下図に示す日程計画を作成した。

下図を踏まえた場合、作業日程に関する記述として不適切なものは、次のうちどれか。

ただし、図中の「W1」から「W10」はテストケースの所要日数を示しており、テスト開始日は0日とする。

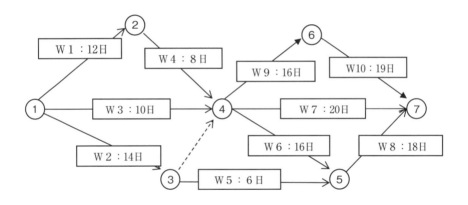

ア．W6のテストケースの終了が1日遅れても、W8のテストケースが予定どおり進行すれば、システムテスト全体の完了には影響ない。

イ．システムテスト終了の最短完了日数は、55日である。

ウ．W2のテストケースでは、6日の範囲であれば、開始日を遅らせても、作業日数が延びてもよい。

エ．W9のテストケースは、すべてのテストが予定どおり進行した場合においては、10日目から開始することができる。

オ．この日程におけるクリティカルパスは、W1、W4、W9、W10である。

解答●p.214

プロジェクトの進捗状況をアーンドバリュー管理（EVM：Earned Value Management）で表した以下の図において、「報告日」時点におけるコスト差異（過剰コスト）を表す両矢印として適切なものは、次のうちどれか。

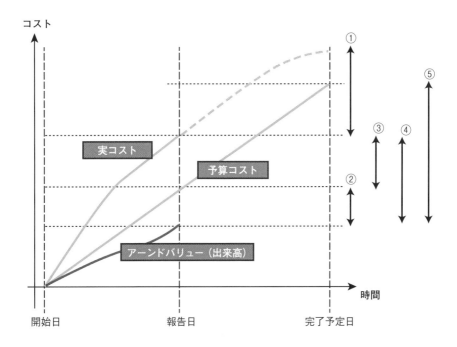

ア．①

イ．②

ウ．③

エ．④

オ．⑤

解答 p.215

D●IT資源の調達 ＞ 2●IT資源の調達プロセス

2●調達計画の作成　　　　　　　　　　テキスト第4章第2節

問題
83

H28後

以下の＜図＞を参照して、SaaS（Software as a Service）アプリケーション
の基本構造に関する記述として不適切なものは、次のうちどれか。
なお、選択肢中、アプリケーションを使用するユーザー（カスタマー）を、サー
ビスの対象と見る場合には「テナント」という。

＜図＞

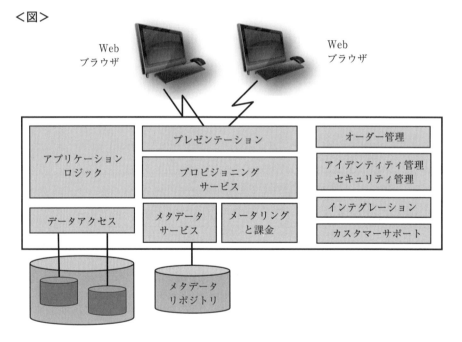

ア．プレゼンテーションは、ユーザーとのインターフェース機能であり、
　　Webブラウザへのデータ表示やデータ入力のための様々な表現形式が用
　　意されており、見やすく使いやすい画面を提供する。

イ．アプリケーションロジックは、提供する業務処理（HRM、CRM、ERP
　　など）のロジックを実行する機能であり、それぞれの業務アプリケーショ
　　ンに必要な処理手順が組み込まれている。

ウ．各テナントの何人のユーザーがシステムにログインしたかを測定することをメータリングと呼び、メータリングで測定したログインユーザー数に応じて、テナントごとに課金することが可能になる。

エ．テナントとユーザーのプロファイルデータのことを構成メタデータと呼び、メタデータサービスは、これらのメタデータをリポジトリに記憶し、実行する際にそれらを参照してユーザーの要件に合った処理を提供する。

オ．プロビジョニングサービスは、正規にログインしたユーザーと当該テナントのプロファイルデータを参照して、当該ユーザーの実行に必要なリソースを割り振り、アプリケーションインスタンスを割り当てる。

解答 ● p.217

問題
84

ITベンダーの選定に関する記述として最も適切なものは、次のうちどれか。

ア．ITベンダー選定において、事前に新規技術情報などを収集し、要件に対する実現手段を確認するために作成するRFI（Request For Information）は、候補となるITベンダー宛に発行する。

イ．ITベンダー選定では、評価選定委員会を設けて評価することになるが、IT部門だけでなく、ユーザー部門からも評価委員を選任することも多いため、事前に作成する評価選定基準は、専門用語は極力少なくするとともに、定性的な記述に努める。

ウ．1つのシステム開発において、上流工程の要求定義から外部設計、内部設計、プログラミング、テスト、データ移行などまですべての業務を1社に委託することは、品質面やリスクなどすべての面で得策である。

エ．調達先選定結果は、報告書に評価項目、評価選定基準、選定結果などを記載し、社内での承認を得るが、選定から漏れたベンダーに対しては、選定企業名のみでその他の基準や理由などは報告しなくても良い。

オ．ITベンダーの選定においては、品質不良、納期遅延、コスト増などのリスクを伴うが、これらは開発を担うITベンダーの能力に負うところが大きい。ITベンダーの能力レベルを評価する手段としてCMMIがある。

解答●p.218

8●契約

問題
85

ある企業における著作権法の解釈に関する記述として不適切なものは、次のうちどれか。

ア．取引先企業に頼まれて作成した資料内容が、作成者に無断で当初の意図とはまったく違う結論に書き換えられ、作成者名を含めて公表された。作成者は、著作者人格権の侵害に当たる行為と判断し、差止請求、慰謝料の請求を行った。

イ．アプリケーションソフトの販売促進イベントの一部プログラムとして、セミナーを開催し、セミナーの中で、市販DVDを上映した。セミナー料金が無料のため、DVDの上映に当たり市販DVDの作成者の了解を取らなかった。

ウ．当社のホームページ上で発表している業務改善手法が、競争相手の企業のホームページにまったく別の表現で掲載された。しかし、著作権侵害には当たらないと考え、競争相手企業のホームページからの撤去は申し出なかった。

エ．購入したアプリケーションソフトの利用方法に関する動画付のマニュアルをネット上で見つけたが、のクリエイティブ・コモンズマークが付されていたので、マニュアルの作成者名を表示の上、当社用に改変し、社内向け用にポータルサイトに掲載した。

オ．会社でアプリケーションソフトの開発を行ったが、アプリケーションソフトに対する著作権の取得には、文化庁への登録は不必要と考えたので、文化庁に対する著作権登録手続は行わなかった。

解答●p.220

契約形態に関する記述として不適切なものは、次のうちどれか。

ア．請負契約は、定められた業務を完成させることが目的であるため、受託者が納品すべき成果物の内容・時期、瑕疵担保範囲や不履行時の損害賠償条件などの明確化が求められる。

イ．仕様書は発注者の要求事項を詳細に伝える資料であり、遵守させるためには、同文書が契約書と一体であり、同等の効力があることを契約書に明記することが大事である。

ウ．調達行為には、社固有の発注基準や購買部門の関与があるので、発注手順、契約条件、検収条件などはその社内ルールに準拠して契約を締結すると円滑に進む。

エ．準委任契約では、受任者は原則的に業務の完成責任は負わず、また、成果物の提出も伴わなくてよいが、進捗及び終了報告義務、そして善管注意義務がある。

オ．派遣契約では、派遣先の指揮命令、時間管理の下で業務に従事することが求められるが、指揮命令者を契約書の中に明記する必要はなく、柔軟に対応できるよう考慮しておくことが実用的である。

解答 ● p.222

1●製造業務

テキスト第4章第4節

製造業の情報システムに関する記述として不適切なものは、次のうちどれか。

ア．CAD、CAE、CAMは、コンピュータ技術を活用して図面作成、製品の形状や性能の計算、自動加工などを行うためのツールあるいはシステムである。

イ．MRPは、部品表と資材在庫を照合し、資材所要量を計算して、発注資材、発注量、納期などを算出するための手法である。

ウ．ABC（Activity Based Costing）は、製品にかかる直接費用をきめ細かく分析し、製造人件費、材料費などを削減するための手法である。

エ．SCMは、1つの企業の内部に限定することなく協力会社、配送業者などと情報を共有して、納期の短縮、製品在庫の削減などを実現するための手法である。

オ．TOC（Theory Of Constrains）は、スケジュール管理におけるボトルネックとなる作業に着目し、生産改善を図る考えから発展した経営改善の手法である。

解答●p.223

以下の＜事例＞に基づき、これらの前提下で算出した間接費に関する記述として適切なものは、次のうちどれか。

＜事例＞
汎用製品を企画・製造しているX社は、製造原価の間接費を活動基準原価計算（ABC＝Activity Based Costing）によって算出している。

［前提］

・X社は製品A、Bを製造している。

・間接作業のアクティビティとして、製品企画、部品調達、出荷検査の3つが抽出された。

・製品AとBの製造での間接費は1,000千円／月で、企画部、購買部、品質管理部にそれぞれ按分した。

部門	企画部	購買部	製造部	品質管理部
アクティビティ	製品企画	部品調達	設計・製造	出荷検査
間接費 （千円）	500	200	——	300
活動原価基準	時間	調達回数		時間

・出荷数量は、1カ月でA製品が55,000個、B製品が45,000個である。

・製品企画時間は、A製品が30時間、B製品が20時間である。

・A製品を製造するのに調達すべき部品の手配が4回、B製品が6回である。

・出荷検査に要する1カ月の合計時間は、A製品が6時間、B製品が4時間である。

ア．製品Aの製造間接費は、600千円／月である。

イ．製品Aの製造間接費は、500千円／月である。

ウ．製品Bの製造間接費は、450千円／月である。

エ．製品Bの製造間接費は、460千円／月である。

オ．製品Bの製造間接費は、製品Aよりも120千円／月安い。

解答●p.224

 **2●物流業務** テキスト第4章第4節

 問題 **89** H29前

在庫管理に関する記述として不適切なものは、次のうちどれか。

ア．在庫の種類としては、製造業では部品、原材料、半製品、仕掛品、完成品などがあり、小売業では主に商品がある。この種類によって在庫管理の方法も違ってくる。

イ．製品の場合は受注から出荷まで、資材の場合は生産計画から投入までの間にタイムラグが発生するので、この間に同一製品・資材の出庫が重ならないように受注、あるいは生産計画の時点で引当てを行うことが必要である。

ウ．在庫管理の商品・資材が多い場合、すべての商品・資材を同一基準で管理するのではなく、ABC分析などによりグルーピングし、グループ単位に管理方法を設定することが必要である。

エ．在庫を抱えることはコスト要因になるため、在庫を管理する目的は余剰在庫を減らすことであり、在庫数量が管理の最も重要なポイントになる。

オ．在庫棚卸では、倉庫にある現物を実地に調査・カウントして、システムに登録されている在庫数とのチェックを行い、差異があればその原因を究明し、現物在庫数に合わせてシステム上の在庫数を修正する。

解答●p.226

問題 **90** H27前

物流EDI標準において、「JTRN」から徐々に「物流XML/EDI標準」に移行しているが、その特徴及び課題についての記述として不適切なものは、次のうちどれか。

ア．「JTRN」ではメッセージは固定フォーマットとなり、企業ごとに独自メッセージを設定しなければならなかったが、「XML/EDI」ではデータ項目ごとに識別子がつくので、メッセージの標準化が可能になる。

イ．「JTRN」はバッチ型プロセスが対象であったが、「XML/EDI」では対話型EDIが可能となり、ブロードバンドのインターネットを使用することによりリアルタイム型プロセスも実現できる。

ウ．「JTRN」は専用線、VAN、ISDNなどの通信回線を主に使用しているのに対し、「XML/EDI」はインターネットを介したEDIのため、通信コストを低減でき、より緊密なメッセージ交換が可能になる。

エ．「XML/EDI」により、送受信データのアプリケーション・インターフェースの標準化が可能になり、アプリケーションの製品化・クラウド化が促進され、EDIの導入負荷とコストの低減が図れる。

オ．XML形式の「XML/EDI」により国際物流のEDI化は促進されているが、国際標準のebXMLに準拠していないので、国際物流EDIを行う際には変換が必要である。

解答 p.226

小売業の業務とそれを支えるシステムに関する記述として不適切なものは、次のうちどれか。

ア．POS（Point Of Sale）システムでは、商品情報の管理が中心であり、従業員や顧客情報は、管理の対象としない。

イ．販売システムには、受注管理、売上管理、売掛金管理が含まれ、仕入システムには、発注管理、仕入管理、買掛金管理が含まれる。

ウ．小売業におけるDPP（Direct Product Profit）システムでは、店舗や売り場単位での収益管理ではなく、商品単品単位での収益管理を可能とする。

エ．在庫管理においては、商品の仕入は、商品の入庫というモノの動きとなり、売上は出庫という動きになる。

オ．顧客管理には、顧客の属性情報や購買履歴の管理だけでなく、プロモー

ション活動に向けた分析機能も含まれる。

解答 p.228

以下の＜事例＞における新たに開発・導入する製造報告・在庫管理システムに関し、３つの期待効果を実現するために組み入れる施策として不適切なものは、次のうちどれか。

＜事例＞

　A社は、各種工業用テープ製品を製造・販売する大手メーカーである。３年前から、製造コストの低減を目標に、B協力会社に、以下の作業を委託している。しかし、当初目標のコスト削減が達成できていない。そこで、A社は、新たに協力会社内の滞留在庫の削減、委託作業の生産性向上、トレーサビリティの向上の３つの期待効果を実現するため、B社にインターネット経由で利用させる製造報告・在庫管理システムを自社開発することにした。

【現在の委託作業】

①中間製品受領・保管：

　A社は、自社事業所で製造したジャンボ（超幅広＆長尺）ロールをB社に移送。

　B社は受入・検収後自社倉庫に保管。

②製造加工１：

　B社は、A社からメールで送られる製造加工指示に従い、ジャンボロールをつながった２台の機械を用いて所定幅に裁断加工し、仕掛品として自社倉庫に保管。

③製造加工２：

　B社は、A社からメールで送られる製造加工指示に従い、裁断済仕掛品をつながった３台の機械を用いて所定長にカットし、テープ製品として自社倉庫に保管。

④出荷作業：

B社は、A社からメールで送られる出荷指示に従い、指定のテープ製品として所定のラベルを印字貼りつけ後、梱包し指示先に出荷。

⑤報告作業：

B社は、①、②、③、④の作業結果を毎日午後5時にメールにて、A社担当者に報告。なお、②と③の製造加工では、工程単位に投入量、産出量及び作業時間を報告。

ア．製造加工工程の細分化

製造加工1及び製造加工2について、使用機械別に工程番号を付番し、製造加工報告はその工程番号別に作業時間だけでなく投入量と産出量をシステムに入力する。

イ．ロット番号の自動付番

テープ製品の加工報告時に決められたルールに従ってシステムでロット番号を付番する。

ウ．バーコード化とB社現場にラベルプリンター導入

テープ製品番号とロット番号はバーコード化し、出荷時にラベルプリンターでアイテムラベルを印字し、加工済テープ製品に貼り付ける。

エ．B社現場にバーコードリーダー付きターミナル設置

メールで受け取っていた製造加工指示、出荷指示は、現場ターミナルからダウンロードし、また受入検収、製造加工、出荷の報告は、作業完了の都度、現場ターミナルからシステムに入力する。

オ．在庫検索・照会画面の充実

A社担当者は、納入したジャンボロール、製造加工した仕掛品及びテープ製品の在庫量とその在庫の滞留期間をより詳細に把握し、今までよりこまめに製造加工指示書を発行する。

解答 ● p.229

問題
93

H29後

生産、マーケティング、物流などのプライマリー部門における、アプリケーションの選定と活用に関する記述として最も適切なものは、次のうちどれか。

ア．パッケージソフトの選定において、BtoB型か、BtoC型かによってソフト選択の考え方が大きく異なるが、販売形態が製造販売型か、商品仕入販売型かによってソフト選択の考え方に違いはないので、その点を考慮する必要はない。

イ．SaaSで提供するソフトウェアは、あらゆる利用者にとって必要な機能を網羅し、すべての利用者に同じ機能を提供するようになっている。このため、ある利用者にとっては、必要のない機能に対しても料金を支払うことに留意が必要となる。

ウ．物流部門におけるアウトソーシングの事例として、製品や商品の保管や輸配送を丸ごと3PLという外部事業者に委託するだけでなく、最近では、マーケティングの観点を加味し、販売や顧客に関するデータの管理も委託する企業が増えている。

エ．ERPを導入する際は、一部の事業所あるいは一部の業務から無理なくスタートさせるより、ERPの特徴を生かした全体最適なプランを早期に実現させるため、全事業所及び全業務に一度に導入すべきである。

オ．企業活動の根幹である生産、物流のシステム開発を外部に委託する場合、外部委託先の選定に当たっては、可能な限り広い選択肢を求めるが、最終的には開発コスト面で一番優位性のある回答を提示してくれる提案を選択する。

解答 p.230

6●統合管理

以下の事例において、ERPの導入に関する記述として最も適切なものは、次のうちどれか。

＜事例＞

　LSI、電子回路部品メーカーであるA社は、同社の経営課題である「リードタイムの短縮と原価低減」に対応するため、全社最適を目指すシステム基盤の構築を目的に、戦略的視点でERPパッケージを導入することにした。その第一フェーズとして、老朽化した経理システムと生産管理システムの再構築を計画している。

ア．今回のIT化プロジェクトには、経理、生産管理の現行システムに精通しており、ベンダー選定にも経験をもつ情報システム部門長をリーダーに選任した。

イ．社内ヒアリングを経て、As-IsモデルとTo-Beモデルを描くことになるが、As-Isの調査・検討により多くの時間を費やすことが望ましい。

ウ．システム開発総コストは、Fit&Gap分析を経てからでないと決まらないので、総コストを下げるためにも、できるだけ多くの標準機能を持つERPパッケージを選定することが必要である。

エ．テスト工程は、ユーザー、ベンダーの双方が関与することもあるので、役割分担を明確にしておく必要があるが、検収テストの実施はユーザー側の役割である。

オ．生産管理システムにパッケージを適用する際の一番高いリスクは、採用パッケージへのカスタマイズ要求が多く発生し、システム導入の遅延リスクが高まることである。

解答 ● p.232

SOA（Service Oriented Architecture）を取り入れたERPパッケージに関する記述として不適切なものは、次のうちどれか。

ア．SOA化以前のERPパッケージが提供してきた会計、販売管理などのモジュール単位の機能を業務の視点で整理し、受注管理、顧客管理などのより細かいサービス単位の機能として利用できる。

イ．SOA化によって、サービス単位での組み合わせによる機能実現が可能となることから、自社固有業務でも、アドオン（追加開発）なしに実現できる場合がある。

ウ．SOA対応のERPパッケージであっても、従来のERPパッケージと同様にパラメーターの設定は必要であるため、導入に際しては、パッケージの機能を熟知しておくことが課題となる。

エ．パッケージベンダーによってサービスの単位が異なるため、利用企業にとっては、ERPパッケージを選択する際の確認項目が増えるという問題点がある。

オ．ERPパッケージをバージョンアップするたびに、連携する他システムとのインターフェースに影響が発生し、大幅な改修が必要となる点は、SOA化以前と変わらない。

解答 ● p.233

D●IT資源の調達 ＞ 4●調達に必要な業務やIT支援に関する知識

8●ビジネスのデジタル化

eラーニングシステムに関する記述として不適切なものは、次のうちどれか。

ア．eラーニングの学習教材を開発する場合には、一般にオーサリングツールを活用して作成する。

イ．LMS（Learning Management System）の主な機能には、学習者の進捗・成績管理、教材の配信管理などがある。

ウ．eラーニングで提供する教材は、使用するLMSによってフォーマットが異なる場合があることから、市販のLMSを選択する場合には、対応コンテンツを確認することが必要である。

エ．eラーニングのコンテンツ開発を支援するソフトには、専門の知識を必要とせず、簡単にインタラクティブな教材を開発できるものもある。

オ．eラーニングシステムにおいては、個人学習を前提としていることから、講師や他の受講者とコミュニケーションを図りながら学習する環境は提供されていない。

解答●p.235

ナレッジマネジメントに関する記述として不適切なものは、次のうちどれか。

ア．ナレッジマネジメントとは、個人が持つ知識や情報を組織全体で共有し、有効に活用することによって、組織としての創造性、個人の能力などを向上させるための手法のことである。

イ．知識には、文書などに表現されている「形式知」と、個人が経験から得たノウハウなどのように文書化が困難な「暗黙知」とがある。

ウ．組織の知識の向上には、共同化（Socialization）、表出化（Externalization）、連結化（Combination）及び内面化（Internalization）の４つのプロセスをスパイラル的に進めるという方法があり、SECI（セキ）モデルと呼ばれている。

エ．ナレッジマネジメントを具体的に進める情報技術として、電子掲示板、電子メール、グループウェア、組織内ビジネスブログなどが用いられる。

オ．ナレッジマネジメントの導入は、一般的には、経営トップのナレッジビジョンに基づいた適切な情報技術の選択を行うことにより達成可能である。

解答 ●p.237

D●IT資源の調達 ＞ 4●調達に必要な業務やIT支援に関する知識

9●調達における情報セキュリティ　テキスト第4章第4節

問題
98

H27後

クラウド・コンピューティングの用語に関する記述として適切なものは、次のうちどれか。

ア．パブリッククラウドとは、インターネットを介して不特定多数を対象に提供されるクラウドサービスのことであり、クラウド・コンピューティングの概念が登場した当初の一般的なサービス形態である。

イ．ハウジングとは、利用者が自社で機器等の設備を所有せず、委託先のデータセンター内で、仮想化された基盤を使用する形態であり、HaaSとも呼ばれる。

ウ．IaaSとは、アプリケーションソフトが稼働するためのハードウェア、OS等の基盤一式を、インターネット上のサービスとして利用できるようにしたものであり、PaaSと同義語である。

エ．SaaSとは、ユーザーが必要とする機能だけを、サービスとして利用できるようにした形態であり、ASPと似ているが、ASPが「貸与」であるのに対して、SaaSでは「所有」となるため、意味は異なる。

オ．オンプレミスとは、特定のユーザー企業が利用することを前提に構築し、料金定額制で提供されるクラウドサービスのことである。

解答●p.239

以下の＜事例＞において、外部要員との共同開発を選択することが最も適切なものは、次のうちどれか。

＜事例＞

　A社では、自社の情報システムの開発・保守を、すべて自社要員にて行うことをポリシーとしてきた。しかし、システム開発の依頼が急増したため、自社要員だけでは、すべての開発を希望納期に間に合わせることができないことが判明した。そのため、一部のシステム開発を外部の要員と共同で行うこととし、そのシステムの選定を進めている。

ア．依頼されたシステムが、技術的には一般的なものであり、納期に関する制約も厳しくなく、作業が多少遅延しても業務への影響がない場合。

イ．開発予定のシステムに、新たな技術を採用することが情報化戦略で決まっているが、自社にはまだ経験者がおらず、技術を習得してからでは納期に間に合わない場合。

ウ．依頼されたシステムは、自社要員だけで開発するよりも外部要員と共同開発するほうが、開発コストは高く予算額を超過するが、プログラムの生産性は高くなると想定される場合。

エ．依頼されたシステムの対象業務が、自社のコアコンピタンスに関するものであり、かつ、システムに高度な品質が要求される場合。

オ．システムの共同開発を委託する予定の相手先企業の関連会社と営業上の取引があり、一般よりも安い単価で契約できる場合。

解答●p.241

H28前

情報システム調達に関する記述として不適切なものは、次のうちどれか。

ア．IT動向に関する最新の情報を収集するため、RFI（Request For Information）を作成し、複数のITベンダーから情報収集を行う場合、ソリューションの選択肢、価格などの情報が多岐にわたり、混乱するケースも考えられる。

イ．各ベンダーの提案書を適切に評価するためには、評価基準を事前に作成しておく必要があるが、評価項目ごとの重要度に応じた重み付けは、提案内容を見てから設定するのが現実的である。

ウ．調達プロセスにおいては、経営戦略に基づいて策定された情報化戦略をよく確認し、その内容に沿った仕様、制約事項、実施条件などを、ベンダーにRFP（Request For Proposal）として提示することが重要である。

エ．パッケージソフトウェアを既に導入し、自社開発と比較して、品質が安定し短期間で利用できるという評価をしている場合には、今回もパッケージソフトウェア活用は選択肢の1つである。

オ．RFPには、業務要求仕様に加えて、将来のシステム稼働率、データ量の予測などを記述すべきである。予測が難しい部分についても、見通しを示さないと、ベンダーからはリスクを上積みした見積りを提案されることがある。

解答●p.242

経営情報システム **2級**

● 情報化企画

ビジネス・キャリア®検定試験
解答・解説編

2● さまざまな経営戦略

テキスト第1章第1節

 解答

H24後

正 解　ウ

ポイント

・本問は、数多くある戦略策定フレームワークの中から、「3C分析」、「ファイブフォース分析」、「バランススコアカード」、「PPM理論」、「VRIO分析」についての理解を問う問題である。

解 説

ア．適切。3C分析とは、「顧客（Customer）」、「競合（Competitor）」、「自社（Company）」の3つの軸を用いて、自社を取り巻く環境を分析する手法である。

イ．適切。ファイブフォース分析（5Forces Analysis）とは、①買い手の交渉力、②売り手の交渉力、③業界内の競争、④新規参入の脅威、⑤代替品の脅威、という5つの競争要因から業界の魅力度やその業界に働く特有の力学を分析するフレームワークである。

ウ．不適切。バランススコアカードは、既に設定された事業ビジョンや戦略が策定されていることを前提に、4つの視点から戦略目標化し、戦略目標間の因果関係を検証しながら、具体的な目標（KGIやKPI等）を設定するものである。

エ．適切。PPM（Product Portfolio Management）分析とは、自社の行っている製品または事業を、市場の成長率と相対的なマーケットシェアから「花形」、「金のなる木」、「問題児」、「負け犬」の4つのポジションに分類し、それぞれに見合った事業展開を検討する戦略理論である。

オ．適切。VRIO分析は、「経済的価値」、「希少性」、「模倣困難性」及び「組織」の4つの観点から、市場における自社の競争優位性を明らかにする分析手法である。

問題 2 解答

H28後

正 解　ウ

ポイント

・CSFとは、重要成功要因（Critical Success Factor）の略で、戦略目標を達成する上で最も影響がある要因のことをいう。

・本問は、CSFを抽出する際の理解を問う問題である。

解 説

ア．適切。CSFとは、今後の成功発展の要素または強化すべき課題のうちで、特に鍵を握る重要な要素をいう。

イ．適切。企業は、CSFを明確にすることで競合他社との差別化を図り、そこに重点を置くことで競争優位性を発揮する必要があるが、その場合の源泉となるのが、企業が保有する中核的能力（コアコンピタンス）である。

ウ．不適切。保有する事業の成長性と収益性は、事業ポートフォリオ分析として行われる作業であり、経営戦略達成のための成功要因の抽出ではなく、事業ドメインの選択の際に行われる。なお、CSFの優先順位づけには、リスク評価の結果や顧客との密着度、さらには経営成熟度などの評価も必要である。

エ．適切。CSFは、今後の成功発展の要素のうち、特に鍵を握る重要な要素であるため、総花的にならないよう絞り込むことが必要である。

オ．適切。事業ドメインとは、「自社が事業活動を行う領域」のことであり、自社が「何屋」なのかを定義することである。CSFが現行の事業ドメインから外れた場合は、新たな事業ドメインを再定義することも必要になる場合もある。

●参考文献

・「ITCプロセスガイドライン」ITコーディネータ協会

3●経営戦略の策定プロセス　テキスト第1章第1節

正　解　ウ

ポイント

・本問は、事例を基にSWOT分析の結果及びバランススコアカード（BSC）の戦略フレームワークを活用して、BSCの4つの視点である「財務の視点」、「顧客の視点」、「業務プロセスの視点（内部プロセスの視点)」、「学習と成長の視点」やKGI、KPI、CSFについて、その理解を問う問題である。

解　説

ア．適切。KGI（Key Goal Indicator）とは、ビジネスの目標を定量的に評価する指標であり、重要目標達成指標とも呼ばれる。事例では、リテールサポートノウハウ提供へのニーズが拡大しているとあるので、全売上額に対するリテールサポートの売上額比率をKGIとして設定することは正しい。

イ．適切。顧客の視点とは、「戦略を達成するために、顧客に対してどのような施策をとるべきか」という視点であり、顧客の視点としてのKPIには、顧客満足度、顧客定着率、対象市場におけるマーケットシェア、新規顧客獲得数、提案件数などが使われる。

ウ．不適切。「EDI化率」は、KPI（重要業績評価指標）であり、KGI（重要目標達成指標）としては、システム開発投資額などが適切である。

エ．適切。学習と成長の視点とは、「戦略を達成するために、どのようにして改善等ができる能力や環境を維持するか」という視点であり、学習と成長の視点としてのKPIには、従業員の教育訓練回数、資格保有率、従業員満足度、新技術開発数など社員の能力開発に係る指標が使われる。

オ．適切。戦略マップとは、経営目標やビジョンを達成するためのシナリオのことであり、経営戦略の立案に当たっての戦略マップとしては、「顧客の経営指導ができる人材の育成」→「リテールサポート事業の展開」→「新規顧客の獲得」→「収益の向上」という戦略マップは正しい因果関係を示している。

問題 **4** 解答

正　解　エ

ポイント

・本問は、事例を基にA社の経営課題に対する対応施策として、どの施策が最も効果が低いかを消去法で導き出す実務能力を問う問題である。

解　説

ア．適切。A社が、Web販売によって顧客開拓を行うためには、「自社ホームページの制作」が必要である。そのためには、受注から代金回収に至る業務プロセスの改革に着手すべきである。

イ．適切。一般顧客や小規模事業者に対して、A社の強みである小ロット、規格外オーダーメイド商品を販売して販路を広げるためには、インターネットを活用したWeb販売及びそれに付随する施策が、A社の経営資源や経営規模を考えた場合は、優先的に取り得る施策の1つである。

ウ．適切。A社は、平米計算方式を採用しており、この方式では正確な製造コストが計算できないため、個別原価計算システムを構築して、受注単位ごとの原価を把握し、適正な利益確保を行うことが必要であり、社長の認識とも合致している。

エ．適切だが優先度が低い。「イ」等の施策を実施するなかで、顧客の具体的なニーズをくみ取り、オリジナル商品の開発に役立てていくべきで、一足飛びに商品企画力を強化することは難しい場合が多い。

オ．適切。A社のIT成熟度は、「0もしくは1」と想定され、Web販売を行うには、「ITインフラの整備とIT活用人材の育成」は、不可欠な施策である。

問題 **5** 解答

正 解 ウ

ポイント

・本問は、事例を通して経営戦略及び情報化戦略に関する実務能力を問う問題である。

解 説

ア．適切。「在庫増によらない納期遵守」のためには、部品欠品率、製品不良率、ライン稼働率などのKPIが計画どおりに実現することが不可欠のため、正しい。

イ．適切。「IT人材成熟度レベル3」は、業務の変化に応じて基幹業務システム改善の要件定義を行える人材が自社に育っている段階であるため、正しい。

ウ．不適切。重要成功要因は、あまり多すぎると中小企業にとって対応が難しいため、通常は、3～5個程度に絞り込む必要がある。よって、不適切である。

エ．適切。SWOT分析によりすべての経営課題を抽出することは不可能なので、戦略マップの因果関係を成立させる上で不足する経営課題を追加することは、実務上よく行われる。よって、適切である。

オ．適切。課題対応の緊急性やA社の経営資源の制約等を考慮すると、両テーマを同時並行で実施するのは難しいと考えられるので、アクションプラン作成の段階で時間軸をずらして計画することは必要である。

●参考文献

・IT経営応援隊「IT経営教科書」 経済産業省

問題 **6** 解答

正　解　ウ

ポイント

・プロダクト・ポートフォリオ・マネジメント（PPM＝Product Portfolio Management）は、ボストン・コンサルティング・グループが提唱したもので、事業ポートフォリオを考えるためのフレームワークであり、多種類の製品を生産、販売したり、複数の事業を行ったりしている企業において、戦略的観点から製品、事業への経営資源の配分を決定するための考え方である。

・本問は、製品（事業）戦略理論の1つであるPPMについての理解を問う問題である。

解　説

ア．適切。「花形」は、成長率・占有率ともに高いため、多くの収入が見込める製品。しかし市場が成長している場合、シェアの拡大・確保のため、それなりの投資を行う必要がある。

イ．適切。「問題児」は、導入期・成長期にある製品。成長を促し「花形」にするために大きな投資が必要な製品であるが、負け犬になる前に撤退を検討する。

ウ．不適切。「金のなる木」は、成長率が低い市場において、高い市場占有率を占めている製品である。このような飽和状態にある市場に競合他社が参入してくる可能性は低く、既に高いシェアを占めているため販売促進等の経営資源を割く必要はない。

エ．適切。「負け犬」は、成長率・占有率ともに低いため、撤退などの検討が必要になってくる製品である。

オ．適切。事業戦略を考える上では、絶えず「金のなる木」に位置する商品（事業）分野を保有していなければ現時点での高い収益性を確保することはできない。また将来の収益性を確保するためには、現時点での「金のなる木」は、やがてマーケットの縮小とともに消滅に向かうので、将来の「金のなる木」に変化しうる「花形」を保有しておかなければならない。さら

に、将来の「花形」に変化し得る「問題児」も当然保有しなければならない。但し、「問題児」は多く持てば持つほど「金のなる木」から生み出された資金投入が分散されるため、資金量と考え合わせ「花形」に移行し得ると判定される製品（事業）に絞りこむ必要がある。よって、製品の位置づけの変化の流れは問題児→花形→金のなる木である。

●参考文献

・BCG Strategy concept

 解答

正　解　オ

ポイント

・経営戦略の策定手順には、各種の手法があるが、ここではテキストの戦略策定手順に従い (1) 経営理念の確認 (2) 内外環境分析 (3) 経営戦略ストーリーの立案 (4) 事業ドメインの再定義 (5) 競争戦略の選択　とする。

・本問は、経営戦略策定手順についての理解を問う問題である。

解　説

ア．適切。最近は、行動指針と行動規範を含めた、例えばリッツ・カールトンに代表されるように「クレド」などが多くなってきている。

イ．適切。3C分析とは、「顧客（customer）」、「競合（competitor）」、「自社（company）」の3Cを分析する一般的な経営分析手法である。

ウ．適切。策定した戦略オプションごとに、様々な視点から検討して実行すべき最適戦略案を決定する。決定された戦略は、個別事業の事業展開に関する事業戦略、マーケティングなどの機能別戦略に落とし込まれることになる。

エ．適切。合理性や論理性だけでは、策定した戦略を実現することができないため、従業員の意識など人間的な側面へのアプローチも重要である。

オ．不適切。仮説・検証は、通常、選択肢「イ」のステップにさかのぼって行われる。なお、経営理念は必ずしも普遍的なものではなく、経営環境の変化などに応じて見直すことも必要である。

4●**戦略の評価**　　テキスト第1章第1節

正　解　エ

ポイント

・情報化ビジョンとは、経営のあるべき姿を情報技術によって実現するものをいう。

・本問は、情報化ビジョンの策定手順の要点についての知識を問う問題である。

解　説

ア．適切。外部環境分析では、ITソリューションの最新動向などを、また内部環境分析では、現状の社内業務プロセスなどを分析することが必要である。

イ．適切。ベストプラクティスの調査は、多大な工数・コストがかかるため、すべてを調査することは事実上不可能であり、「最大限努力した範囲」での調査であってもよい。

ウ．適切。一度策定した情報化ビジョンは、永久不変なものではなく、環境変化とともに、変わる可能性がある。

エ．不適切。社内規定、コンプライアンス、セキュリティポリシー等の内部の制約条件や、法律・制度上の規制等の外部の制約条件は、外部・内部環境の分析で調査し、確認しておくことが必要である。

オ．適切。情報化ビジョンは、経営ビジョンを情報技術によって達成するために策定されるものであり、あるべき姿と現状とのギャップを明確にして、取り組むべき課題の優先順位が決まることで、中長期の情報化計画を作成することが可能になる。

問題 **9** 解答

正 解 ア

ポイント

・経営成果指標には、様々なものがある。例えば、財務指標としての総資本当期純利益率、総資本回転率、自己資本比率などもその一例である。

・本問は、様々な視点から経営成果指標の理解を問う問題である。

解 説

ア．不適切。中期経営計画を事業環境の変化を考慮して毎年ローリングしたり、マイナーチェンジする場合もあるが、それが絶対とは言えず、経営環境が変わった段階で、現中期経営計画を終了（中断）し、新たに中期経営計画を策定するなど、企業が取るべき方法は様々であるため、不可欠とは言い切れない。

イ．適切。KPIは、ビジネス戦略を実現するために、設定したビジネスプロセスの実施状況をモニタリングするための先行指標であるため、新製品投入後の市場シェアは、戦略的投資のKPIとして適切である。

ウ．適切。CSFの下方組織へのカスケード（下方への展開）がなければ、ミッション・リンク（失われた環）が生じてしまい、全社最適の戦略にならない。

エ．適切。「KPI」は、定量的に計測できるよう、数値化することが重要である。

オ．適切。評価指標は、奨励したい行動とやめさせたい行動の両方を考慮した運用を行うことが必要である。そのためにも、評価結果をフィードバックすることにより、行動の変化を促す方法は重要である。

問題 **10** 解答

H28後

正 解　オ

ポイント

・本問は、CSF、KGI、KPIなどの経営成果指標に関する基本的な知識を問う問題である。

解 説

ア．適切。PDCA（plan-do-check-act）マネジメントサイクルとの関係では、選択肢のとおりで正しい。

イ．適切。KGI（Key Goal Indicator：重要目標達成指標）やKPI（Key Performance Indicator：重要業績評価指標）といった経営成果指標は、経営戦略以外のプロジェクト管理等の分野でも有効に活用できる。

ウ．適切。総花的にならないためにも、比較的少数のCSF（Critical Success Factor：重要成功要因）に絞ることが必要である。

エ．適切。KPIは、KGIに先行して発生する指標であるため、測定が容易な指標として設定することが望ましい。

オ．不適切。経営戦略では、まず命題となる「目標」を定め、次にその目標を具体的に実現するための「手段」を策定し、その手段がきちんと遂行されているかどうかを定量的に測定する「指標」を決める。この目標を「KGI（重要目標達成指標）」、手段を「CSF（重要成功要因）」、先行指標を「KPI（重要業績評価指標）」という。

A●経営情報化企画 ＞ 2●情報化戦略

1●情報化戦略と経営戦略

テキスト第1章第2節

問題
11 解答

H27後

正 解 ア

ポイント

・本事例は、アンゾフの成長マトリックスでいう、①市場浸透戦略（既存市場・既存製品）、②新製品開発戦略（既存市場・新製品）、③新市場開拓戦略（新市場・既存製品）、④多角化戦略（新市場・新製品）の４分類のなかで、これまでシナジーのある関連市場とシナジーのない無関連多角化戦略を展開している事例である。

・戦略理論としてのPPM（Product Portfolio Management）分析とは、戦略的な観点から経営資源の配分が最も効率的・効果的となる製品・事業相互の組み合わせを決定するための経営戦略分析手法であり、自社が保有する複数の事業への経営資源の配分を最適化するときに活用され、その場合のPPMの評価軸は、市場成長率と市場シェアである。

・価値連鎖（バリューチェーン）分析とは、商品やサービスが顧客に届くまでに企業が行う活動を、価値の連鎖としてとらえる考え方である。

・本問は、上記に示す複数の経営戦略理論を活用して、事例に合った対応施策を考える問題である。

解 説

ア．不適切。アンゾフの成長マトリックスでいう、①市場浸透戦略（既存市場・既存製品）、②製品開発戦略（既存市場・新製品）、③新市場開拓戦略（新市場・既存製品）、④多角化戦略（新市場・新製品）の４分類のなかで、X社はこれまでシナジーのある関連市場とシナジーのない無関連多角化戦略を展開してきている。不動産事業と電子部品事業は、シナジー効果のない無関連多角化戦略ではあるが、不動産事業は、売上高が全社の３割を占め撤退するとキャパシティコスト（事業の継続的な活動を行うために必要なコスト）を確保できない可能性も想定され、また電子部品事業からの撤退は、売上高・市場成長率ともに高いため、「売上高及び経常利益をそれ

ぞれ毎年10％増加させる」という経営戦略方針に反する。

イ．適切。化粧品事業、アパレル事業は、シナジー効果が薄く、X社社長の方針に合致する。なお、素材生産事業及び不動産事業はハウジング事業と、それぞれシナジー効果がある。それ以外の事業は、売上、市場成長性、相対的市場シェアのいずれかでX社に貢献しており、すぐに撤退事業と決めつけるには、情報が少ない。

ウ．適切。不動産事業、ハウジング事業ともに、相対的市場シェアは高い。しかし、不動産事業は、市場成長率が低く、PPMマトリックスでいう「金のなる木」に当たり、新規の投資が必要ない。一方、ハウジング事業は、市場成長率が高く、PPMマトリックスでいう「花形」に当たり、新規の投資を積極的に行う必要がある。よって、不動産事業から得たキャッシュを、ハウジング事業に投資するのは、社長の経営戦略方針とも合致する。

エ．適切。価値連鎖(バリューチェーン)分析は、原材料の調達から製品・サービスが顧客に届くまでの事業活動を、一連の価値（Value）の連鎖（Chain）としてとらえる考え方であり、事業の撤退を含めて検討する以上、事業ごとの価値連鎖分析は必須である。

オ．適切。X社1社でサーバー資源を利用できるプライベートクラウドの利用も検討施策としては適切である。

問題 **12** 解答　　H28前

正解　ア

ポイント

・経営戦略では、まず「戦略目標」を定め、次にその目標を具体的に実現するための「手段」としての「CSF（主要成功要因）」を策定し、その手段が遂行されているかどうかを定量的に測定する「指標」を決める。この指標には、プロセスの目標（ゴール）を達成したか否かを定量的に表す「KGI（重要目標達成指標）」と、KGI達成に向けて策定した手段が適切に実施されているかどうかを先行的に計測する「KPI（重要業績評価指標）」がある。

・一般的に利用されるKGIには「売上高」、「利益率」等があり、KPIには「顧客訪問回数」、「解約件数」等がある。KGI、KPIを一定期間ごとに計測し、

　PDCAサイクルを回すことでプロセスの進捗を管理し、継続的な改善活動につなげることができる。

・本問は、先行指標としてのKPIに関する知識を問う問題である。

（　解　説　）

ア．不適切。顧客ロイヤリティなどのいわゆる無形資産でも、「商品やサービスに対するクレーム件数」、「解約件数」などの定量目標として設定できる。

イ．適切。KPIは、最終目標の達成度合いの先行指標として設定される。

ウ．適切。評価指標は、奨励したい行動とやめさせたい行動の両方を考慮した運用を行うことが必要である。そのためにも、評価結果をフィードバックすることにより、行動の変化を促す当該の取り組みは重要である。

エ．適切。会社の目標が理解されないまま、日常的な業務において設定されているKPI値のみを管理することは、結果として、会社目標の達成に寄与しない。

オ．適切。KPIは、最終目標の達成度合いの先行指標として設定するため、KPI値の評価が特定のアクションの実行につながらないKPIの設定は、意味がない。

2●内部環境の分析

問題 13 解答
H26前

正 解 エ

ポイント

・本問は、リスクマネジメントに関する基本的な知識を問う問題である。

解 説

ア．適切。リスクアセスメントは、リスクマネジメント手法における最初の
プロセスであり、2番目のプロセスであるリスク低減では、リスクアセス
メントプロセスで推奨された適切なリスク低減管理策の優先順位付け、評
価、導入を行う。加えて、新たなリスクの顕在化や以前軽減されたリスク
が再度懸念事項となる可能性もあるため、リスクマネジメントプロセスは
継続的なアセスメントが必要である。

イ．適切。リスクとは、既知の脅威源が潜在的な脆弱性を悪用する可能性と、
その有害な事象が組織に及ぼす影響についての関数である。なお、リスク
＝脅威の発生可能性×脆弱性×影響という数式で表される。

ウ．適切。リスク対策は、時間軸で見ると、「事前対策」、「緊急時対策」、
「復旧対策」に分類できる。

エ．不適切。フェールセーフ機能の導入準備は、リスク移転ではなく「低減」
の範疇に該当する。IT保険は、誤操作等による顧客の重要データの消去
や開発時の瑕疵によるシステム障害などで顧客から請求される場合、その
損害賠償額をカバーするもので、ベンダーが加入することが多い。

オ．適切。正誤根拠の「ア」で記述したとおり、リスクマネジメントは初期
段階だけでなく継続的に実施することが重要である。

●参考文献

・「ITシステムのためのリスクマネジメントガイド」米国国立標準技術研究所

問題 **14** 解答

正　解　ウ

ポイント

・バランススコアカードにおける４つの視点には、「財務の視点」、「顧客の視点」、「業務プロセスの視点（内部プロセスの視点）」、「学習と成長の視点」がある。

・本問は、「学習と成長の視点」についての理解を問う問題である。

解　説

ア．不適切。「顧客の視点」に関する記述である。

イ．不適切。「内部プロセスの視点」に関する記述である。

ウ．適切。「学習と成長の視点」に関する記述である。

エ．不適切。「財務の視点」に関する記述である。

オ．不適切。「内部プロセスの視点」に関する記述である。

3●外部環境分析　　テキスト第1章第2節

 15 解答　　H29後

正解　エ

ポイント

・ベンチマーキングの対象には様々なものがある。しかし、ベンチマーキングの本来の目的は、競争に勝ち残るために、単なる改善にとどまらず現在の業務プロセスを抜本的に変革することにある点を理解する必要がある。

・ベンチマーキングは、同業他社のやり方、商品、サービスと自社のやり方、商品、サービスを比較する手法として使われるのが一般的であるのに対して、ベストプラクティスは、他業界も含めて最優良の成功事例を見つけ出し、それに学ぶ方法論と言える。

・本問は、ベストプラクティス（最優良の成功事例）についての理解を問う問題である。

解　説

ア．不適切。自社の既成概念を打破するために、他社の業務プロセスも参考にすべきである。

イ．不適切。ベストプラクティスの本来の意味とは合致しない。

ウ．不適切。ベンチマーキングを行った結果、自社の業務プロセスが優れている場合、他社の業務プロセスを採用する必要はない。

エ．適切。選択肢のとおりの手順で行われる。

オ．不適切。必ずしも業績ナンバーワンの企業が最も優れた業務プロセスを採用しているわけではない。

 16 解答　　H25前

正解　ア

ポイント

・ベンチマーキングには、「競合ベンチマーキング」、「機能ベンチマーキング」、「社内ベンチマーキング」などがある。
・本問は、ベンチマーキングについての理解を問う問題である。

解 説

ア．不適切。ベストプラクティスは業界内にあるとは限らない。また、他社事例をそのまま持ってくるのでは単なるものまねである。他社事例に対して自社とのギャップを分析し、知恵を結集して自社流にアレンジしたやり方で導入する必要がある。

イ．適切。社内ベンチマーキングは、他社事例では収集できない詳細なデータまで収集できるため、より緻密な分析が可能であり有効な方法と言える。ただし、あくまでも組織風土や仕事の進め方が似通った同一組織での比較になるため、革新的な改革は行いづらいという点に注意する必要がある。

ウ．適切。機能ベンチマーキングのことであり、機能ベンチマークとは、自社とは異なる業界に属する他社事例を参考にする手法で、異なる業種の企業をベンチマークすることで、競合ベンチマークでは発見できない革新的な手法を取り入れやすいというメリットがある。

エ．適切。プロセスベンチマーキングは、ベンチマーキングの本質的な目的であるベストプラクティスのプロセスからヒントや有益な気づきを得ることが可能である。

オ．適切。ベンチマーキングを自社の業務改革に生かすには、社内の合意、トップの関与が必要である。

問題 **17** 解答

H27後

正 解　ア

ポイント

・企業の経営環境を分析する手法には、様々な手法がある。
・本問は、PEST分析、ステークホルダー分析、3C分析、SWOT分析、アドバンテージ・マトリックス手法の5つの経営環境の分析手法についての理解を問う問題である。

解 説

ア．不適切。PEST分析とは、Political（政治的）、Economic（経済的）、Social（社会的）、Technological（技術的）環境を分析することによって、自社に及ぼすそれら外部環境の変化に対してどのように戦略的に対応するかを明確にするために行う分析手法である。企業は、それらの環境変化に対して、ただ受動的に受け入れるだけではなく、能動的に環境に働き掛けていく必要がある（例：社会的環境であれば、出生率の減少に対して、マーケットターゲットを変更するなど）。

イ．適切。企業には、株主、従業員、メディア、顧客、競争業者など多くのステークホルダーが存在する。企業は、各ステークホルダーに対して、どの部門が中心になってどのように対応するのかを明確にした対応プログラムを作成して、計画的・組織的・戦略的な対応を行うことが必要である。

ウ．適切。3C分析は、顧客（Customer）、競合（Competitor）、自社（Company）の3つの視点から、自社の経営戦略を考える上で行われる経営環境分析手法である。

エ．適切。SWOT分析は、「強み（Strength）」、「弱み（Weakness）」、「機会（Opportunity）」、「脅威（Threat）」の4つのカテゴリーから自社にとっての市場機会や事業課題を発見するフレームワークである。「機会と強み」の組み合わせからは「強みを生かし機会をものにする」戦略を考える。「機会と弱み」の組み合わせからは「弱みを補完して機会を攻略する」戦略を考える。「強みと脅威」の組み合わせからは「強みを生かし脅威に対抗する」戦略を考える。そして「弱みと脅威」の組み合わせからは「最悪の事態にならない」対策を考えることができる。

オ．適切。アドバンテージ・マトリックス分析は、「業界の競争要因の数」と「競争優位構築の可能性」によって事業のタイプを分散型事業、特化型事業、手づまり型事業、規模型事業の4つに分け、それぞの事業タイプ別に「規模」と「ROA（総資産利益率）」の関係を描いてその事業の特徴を明確にすることができる手法である。

●参考文献

・廣田俊郎「サービス業が提供するサービス価値とサービス価値向上戦略」関西大学商学論集54（5）2009

A●経営情報化企画 ＞ 2●情報化戦略

5●情報化戦略の基本方針策定

 問題 18 解答

 H29後

正　解　オ

ポイント

・情報化戦略は、経営戦略を達成するためのものであるため、当然のこととして、情報化戦略目標の設定は、経営戦略との整合性が必要である。

・本問は、情報化戦略目標を設定するに当たり、どのような観点が必要かを問う問題である。

解　説

ア．不適切。ファンクショナル・ベンチマーキング（機能ベンチマーキング）は、類似の特性を持つ機能・組織と比較・分析することにより、経営や業務の改善につなげる手法であり、「財務状態との適合性」には合致しない。

イ．不適切。情報システム化計画との整合性をとることは重要だが、「財務状態との適合性」には合致しない。

ウ．不適切。SWOT分析は、組織の「強み（Strength）」、「弱み（Weakness）」、「機会（Opportunity）」、「脅威（Threat）」の4軸から分析・評価する手法であり、財務状態との整合性に関する分析も一部には含まれるが、最も適切とは言えない。

エ．不適切。組織全体を対象とするバランススコアカードであれば、整合性をとる目標としては適切だが、「特定ユーザー部門」のバランススコアカードとしては不適切である。

オ．適切。情報化投資計画は経営戦略に基づいて策定されるため、情報化戦略目標は情報化投資計画に沿う形で設定される必要がある。

3●情報倫理の考え方　　　　　　　　テキスト第1章第3節

問題 **19** 解答　　　　　　　　　　　　　　　　　　H24後

正　解　ア

ポイント

・本問は、情報倫理・コンプライアンスに関する知識を問う問題である。

解　説

ア．不適切。平成29（2017）年5月の法改正により、個人情報を取り扱うすべての事業者に個人情報保護法が適用されることとなった。

イ．適切。不正アクセス行為の禁止等に関する法律（不正アクセス禁止法）は、不正アクセス行為や不正アクセス行為につながる識別符号の不正取得・保管行為、不正アクセス行為を助長する行為等を禁止する法律である。なお、識別符号とは、情報機器やサービスにアクセスする際に使用するIDやパスワード等のことであり、不正アクセス行為とは、そのようなIDやパスワードによりアクセス制御機能が付されている情報機器やサービスに対して、他人のID、パスワードを入力したり、脆弱性を突くなどして、不正に利用できる状態にする行為をいう。

ウ．適切。情報倫理は、法律だけでは規制できない情報を扱う上でのモラルやマナーなども含まれる。

エ．適切。平成22（2010）年1月1日施行の法律の改正でこの文言が追加された。

オ．適切。特許要件には、産業上利用できるものであること（産業上の利用可能性）、新しいものであること（新規性）、容易に考え出すことができないこと（進歩性）、先に出願されていないこと（先願性）、公序良俗に反しないことの各要件がある。

1●評価の必要性

解答

正　解　エ

ポイント

・本問は、情報システム評価の際の留意点に関する知識を問う問題である。

解　説

ア．適切。情報システムの評価基準には、「信頼性」、「安全性」、「効率性」など種々の評価基準がある。どのような評価基準を設定するかは、評価の目的や立場などによって異なることになる。

イ．適切。情報システムを評価する場合は、評価の目的に応じて、評価の3軸（①評価の対象、②評価の視点、③評価の基準）を設定することが必要である。

ウ．適切。情報システムは、経営方針との適合性、経営戦略との合目的性が重要であることは当然であるが、情報システムに関わるステークホルダー間の利害関係を調整し、その合意形成を図ることが重要である。

エ．不適切。経済産業省は、平成19（2007）年に「IT投資価値評価ガイドライン」を公表したが、そのガイドラインでは、ユーザー満足度などを評価基準に組み入れる必要があると発表している。

オ．適切。性能評価手法には、ほかに「モニタリング」や「稼働データ分析」などもある。

参考までに、それぞれの概要を記述する。

A．静的積算：プログラムの実I/O回数、ハードウェアの性能諸元などを基に机上で処理時間を積算し、性能を予測する方法。

B．待ち行列解析：評価対象を待ち行列理論に基づき数学的モデルで表現し、計算によって性能を予測する方法。

C．シミュレーション：評価対象を簡略化したモデルを作成し、シミュレーションによって性能を予測する方法。

D. ベンチマークテスト：あらかじめ用意した試験プログラムを使い、実シ
ステムを試験環境で動作させることにより、性能を予測する方法。

●参考文献

・亀田壽夫「情報数学講座　性能評価の基礎と応用」共立出版　1998

2●情報化成熟度 テキスト第1章第4節

 問題 **21** 解答 H29後

正　解　イ

ポイント

・情報化成熟度とは、情報化の現状などを５段階で評価し、段階に応じた改善や改革を行っていくための指標となるものである。成熟度を測ることで、企業の現在の情報化のレベルが明らかになり、どのように改革すべきかが明確になるとともに、身の丈に合った効果的な情報化を行うことが可能になる。

・本問は、情報化成熟度について基本的な理解を問う問題である。

解　説

ア．適切。投資可能な枠内で組織における情報化成熟度を踏まえた戦略を立案することが重要である。

イ．不適切。ITの人材力は、経営の視点からIT活用を立案できる「IT経営人材」、ITインフラ運営を行える「IT管理人材」だけではない。「情報リテラシーのレベル向上を担う人材」により、情報活用力の成熟度を高めることも大切である。

ウ．適切。IT成熟度の切り口は多々あるが、経済産業省発行の「これだけは知っておきたいIT経営 2006年」では、「IT人材成熟度」、「IT企業文化成熟度」、「ITインフラ成熟度」、「IT活用成熟度」からなるモデルを提示している。

エ．適切。選択肢にあるとおり、IT活用を成功させるためには、組織における情報化の能力レベルを把握して、実情に合った情報化を推進することが必要である。

オ．適切。情報化成熟度の評価手順は、初めに自社における現状の成熟度を評価し、次にあるべき姿の情報化成熟度を設定し、そのギャップを埋めるための方策を策定する。

●参考文献

・IT経営応援隊「IT経営教科書」経済産業省

A●経営情報化企画 ＞ 4●情報化戦略の評価

3●情報化投資の評価 テキスト第1章第4節

問題 **22** 解答 H25後

正　解　ウ

ポイント

・投下資本利益率法とは、投資額と投資から生み出されるキャッシュフローの合計額との差を利益としてとらえ、投資資本利益率をもって投資案件を評価する方法である。

・主な情報化投資評価技法には、回収期間法、投下資本利益率法、正味現在価値法、内部収益率法などがある。

・投下資本利益率法の計算式を以下に示す。

　投下資本利益率＝｛（キャッシュフローの合計－初期投資額）÷使用予定年数｝÷初期投資額

・本問は、いくつかある投資案件を評価する技法の1つである投下資本利益率法についての知識を問う問題である。

解　説

ア．不適切。上記式に示すとおり不適切である。

イ．不適切。上記式に示すとおり不適切である。

ウ．適切。上記式に示すとおり適切である。

エ．不適切。上記式に示すとおり不適切である。

オ．不適切。上記式に示すとおり不適切である。

●参考文献

・平成14年度中小企業庁委託事業「中小企業情報化対策調査事業報告書」財団法人全国中小企業情報化促進センター

問題 **23** 解答

正 解　イ

ポイント

・本問は、情報化投資に関連する実務的な知識を問う問題である。

解 説

ア．適切。戦略的情報化投資は、経営戦略を実現するための手段として行われるため、自社の経営戦略や情報化投資目的との適合性を踏まえて実施し、その投資の成果は、ビジネスとして成果が出ているかを測定し、評価する必要がある。

イ．不適切。業績評価参照モデル（PRM）とは、経済産業省が平成17（2005）年３月に発表した「ITポートフォリオモデル活用ガイド」において、情報化投資の効果を客観的に評価するための指標を集めたひな形モデルのことであり、その評価は、戦略適合性、実現性の二軸を用いて評価を行うものである。

ウ．適切。テキストには、ITインフラ型投資とIT戦略型投資と記載されているが、「ITポートフォリオモデル活用ガイド」においては、戦略型、業務効率型、インフラ型の３つのカテゴリーに分類されるとしている。

エ．適切。KPIの達成度を捕捉し、そのKPIの達成度を評価するためには、システム構築の段階からKPIをモニタリングする仕組みを構築しておくことが必要である。

オ．適切。戦略的情報化投資における投資効果については、経営者はもちろんのこと、関連各部門との間で、評価指標の内容やその評価方法について、事前に十分に協議し、合意形成を図っておくことが重要である。

●参考文献

・「ITポートフォリオモデル活用ガイド」経済産業省　2005

問題 **24** 解答

正 解　エ

ポイント

・本問は、情報化投資を検討する際の留意点に関する知識を問う問題である。

解 説

ア．適切。情報化にかかる投資コストには、導入時の初期コスト、稼働後に継続的に発生する各種運用コスト、さらにはシステムの廃棄やサービス停止時における終結コストが発生する。

イ．適切。社内LANの敷設費用や共有データベース等の費用は、インフラ基盤に対する投資である。基盤投資自体だけでは利益を生まないので、例えば個別アプリケーションを導入するなど、他の投資を伴って初めて利益を生むことになる。

ウ．適切。情報化投資は、すべてが数量化できるわけではないため、評価指標に対する関係者間の合意が必要である。

エ．不適切。費用対効果の計算は、あくまで意思決定のための参考情報である。正確性や精度を追求するために多大な労力と時間をかけるより、本来テーマの解決に向けた活動に比重を置いたほうが有効な場合も多い。

オ．適切。ISO31000では、リスクは、「目的に対する不確かさの影響」と定義され、リスクの大きさを算定する際に計算式としては、「発生可能性×影響」で示される。

●参考文献

・「ITCプロセスガイドライン（Ver2.0）」ITコーディネータ協会　2011

問題 **25** 解答

正 解 ア

ポイント

・NPV法（正味現在価値法、Net Present Value Method）とは、プロジェクトに投資をする際に、NPVがプラスであれば、投資を行うという投資の意思決定方法である。

・プロジェクトに投資するということは、プロジェクトが将来生み出すであろうフリーキャッシュフローを購入することと同義であり、ゆえにNPV法では「キャッシュフロー」が重要視される。

・本問は、現在価値法を実務で活用できるかを問う問題である。

解 説

計算式は、下式のとおり。

将来のキャッシュフロー÷（1＋割引率）^{年数}＝現在価値

なお、回収額合計の計算は、次のとおりである。

シナリオ	投資額	回収額		回収額合計
		1年目	2年目	
A	100	10	30	・1年目の回収額の現在価値 $10 \div (1.05)^1 \fallingdotseq 9.5$ ・2年目の回収額の現在価値 $30 \div (1.05)^2 \fallingdotseq 27.3$ ・回収額合計＝36.8
B	100	20	10	・1年目の回収額の現在価値 $20 \div (1.05)^1 \fallingdotseq 19$ ・2年目の回収額の現在価値 $10 \div (1.05)^2 \fallingdotseq 9.1$ ・回収額合計＝28.1
C	100	10	10	・1年目の回収額の現在価値 $10 \div (1.05)^1 \fallingdotseq 9.5$ ・2年目の回収額の現在価値 $10 \div (1.05)^2 \fallingdotseq 9.1$ ・回収額合計＝18.6

D	100	10	20	・1年目の回収額の現在価値 $10 \div (1.05)^1 \fallingdotseq 9.5$ ・2年目の回収額の現在価値 $20 \div (1.05)^2 \fallingdotseq 18.2$ ・回収額合計=27.7
E	0（投資しない）	0	0	回収額合計－投資額＝0－0＝0

ア．「A」のシナリオは、キャッシュフローの合計が、「36.8」であり最大。

イ．「B」のシナリオは、キャッシュフローの合計が、「28.1」であり二番目。

ウ．「C」のシナリオは、キャッシュフローの合計が、「18.6」であり四番目。

エ．「D」のシナリオは、キャッシュフローの合計が、「27.7」であり三番目。

オ．「投資しない」場合は、キャッシュフローが、「0」であり最小。

2●バランススコアカード（BSC）　テキスト第1章第5節

問題
26 解答

H29後

正　解　ウ

ポイント

・本問は、バランススコアカードの4つの視点である「財務の視点」、「顧客の視点」、「業務プロセスの視点（内部プロセスの視点）」、「学習と成長の視点」について、その理解を問う問題である。

解　説

ア．適切。自治体の場合は、顧客を市民の視点に変更したり、また、企業では、環境の視点を重視して5つに、さらにブランド力を重視して6つの視点にするなど、ビジョンを実現するための戦略視点は企業によって異なることもある。

イ．適切。差別化を図っていく場合の財務指標としては、「原価低減率」よりも「付加価値率」が重要である。デザインや品質による差別化を図る企業では、価格競争戦略よりも付加価値向上戦略が重要になる。

ウ．不適切。市場占有率やクレーム率が常に重要評価指標とは限らない。「顧客の視点」とは、顧客に継続的に商品やサービスを購入してもらうために、顧客に対してどのように行動すればよいかを考えることである。この視点には、顧客満足度、顧客リピート率、クレーム発生率、マーケットシェア、新規顧客獲得数など様々な視点がある。

エ．適切。能力やスキルが高くとも、意欲が低ければ成果につながらないため、モチベーションアップは重要である。

オ．適切。他の視点を達成するために、組織内プロセスを変革する例として、「顧客の視点」である「顧客満足度」の向上や、「内部プロセスの視点」である「納入の速さ」を変革するケース等がある。

●参考文献

・アンダーセン編「バランス・スコアカードのベストプラクティス」東洋経済新報社

2001

・味方守信、大沢茂「バランス・スコアカード徹底活用ガイド」生産性出版　2003

1●業務分析手法　　　テキスト第2章第1節

問題 **27** 解答　　　H29後

正　解　オ

ポイント

・本問は、システム開発時に活用される業務分析に関する理解を問う問題である。

解　説

ア．適切。業務分析の手法には、資料調査、インタビュー調査、アンケート調査、現場調査など様々な手法がある。現場調査は、業務分析の代表的な手法であり、調査者が「どの業務に、どれだけの時間を費やしているか」といった事実を調査する方法である。例えば、工場などにおいて、ストップウォッチを使って、一定時間にどれほどの業務を処理できるかなどを調査する方法である。なお、これらの手法は、主に要件定義フェーズで使用される。

イ．適切。本来、業務分析には、現状業務の分析のほかに、問題点の明確化及び改善策の立案や業務改善の実施計画なども含まれる場合がある。なお、業務機能とは、経営を支える業務をその本質的機能でとらえたもので、時間が経過しても簡単には変化しない、業務の実施方法の変化（IT化等）があっても変化しない、といった特性をもっている。

ウ．適切。UMLダイアグラム（図）は、ソフトウェアを中心とするシステムの仕様を記述し、視覚化し、文書化するために設計されたが、ソフトウェアのモデリングだけに利用するわけではなく、ビジネスプロセスのモデリングなどでも使われ、組織の構造図を表現する場合にも使うことができる。ユースケース図はシステムに要求される機能を、ユーザーの視点から示したものであり、クラス図はユーザーの視点から、システムを構成する物や概念を表したダイアグラムである。なお、UMLは、OMG（Object Management Group：ソフトウェア業界の非営利の標準化コンソーシアム）が管理しており、ISO/IECとして標準化されている。

エ．適切。アクティビティ図とは、連続する実行の遷移である一連の「手続」を表現するための図で、ある事象の開始から終了までの機能を実行される順序に従って記述したダイアグラムである。

オ．不適切。システムの動的な振る舞いをオブジェクト間の関係で表現する図はUMLシーケンス図であり、UMLオブジェクト図は、対象のある時点における静的状態を、そこに登場するオブジェクトとオブジェクト間の関係によって表したものである。

● 参考文献

・窪田寛之「コンサルタントになる人のはじめての業務分析」SBクリエイティブ　2004

 問題 **28** 解答　　　　　　　　　　　　　　　　　　H29前

正　解　　オ

ポイント

・本問は、業務分析の手順、手法に関する基本的な理解を問う問題である。

解　説

ア．不適切。業務分析の結果によって目的が明確になるのではない。業務には本来固有の目的があり、業務分析は業務プロセスなどの各要素がその目的にマッチしているか、効果的に機能しているかを調査・分析するものである。

イ．不適切。トップダウンアプローチは、①背景・目的の明確化、②To-Be業務の設定、③As-Is業務の調査・分析、④ギャップ（課題）の洗い出し、⑤解決策の策定という手順で通常は実施される。

ウ．不適切。ボトムアップアプローチとは、現状から出発して理想の姿を導く手法である。また、部門最適の積み重ねは全社最適にはならない。

エ．不適切。業務分析以降の過程では業務そのものを見直す機会は少なくなることから、業務分析の段階で効率的・効果的に業務を行うことを検討する視点が必要である。

オ．適切。業務分析で得られた情報は、システム設計やユーザー教育などの工程でよく活用される。

2●**問題・ニーズ把握**　　テキスト第2章第1節

問題 **29** 解答　　　H29後

正解　イ

ポイント

・本問は、問題とニーズ、課題のとらえ方について問う問題である。「問題」とは目標と現状とのギャップであり、現状の姿から将来のあるべき姿へもっていくのが「課題」である。

・「問題」は基本的には原因を分析して、原因を改善する解決策を立てるのに対して、「課題」は実現のための対策を立てることを中心にする。

解　説

ア．適切。問題としてとらえてよいので、原因を分析して対策を立てればよい。

イ．不適切。環境の変化や他社の動向に起因する課題であってもすぐに保留とせず、シェアを高める方法や撤退の可能性など多面的な検討を開始することが必要である。

ウ．適切。現在表面化している問題ではなく、クレームの中から潜在的ニーズ（要求、要望）を抽出し、その対策を立てるのは適切な方法である。

エ．適切。問題原因が環境要因と判明したならば、その環境条件下で対応できる解決策を前向きに検討することは適切である。

オ．適切。為替レートの変動で輸出入関係の利益が大きく左右されるのは重要な考慮点である。レート変動への対応を課題としてとらえ、検討することは適切である。

問題 **30** 解答　　　H28前

正解　ウ

ポイント

・本問は、問題を把握する際にどのような手法を用いるか、問題分析能力を

問う問題である。

(解 説)

ア．不適切。2つの要素の相関関係の傾向を分析するためには、散布図を用いることが適切である。

イ．不適切。要素を数値データ順に並べ、重要要素を把握するためには、パレート図を用いることが適切である。

ウ．適切。標準から外れた異常な要素を見出すためには、管理図が有効である。

エ．不適切。事象とその原因を段階的に掘り下げて真因を分析するためには、特性要因図を用いることが適切である。

オ．不適切。要素間で測定値のバラツキを把握し傾向を掴むためには、ヒストグラムを用いることが適切である。

問題 31 解答

H29前

(正 解) イ

(ポイント)

・本問は、業務ニーズの把握、整理、取り扱いに関して基本的な理解を問う問題である。

(解 説)

ア．適切。ニーズを提示する利害関係者に、「どのような立場で」、「どのような場面での要求か」などのニーズの背景をよく確認する必要がある。

イ．不適切。ニーズ把握の時点で解決有無の見通しを述べることは適切でない。その効果や実現可能性などを検討した上で、別途提示が望ましい。

ウ．適切。潜在的なニーズは文字どおり表面に出てこない、隠れているニーズであり、ヒアリングを通じて提示されたニーズの背景確認や掘り下げにより把握する。

エ．適切。ブレーンストーミングは、少人数のグループにて自由にディスカッションをする手法で、多様な意見や発想を求めるのに有効である。

オ．適切。システム化計画は、優先度の高いニーズの解決方法や実現のための制約条件、必要なリソースなどを明確化したものである。

H28前

問題 **32** 解答

正 解　ア

ポイント

・本問は、ヒアリングの目的や準備・実施・報告時の留意点について基本的
　な理解を問う問題である。

解 説

ア．不適切。業務分析を目的としたヒアリングでは、人間関係の把握を主目
　　的とすることは適切といえない。副次的な効果ととらえるのが妥当である。

イ．適切。時間的制約の中で、直接業務の様子や意見・要望を聞き出すため
　　には、質問内容を書き出しておくだけではなく、マニュアル化されている
　　内容、業務担当者の経験・スキル、そして役割分担など、事前に把握でき
　　ることは行っておくことが重要である。

ウ．適切。ヒアリング相手が不安や疑問を持つことなく、収集したい情報・
　　意見や要望を聞き出せるように、目的や発言内容の取り扱いを最初に説明
　　することは重要である。

エ．適切。話す人、話したがらない人など、各種の対象者に対して、限られ
　　た時間内に期待する内容を得るヒアリングは簡単ではなく、実務経験が求
　　められる。

オ．適切。ヒアリングで収集した意見の整理方法については、KJ法や連関
　　図法などを利用することが有効である。

③●ボトルネックの把握　　　　　　　　　テキスト第2章第1節

問題 **33** 解答　　　　　　　　　　　　　　　　　　

正 解　イ

ポイント

・業務改善を進める上でボトルネックの把握は重要である。

・本問は、ボトルネックの把握に関する代表的な手法について基本的な理解を問う問題である。

解 説

ア．適切。PERT/CPM（Program Evaluation and Review Technique/Critical Path Method）は、時間的なボトルネックを把握する手法として有効である。

イ．不適切。クリティカルパスは、最も所要時間がかかる経路であり、その作業が重要か否かの価値判断は入っていない。

ウ．適切。作業全体の期間見積りをする場合はクリティカルパスに注目し、その期間を短縮できないかの検討が重要となる。

エ．適切。TOCはイスラエルのゴールドラッド博士が提唱した理論で、制約となるボトルネックの個所を重点的に改善しようとするものである。

オ．適切。調査したデータはガントチャートなどに整理して表現し、一番時間がかかっている作業や待ちを発生させている作業に注目してボトルネックを特定する。

1● 図式化手法
テキスト第2章第2節

問題 **34** 解答

正　解　イ

ポイント

・本問は、標準的な図式化技法としてのUML（Unified Modeling Language）についての基本的な理解を問う問題である。

・UMLでは、システムの構成要素の定義や要素間の関連性、要素の振る舞いなどを図示することができる。その図には様々なものがあるが、大きく分けてシステムの構造を表す構造図と、動作や変化を表す振る舞い図の2種類に分類される。概念図にはクラス図などがあり、振る舞い図にはユースケース図などがある。

解　説

ア．適切。UMLはソフトウェアモデリング言語の標準として最も普及しており、現在、その仕様策定・改定は業界団体のOMG（Object Management Group）により行われている。

イ．不適切。クラス図は、システム全体の静的な構造を示すもので、振る舞い図ではなく、構造図（Structure Diagram）に分類される。

ウ．適切。クラス間の関連を示す種類としては、そのほかに「コンポジション」、「実現」、「関連」などがある。

エ．適切。ユースケース図は、「利用者がシステムを使ってできること」を表現し、システムの変化や動作を示す振る舞い図（Behavior Diagram）に位置づけられる。

オ．適切。ユースケース図ではシステムの内外を隔てる境界枠を設け、アクターと利用するユースケースの間を「関連」と呼ばれる線で結んでいく。

●参考文献

・IT用語辞典e-Words「UML」（2019年8月時点）

問題 **35** 解答

正　解　オ

ポイント

・本問は、業務分析、システム構築の上流工程で使われるユースケース図について、実際に実務で利用できるかを問う問題である。

・ユースケース図で使用する記号は下図である。

　　　アクター：システムの外部環境（登場人物）
　　　ユースケース：システムの内部環境（システム内で使われるもの）
　　　システム領域：システム内部と外部の境界線

解　説

ア．不適切。A、C、Dが誤り。生産計画・工程管理の業務が対象である。

イ．不適切。Eが誤り。品質計画入力は品質検査担当者の役割ではない。

ウ．不適切。Cが誤り。資材発注は製造担当者の役割ではない。Bは人事担当者でも間違いではない。

エ．不適切。C、Eが誤り。生産計画の修正は生産計画担当者の役割である。

オ．適切。生産計画入力は生産計画担当者が行い、生産計画照会・生産実績入力は製造担当者、品質実績入力は品質検査担当者、利用者登録はシステム管理者（人事担当者でもよい）が行うように、機能と役割分担を整理するのが適切である。

問題 **36** 解答

正　解　エ

ポイント

・本問は、DFDの読解力を問う問題である。

解　説

ア．不適切。顧客に納期回答を行うためには、発注台帳だけではなく在庫管理表を参照する必要がある。

イ．不適切。見積金額の回答には、在庫管理表は不要である。

ウ．不適切。営業支援システムによって見積作業や受注作業の効率化は期待
　　できるが、配送コストとは関係がない。

エ．適切。発注残を参照することにより、入荷予定数を加味した先行の在庫
　　量を推定でき、適切な発注量の計算が可能となる。

オ．不適切。ABC管理は、ABC分析に基づいて商品や顧客、仕入先などを
　　重点管理する手法であり、在庫管理や顧客/仕入先などの選別によく適用
　　される。仕入先のABC管理には、見積台帳ではなく、仕入先台帳と発注
　　台帳を使う。

問題 **37** 解答　

正　解　　オ

ポイント

・本問は、経営戦略の実行に向けて、どのように可視化やITの活用を行っ
　ていくかを問う問題である。

解　説

ア．適切。業務の標準化、担当者間の共通認識を進めるには、業務の全体像
　　を図式化して可視化することが重要である。

イ．適切。業務の関係者全員の目的意識を一致させることがポイントで、そ
　　のためにも可視化は重要な要素である。

ウ．適切。現状の業務手順や慣習にとらわれず、BPR（業務改革）視点であ
　　るべき姿とその実現手段を考えるのが効率的な場合もある。

エ．適切。売れる顧客層や顧客属性を見出すためにデータマイニング手法は
　　よく用いられる。デシル分析やRFM分析はその方法の一例であり、ITツー
　　ルの活用が有効である。

オ．不適切。B社が目指している関係性マーケティングでは、顧客と長期的
　　な取引関係を築き、優良顧客を拡大することが主要なねらいである。短期
　　的な売上増加につながる可能性はあるが、それを主たるねらいにするのは
　　不適切である。

問題
38 解答

正 解 イ

ポイント

・本問は、業務の可視化に関して、代表的な図式化手法の理解を問う問題である。

解 説

ア．適切。図式化により全体像の把握が容易になり、検討すべき事項の位置づけが明確となる。また、わかりやすい図により効率的なコミュニケーションが可能となる。

イ．不適切。BPMNは、現在OMG（Object Management Group）が維持管理しているビジネスプロセスの図式化手法で、データ（メッセージ）の流れ、データ成果物、アクティビティの関係を図示し、組織構造の表現や機能の詳細化には適していない。

ウ．適切。DFDで複雑な業務を表現する場合には、最初に処理の概要を記述し、その後、段階的に下位レベルへ詳細化していく方法がよく使われる。

エ．適切。UMLで使用される図は開発フェーズごとに決まっており、業務担当者が関与する現状分析や要件定義フェーズなどでは、クラス図、ユースケース図、状態図が主に使われる。

オ．適切。状態遷移図は、業務のステータスの遷移、システム機能の流れ、画面の遷移など、何によってどのように移り変わっていくかを表すのによく使われる。

2●ドキュメント

テキスト第2章第2節

問題 **39** 解答

H29前

正 解 イ

ポイント

・本問は、意思伝達のために不可欠なドキュメントについて、作成時に留意すべき知識を問う問題である。

解 説

ア．適切。文章スタイルや図表の表現形式、使用するモデル化技法を事前に決め、徹底することは必須である。

イ．不適切。用語の意味づけが異なる点は、目次による分担設定だけでは対応できないため、用語集などで詳細に定義しておく必要がある。なお、記述内容の重複については、目次レベルで作成範囲を明確に示すことにより回避できる。

ウ．適切。ドキュメントの利用目的、読み手の対象範囲とスキルレベルをよく把握した上で行う。

エ．適切。具体的には、管理責任者、管理方法（登録・修正手続、文書番号の体系）、文書保管場所などを決定する。

オ．適切。ドキュメント作成完了後の維持・運営管理は、作成時と別の視点で検討し、セキュリティ上の重要度、更新・廃棄手順などを決定する。

B●業務の分析・評価・改善 ＞ 2●業務の可視化

3●マニュアル化 <small>テキスト第2章第2節</small>

 解答 <small>H28前</small>

正解 オ

ポイント

・本問は、業務マニュアル化の手順についての理解を問う問題である。

・本事例におけるマニュアル化の手順としては、

　1）作成目的の確認

　2）業務の洗い出し

　3）使用者レベルと目指す水準の決定

　4）マニュアルに盛り込む項目の検討

　5）フォーマットの決定

　6）作成

　7）評価運用

　が適切である。

解説

ア．不適切。作成目的によって対象業務が決まる。

イ．不適切。使用者レベルと目指す水準により、マニュアルに盛り込む項目
　が決まる。

ウ．不適切。対象業務を決めないと使用者が想定できない。

エ．不適切。作成目的を決めないと目指す水準が検討できない。

オ．適切。上述のマニュアル化の標準的な手順である。

B●業務の分析・評価・改善　＞　3●改善計画の策定と評価

1●問題解決手法
テキスト第2章第3節

問題 **41** 解答

H29後

正　解　オ

ポイント

・本問は、問題解決やプロジェクト計画を立案する場合に重要項目として整理、明確化すべき制約条件や前提条件についての理解を問う問題である。

・一般的に「制約条件」は既に合意され動かせない条件であり、その枠組みの中で実現の方法を考える必要がある。なお、「前提条件」は検討時点で正しいものとして仮置きした事項ととらえることも多く、松竹梅のように各種レベルの条件設定があり得る。

解　説

ア．適切。トップから指示された納期や予算は厳守が求められるが、絶対的に動かせない事項か否かは実現可能性の面から検討することも必要である。

イ．適切。概算見積り段階では未確定事項も多いため、その時点で妥当と思われる業務機能や実現方法などを各種設定する。

ウ．適切。法律や既に広く適用されている制度・ルールなどは制約ととらえることが妥当である。

エ．適切。提案段階でベンダーが想定した事項はユーザー企業にとって参考になるが、必ずしも制約ではない。

オ．不適切。要件定義の途中で提示されるユーザーの要件は、その時点での要望事項であり検討過程で見直しされることも多いため、制約条件ではない。要件定義レビューなどを経て承認・確定した業務要件は、その後の計画などでの制約条件になる。

問題
42 解答

正 解　ウ

ポイント

・本問は、ORやシミュレーション手法の知識及びその活用方法についての理解を問う問題である。

解 説

ア．適切。ORの記述として適切である。ORは様々な事業運営に関する問題に適用され、方策の決定者に問題の最適解を提供する手法である。代表的な技法には、線形計画法・待合せ理論・ゲーム理論・動的計画法などがある。

イ．適切。線形計画法の記述として適切である。線形計画法は、いくつかの制約条件のもとで、一定の目的を達成するために、連立の線形式（1次式）を解くことにより、最適な計画を求める手法で、生産問題・最適人員配置問題・輸送計画などのビジネス課題解決に広く適用される。

ウ．不適切。PERT/CPMで使われるクリティカルパスは、最も時間のかかるパスであり、重要などの価値判断が入るものではない。当手法は最短時間で完了できるパスを決定するのに有効な手法である。

　※PERT/CPM（Program Evaluation and Reviw Technique/Critical Path Method）

エ．適切。ゲーム理論の記述として適切である。ゲーム理論は、利害関係を持つ相手がいる状況で、自分と相手の利益を考え、最適な行動を決めるための思考法として、ビジネスの世界でも活用されている。

オ．適切。ゲーム理論における意思決定には、マクシミン戦略とミニマックス戦略という考え方がある。「マクシミン戦略」は、各選択肢の最小値（最悪のケース）の中から最大のものを選ぶ戦略であり、「ミニマックス戦略」は、各選択肢の最大値の中から、相手が最小のものを選ぶ戦略である。

問題 **43** 解答

H24後

正　解　エ

ポイント

・本問は、販売業務を例に取り、業務の分析・改善に関わる手法、手順を問う複合的な問題である。

解　説

ア．不適切。業務改善はボトムアップ方式だけでは成功しない。

イ．不適切。作業分析は作業レベルの改善にしかつながらないことが多く、大幅な業務改善にはならない。

ウ．不適切。KJ法は問題のある事象をとらえることには向いているが、問題解決手法としては向いていない。

エ．適切。販売業務の業務改善をするためには、最初にビジネスプロセスモデリング手法を使って業務全体の流れを把握することが必要である。

オ．不適切。E-Rモデル手法はデータベースの設計に適している手法であり、あるべき業務機能を描く手法には向いていない。

2●業務改善策を見いだすための手法　テキスト第2章第3節

問題 **44** 解答　　　　　　　　　　　　　　　　H29前

正　解　ア

ポイント

・限られた条件の中で、最も効果を上げる最適な方法を導くための数式モデルが線形計画法である。

・本問は、実務で線形計画法を活用できるかを問う問題である。

解　説

製品Aの生産量をx個、製品Bの生産量をy個とした場合に条件を整理すると、

| 設備Lの使用時間について | 2 x | ＋ | 6 y | ≦ | 136 | ・・・① |
| 設備Mの使用時間について | 5 x | ＋ | 4 y | ≦ | 120 | ・・・② |

製品A、製品Bの生産量は正の値であり、かつ整数であるから

製品Aの生産量について　　x　≧　0（xは整数）・・・③

製品Bの生産量について　　y　≧　0（yは整数）・・・④

このとき、利益が最大化となる生産量の組み合わせは、3 x + 5 yが最大となるxとyの組み合わせである。

③ 製品Aの 生産量 x	④ 製品Bの 生産量 y	利益 （3 x + 5 y）	① 設備Lの 使用時間	② 設備Mの 使用時間	条件
4	24	132	152	116	×
5	23	130	148	117	×
6	22	128	144	118	×
7	21	126	140	119	×
8	20	124	136	120	○
9	19	122	132	121	×
10	18	120	128	122	×
12	15	111	114	120	○

20	5	85	70	120	○
35	11	160	136	219	×
50	6	180	136	274	×

ア．適切。条件を満たし、かつ利益が124万円と最大になる。

イ．不適切。条件を満たすが、利益は111万円で最大ではない。

ウ．不適切。条件を満たすが、利益は85万円で最大ではない。

エ．不適切。利益は160万円になるが、条件を満たさない。

オ．不適切。利益は180万円になるが、条件を満たさない。

3●改善目標の設定

テキスト第2章第3節

 問題 **45** 解答

 H25後

正　解　オ

ポイント

・本問は、改善目標を設定し、その目標達成を評価する場合の実務的な方法を問う問題である。

解　説

ア．適切。業務改善は長期間にわたり実施されるため、改善途中で現在どれくらい目標が達成できているか評価する指標設定が重要である。

イ．適切。業務改善の目標は業務を様々な視点で見ることが必要である。

ウ．適切。達成度を評価する視点として、定性的評価と定量的評価があり、客観的に数値データを収集できれば正しい評価が得られるため、定量的評価のほうが好ましい。

エ．適切。目標の達成度を見る指標として、費用対効果が最も一般的だが、副次的効果、満足感という評価指標もある。

オ．不適切。改善には時間がかかり、その間に周囲の環境は日々変化しているため、改善目標は、当初設定するだけではなく、改善途中での見直しも必要となってくる。

B●業務の分析・評価・改善 ＞ 4●業務改善の推進

1●業務改善体制

解答
H28前

正 解 エ

ポイント

・本問は、業務改善の推進に関わるメンバーの選出方法、役割分担と責任、推進計画と管理の方法について問う問題である。

解 説

ア．適切。チームメンバーにふさわしい人物像として、改善策実行に必要な能力を適切に記述している。

イ．適切。チームメンバーの役割分担を明確にするとともに、責任と権限を付与すること、適正な対価でモチベーションを維持することが重要である。

ウ．適切。ガントチャートは、作業の開始日・終了日を棒で表し、予定と実績が比較できる点で進捗状況を管理するツールとして有効だが、作業の前後関係やクリティカルパスを表現するには、アローダイアグラムのほうが適している。

エ．不適切。作業を詳細化することは妥当であるが、すべての作業を数値化することは困難である。数値化することと評価可能にすることとは別問題である。

オ．適切。ISO9001は、文書化を重視しているため、文書に書かれているとおりに作業が行われているか、一定の品質レベルが保たれているか、トレースが可能である。品質管理・品質保証の方法として適切である。

解答
H29後

正 解 エ

ポイント

・本問は、業務改善の体制や進め方について実務的な理解を問う問題である。

（**解　説**）

ア．不適切。業務改善チームに社外のコンサルタントを必ずしも加える必要はなく、社内の人員だけで進めてもよい。

イ．不適切。士気向上のためには、メンバーに担当役割の意義や目標を明確にすることが効果的で、指揮命令系統や役割分担の明確化がこのねらいに直結するわけではない。

ウ．不適切。QCサークル活動は品質向上のために行われ、内部統制の仕組みを構築するためのものではない。

エ．適切。改善内容や方法を公開することにより、進め方に関する留意点や参考となる情報も得やすくなる。

オ．不適切。残業時間を規制することにより、効率的な作業になることは期待できるが、活動時間確保には必ずしもつながらない。

3●BPR/BPM

問題
48 解答

正　解　オ

ポイント

・本問は、BPM、すなわち業務プロセスを整理・分析し、どうすれば効率的かつ効果的に仕事ができるのかという改善を継続的に行う活動に対する基本的な理解を問う問題である。

解　説

ア．適切。「BPMS」（BPM Software/BPM Suite）と呼ばれるBPMをサポートするソフトウェアには多くの機能があるが、業務プロセスをコンピュータ上のデータとして可視化するためのモデリング機能や最適なプロセスを探るためのシミュレーション機能は、ほとんどのソフトウェアに搭載されている。

イ．適切。BPMとは、継続的な業務改善を実現するための業務管理手法のことであり、業務プロセスをモデル化し管理することにより、課題の分析や解決策の検討、新業務プロセスの創出を行う。業務改善のプロセス設計、プロセス実行、プロセス評価も業務管理として重要な要素であるが、必ずしもBPMツールとしてITソリューションが必要であるとは限らない。

ウ．適切。BPMもPDCAサイクルで実施され、Planフェーズで対象業務を抽出し、業務分析、課題抽出を行い、解決策立案し実行計画を策定する。Doフェーズで実行、Checkフェーズでモニタリング・評価、Actionフェーズで修正・改善を行う。

エ．適切。企業活動の目標を達成するためのマネジメント手法には、継続的にビジネスプロセス改善を遂行しようとするBPMと、企業戦略などトップダウンで機能を分析し、ゼロから新しく作り直そうとするBPRとがある。

オ．不適切。BPMの主要な特徴は、プロセス指向、モデル駆動、継続的改善活動の3つである。「データ指向」ではなく、「プロセス指向」（プロセスを中心にして考えること）がBPMの特徴である。

1●QMS

問題
49 解答

正　解　イ

ポイント

・「品質管理及び品質保証に関する国際規格」であるISO9001の取得が多くの組織で進められている。

・本問は、ISO9001の取得・維持の効果について基本的な理解を問う問題である。

解　説

ア．適切。国際的に認知度の高い規格であり、対外的なアピール効果を狙う企業も多い。

イ．不適切。品質マネジメントシステム整備による品質向上がねらいであり、コストダウンが必ずしも達成できるとは限らない。

ウ．適切。マニュアル化された手続や基準どおりの作業実態となっているかを追跡できるトレーサビリティが向上する。

エ．適切。認証取得後も定期的な継続審査があり、各組織での継続的な品質管理・保証活動が求められる。

オ．適切。従業員への啓蒙、教育によって品質に関する意識を向上し、各自の品質責任と義務が明確になる。

4 ● EA

問題
50 解答

正　解　イ

ポイント

・本問は、EAを構築するに当たっての前提知識としてのアーキテクチャと、各アーキテクチャにおける具体的な成果物として何を作成しなければならないかを問う問題である。

解　説

ア．適切。政策・業務体系の記述として適切である。

イ．不適切。この説明は、E-R図の説明である。データ体系は、各業務・システムにおいて利用される情報（システム上のデータ）の内容、各情報の関連性を体系的に示したもので、ここでは情報体系整理図、実態関連図、データ定義表などを作成する。

ウ．適切。適用処理体系の記述として適切である。

エ．適切。技術体系の記述として適切である。

オ．適切。EAガバナンスとは、情報システムの全体最適を実現するために策定したEAを根付かせ、個々のシステム構築プロジェクトで効果的かつ効率的に機能させる仕組みのことである。その具体例としてデータモデル標準・セキュリティ標準などを策定し、その適用に向けた業務やシステムの移行管理計画作成が該当する。

2●中長期的視点の重要性 　　　　テキスト第3章第1節

問題 **51** 解答　　　　　　　　　　　　　　　　　 H29後

正　解　イ

ポイント

・本問は、中期計画作成の留意点を問う問題である。

・基本的には経営方針や経営計画を受けて作成されるものであるが、中期的なITトレンドは無視できない。特にインフラ基盤の維持と更新に関する投資は、ITトレンドの方向性を確認しながら現システムとの整合性を考慮しなければならない。中期情報システム化計画の作成は、いろいろな視点から検討する必要があるので、幅広い視野が求められる。

解　説

ア．高い：経営計画やオーナー、利用者の意向は計画作りに反映させる必要がある。また計画の承認を得るためにも計画作り段階から巻き込む意味で有効である。

イ．低い：最新のIT技術を利用するケースはリスクが高いので、戦略的な必要性がある場合に限る。そのときはRFIのような形式でなく、特定ベンダーとパートナー的な関係で進めるほうが有効である。

ウ．高い：インフラ環境やシステム開発環境は進歩が早い。したがって全社の方向性や業務システムへの制約事項などはあらかじめ示しておいて混乱しないようにする必要がある。

エ．高い：人材のリソース問題は情報化計画で触れられることが少ないかもしれない。しかし情報システム有効利用の根源的な問題であり、常に先をみて情報システム化計画と同期を取る必要がある。

オ．高い：現在運用している情報システムも、いくつかの課題を抱えているはずで、その解決を意識して次期システムの再構築が決まることも多い。中期計画作成時には優先順位を十分に意識することが大事である。

C●システムの開発 ＞ 2●システム化計画の策定

1●システム化計画

問題 **52** 解答

正 解 ウ

ポイント

・本問は、情報システム開発化計画を策定する場合の重要な視点や作成目的の理解を問う問題である。

・情報システム開発計画とプロジェクト計画は厳密にいえば違う種類のものであるが、現実には重なる部分が多いので混同されることがある。

【情報システム開発計画】：開発する情報システムが定義される。

【プロジェクト計画】：情報システムの開発方法や手段について定義される。したがって両者の関係は1対Nの関係になることが多い。この違いを理解した上で使い分けをしなければならない。

解 説

ア．適切。情報システムは経営戦略や事業戦略を実現する手段である。したがって、情報システム化計画の策定の大前提となる経営戦略や方針と、それにつながる情報システム戦略を確認する必要がある。

イ．適切。その他にも社員の実務能力、ITリテラシーなど成熟後を考慮して検討することが必要である。

ウ．不適切。開発したシステムがすぐに陳腐化しないよう、また短納期・低コスト、高品質のユーザー要求に応え、他社と差別化できるシステムを実現するためには、最新の技術動向や所属業界のシステム化動向を注視し、開発計画に反映しなければならない。

エ．適切。情報システムは、そのシステムを活用して業務や事業に効果をもたらして初めて目的を達成したことになる。したがって最終目的をKGIとし、その途上のKPIを設定することで目的達成のレベルが図れることになる。先行指標であるKPIは指数化できることが理想であるが、定性的なKPIでもよい。

オ．適切。プロジェクトを成功に導くポイントの1つが、綿密なプロジェク

ト計画の立案とプロジェクト関係者全員による共通認識の醸成、合意である。当計画書を説明し、合意を得る場としては、キックオフミーティングが有効である。

 問題 **53** 解答 H29前

正　解　ウ

ポイント

・本問は、システム化計画を策定する際に留意すべき事項、及び開発方針の設定、計画書に盛り込むべき項目の理解を問う問題である。

解　説

ア．適切。目的や目標はシステムの一番根幹をなすもので、計画書の最初に必ず明確に記述する必要がある。

イ．適切。実現可能性の高い開発方針を設定するためには、システムの目的の優先順位を踏まえた上で、変化が激しい技術動向等を視野に入れた検討が必要である。

ウ．不適切。すべての情報システムに他社との差別化が必要なわけではない。どの範囲・機能を持ったシステムにするかは、経営戦略との整合性や自社の成熟度を考慮して決めるべきことである。

エ．適切。スケジュール、体制なども計画書に必要な項目。プロジェクト開始時に詳細が決定できない場合、後日追加記入することも許される。

オ．適切。計画書の承認プロセスにおいて関係者の十分な合意を得ることがとても重要であり、そのための準備は欠かせない。

 問題 **54** 解答 H28前

正　解　イ

ポイント

・本問は、見積り、品質、性能、情報セキュリティ、運用等、システム開発全般で考慮しなければならない事項に関する理解を問う問題である。

（解　説）

ア．適切。見積りは、開発予算、開発スケジュール、体制などを決める根拠になる。したがって最終的なQCDを確保するために各工程で見積りを実施して、早期に状況変化に対応することが必要である。

イ．不適切。品質管理の基本は、バグを作り込まないこと、作り込まれたバグは早期に摘出することである。したがって、テスト工程での取り組みに加え、上流工程（システム分析～製造）における品質保証の取り組みが重要となる。

ウ．適切。当初のシステムの性能評価は机上の評価が主なので、実際と差異が生ずることが考えられる。できるだけ早い段階で実測できる状況を作って性能を把握し、システムの要件を充足していることを確認する必要がある。

エ．適切。Webシステムも、近年クラウド環境下であれば、通常のウイルス対策レベルを保持することは可能であるが、意図的な情報漏洩などにはシステムの開発側の責任で実施しなければならない。

オ．適切。運用設計を上流工程で実施することは重要であるが、システムの運用はサーバーやネットワークの性能向上で、センター側の運用作業は少なくなっている。利用者が自分たちの業務とシステムの運用を独自に考えて、システム稼働後に調整することも多くなっているので、以前よりは上流工程で運用設計する必要は少なくなっている。

●参考文献
・「ソフトウェアエンジニアリング講座2　システム開発プロジェクト」日経BP社　2007

2●情報システム開発プロセス

 解答

正　解　エ

ポイント

・本問は、システム設計に関する用語や手法について、正しく理解しているかを問う問題である。

・業務システムのスクラッチ開発において、システム設計は重要な工程であり、その設計技法や設計手順はしっかり理解しないといけない。しかし最近は業務パッケージを採用することで従来のシステム設計工程は様変わりしている。両者の違いを認識した上で本問に臨んでほしい。

解　説

ア．不適切。ジャクソン法やワーニエ法は構造化プログラミングが発展した際に提唱された理論で、プログラム構造を決定する際に用いられるものである。また、順序も正しくは「業務の洗い出し」→「機能間の関係分析」→「プログラムの構造決定」なので、問題の記述は誤り。

イ．不適切。ERD（Entity-Relationship Diagram：ER図、実体関連図）は、データ項目の集まりであるエンティティと、エンティティ間の論理的なつながりを図にしたものであるが、マトリックスで表現されるものではなく、エンティティを表す矩形と、関係を表す線で表現されるのが一般的である。したがって、問題の記述は誤り。マトリックスで表現するのはCRUD図。

ウ．不適切。オブジェクトの共通な性質を抜き出して定義したものは「クラス」、その定義に具体的な値を与えたものは「インスタンス」という。「インヘリタンス（継承)」は、既存のクラスを元に類似のクラスを新たに定義したときに、相違点だけを記述することで作成できる機能をいう。「カプセル」化とは、オブジェクト内の情報を外部から見えなくすることをいう。

エ．適切。HIPO（Hierarchy Input Process Output）は構造化設計をするときの設計手法である。入力と処理（プロセス）と出力の関係を図示する

ことで機能を表す。処理の順序は必ず上から下に流れる。

オ．不適切。DFD（Data Flow Diagram：データフロー図）の主な表記法
　　には「デマルコ式」と「ゲイン／サーソン式」があるが、いずれもプロセ
　　ス、データフロー、データストア、データ源泉・吸収（外部エンティティ
　　と呼ばれることもある）の4種類の記号で表現されるものであり、問題の
　　記述は誤りである。

●参考文献

・「Insider's Computer Dictionary」提供：株式会社デジタルアドバンテージ

・「ITProスキルアップ講座」日経BP社

・「@IT情報マネジメント用語辞典」アイティメディア株式会社

・「ソフトウェアエンジニアリング講座3　プログラミング」日経BP社　2007

1●組織・体制の整備　　　　　　　　　　　　テキスト第3章第3節

問題 **56** 解答　　　　　　　　　　　　　　　　　　　　H27後

正　解　エ

ポイント

・本問は、情報システムの企画・構築の場面で、CIOの役割に関連して基本的な行動基準を問う問題である。

・日本企業ではCIOの役割があいまいなまま任命されるケースが多く、情報システム部門長と混同する人も多い。CIOのミッションはITガバナンス上重要な役割を果たさなければならないので、本来のCIOのミッションを正確に理解しておく必要がある。

解　説

ア．適切。CIOは企業の情報や情報システムに関する領域を統括し、それを担当する社内各部門と協力し、経営者の立場に立って判断しながら経営に反映する責務がある。

イ．適切。情報化戦略策定は技術的な知見と全社的な視野でCIOが中心になって作成するのが望ましい。組織間の利害関係の調整等も重要な役務である。

ウ．適切。情報システムの調達は、まず予算と人材の確保が必要である。大きな複数部門にまたがる情報システムでは、CIOが中心になって推進し、プロジェクトを立ち上げる必要がある。

エ．不適切。企業の規模や、プロジェクト人材にもよるが、通常はプロジェクトのトラブルが発生しても、直接に介入することはよくない。プロジェクト周辺の障害要因を排除するなど、大きな視野で対応するべきである。中堅・中小企業ではCIOが先頭に立つケースも見受けられるが、一人二役を兼ねている結果であり、CIOとして対応しているわけではない。

オ．適切。情報システム稼働後の投資効果の評価は必要である。特に複数部門が関係する情報システムの評価はCIOが中心になって実施したほうが公平感がある。

問題 **57** 解答

正 解 エ

ポイント

・本問は、情報システム部門の役割の変化と開発組織を立案する場合の留意点に関して、実務を踏まえた知識、判断力を問う問題である。

解 説

ア．適切。情報システムのフルアウトソーシングは、丸投げによる弊害が大きく、ベンダーロックインに陥る可能性が高い。必ず自社要員が関与できる体制を保持する必要がある。この場合、関与はシステムの規模、システムの重要性などによって変わってくる。

イ．適切。この場合、技術の側面がブラックボックスにならないよう、技術動向に目を向け、開発段階での勘所や見積り能力を保有することも重要である。

ウ．適切。要件定義やシステムテスト・運用テストなどの共同作業は、各自の作業範囲が不明確になりがちである。このような共同作業は、作業範囲と責任者との関係が明確になるまで、「シングル・レスポンシビリティの原則」に従ってブレイクダウンし役割を設定することが必要である。

エ．不適切。利用部門が上流工程で関与すべきことは当然であるが、本稼働前では、ユーザー教育だけではなく、運用テスト、受入テストでも中心的な役割を果たすことが求められる。

オ．適切。プロジェクトでは、チーム人材が寄せ集めになるケースも多いので、立ち上がり時は一体感に欠けることもある。途中で体制の変更もありうる。

C●システムの開発 ＞ 3●情報システム開発・保守の組織体制

2●開発プロジェクト体制（役割分担、責任範囲、指揮系統、報告体制） テキスト第3章第3節

問題 58 解答 H27後

正解 エ

ポイント

・本問は、プロジェクト環境とプロジェクト体制のあり方の関係性を問う問題である。

・システム開発のプロジェクト体制は、開発工程ごとの体制、ユーザー部門や情報システム部門、ベンダーの役割による体制、稼働後の維持メンテを考慮した体制等、プロジェクトの状況により変わってくる。

解説

ア．不適切。当初想定していない課題を検討する場合などには都度担当者を決定することは必要だが、プロジェクト開始時に想定される作業に対する体制と役割を明確にしておくことは必要である。これを曖昧にしておくと意思決定が遅れ、プロジェクトが遅延したり、当初の目的に沿った適切な決定を妨げる場合がある。むしろベンダーの体制は、請負契約の場合、必ずしも明確にする必要はない。

イ．不適切。仮に類似のシステムを開発する場合でも、契約条件などによって発注側と受注側の作業は変化する。また主要パッケージやツールの提供がある場合は製品の提供責任も意識して体制を考えるべきである。

ウ．不適切。すべての検討内容をPMがコントロールすることは不可能なため、各チームの担当者と役割を明確にし、コミュニケーションルールや文書管理ルールの設定等を通して、コミュニケーションの円滑化を図る必要がある。

エ．適切。発注元のPMとは、基本的にシステム開発に関わる関係者（ベンダーも含めて）の総責任者の立場にある。したがってプロジェクトオーナーや利用者に対してはPMとしての役割を果たすのは当たり前のことであり、他の誰も代わることはできない。

オ．不適切。ステアリングコミッティは、関係部門の責任者の集まりでプロ

ジェクトの方向性を討議する場である。ベンダーもプロジェクトに関係している場合は主要ベンダーも参加する。現場ユーザーではなく、投資判断が可能なマネジメントで構成する。

正解　オ

ポイント

・本問は、プロジェクト計画書の標準的な内容を問う問題である。

・開発プロジェクト計画書は、プロジェクトに関わる利害関係者間の合意を得て意思決定のベースにするための資料であり、以下の記述内容を含む。

　＊プロジェクトの目的、目標、対象範囲

　＊開発対象の業務システム要件の概要

　＊マスタースケジュール

　＊組織体制・役割

　＊リスクマネジメント

　＊コスト、品質、セキュリティ、ドキュメント

解 説

ア．適切。ドキュメントに関する規定は、エンジニアリングプロセスの主要な内容である。

イ．適切。仕様変更管理はプロジェクト運営の主要なタスクである。変更プロセスの定義と変更関連書式は必須である

ウ．適切。会議体運営についての規定、コミュニケーション計画ともいう。

エ．適切。システム化の目的及び達成目標を明確にしておくことは、利害関係者間でのベクトルを合わせるために必須である。

オ．不適切。開発プロジェクト計画に必須ではないが、記述する場合は全体を表す概略のWBSが妥当である。細分化されたものは実行段階で必要に応じて作成する。

正　解　イ

ポイント

・本問は、チーム編成上の留意すべき点を、いくつかの視点から問う問題である。

・プロジェクト体制（チーム編成）は、システムの規模、社内組織との関係、外部委託の関係で、その編成方法、役割分担が違ってくる。それぞれの事情を勘案した上で最適のチーム編成を心掛ける。

解　説

ア．適切。プロジェクト組織は、新たに結成されるチームが普通であり、それぞれの役割や責任を事前に明確にする必要がある。プロジェクト体制表を利用して明示することができる。

イ．不適切。プロジェクト編成は通常の組織から人材を集めることが一般的である。専任体制が望ましいが、有能人材は兼任にしないと参加できないことが多い。専任にこだわらずプロジェクト運営を工夫するほうが良い結果を生むことが多い。柔軟に判断をするべきである。

ウ．適切。体制表のスペース的な制限で役割を記載できないことが多い。その場合別ページに一覧表の形式で表記する方法もある。

エ．適切。指示・命令に関する類はできるだけ書面にてお互いが確認できるようにすることがプロジェクト運営のコツである。

オ．適切。プロジェクトの責任者は外形的なマネジメントだけでなく、プロジェクトメンバーの内面的な問題も留意して運営することが求められる。

正　解　イ

ポイント

・プロジェクト計画書は、計画書作成時点で不明確なことが多い上に、ステークホルダーの立場の違いで意見が違う場合が多い。

・本問は、実際の現場でよくあるケースを想定した実務能力を問う問題である。

解　説

ア．不適切。ユーザー部門代表の人選は重要ポイントであり、安易に妥協すべきではない。ユーザー部門の事情も配慮しながら粘り強く交渉する。

イ．適切。プロジェクト計画書のスケジュールは担当者の力量や能力だけで決められない。しかし本人が納得することも重要である。よく擦り合わせをして、実行時の進捗を勘案しながら対応するべきである。

ウ．不適切。変更管理はプロジェクトの重要なマネジメントファクターであるため、記載がないのは欠陥計画書である。

エ．不適切。プロジェクトでコントロールできなくてもリスク管理項目として取り上げ、リスクが発生したとき最小の被害で済むようなプロジェクト運営を心掛ける。一見適切と判断できそうだが、プロジェクトにとって大きなリスク要因なので、リスクコントロールの対象と判断するべきである。

オ．不適切。ある条件下というケースが本プロジェクトで発生するか否かは、可能性の問題であるが、顕在化しそうになったときに対応するのは遅い。開発支援ツールなので選定に特段の理由がない限り、他の代替えツールに変更するべきである。

正 解　ウ

ポイント

・本問は、ユーザー企業のプロジェクトマネジメントについての理解を問う問題である。

・情報システムの開発に当たって、外部委託先にプロジェクトマネジメントを委ねるプロジェクトも多く見受けられるが、本来は外部委託先のプロジェクトも含めて当事者である発注者側がプロジェクトマネジメントを行う必要がある。その上で外部委託先との役割分担などを決定していくことが重要である。

解 説

ア．適切。開発ベンダー選定において、コスト面だけでなく、他の項目も評価すべきポイントとして適切である。

イ．適切。ベンダーから提示されるコスト（見積り）の内訳は、お互いの認識違いが多い。事前によく擦り合わせをすることが肝心である。

ウ．不適切。新たなITシステムの導入に伴い、業務ルールに見直しが発生する場合が多い。したがって、仕様検討の段階から業務部門の現職メンバーをできるだけ多く巻き込み、十分な検討と現場への周知を徹底する必要がある。

エ．適切。プロジェクト開始時に、開発側のベンダーと役割分担だけでなく、責任範囲、指揮系統、報告体制を明確にしておくことは重要である。

オ．適切。利用部門はシステム開発のニーズを持った部門であり、基本計画や外部設計に主として関わり、運用テストでは中心的な役割を果たし、最終的な本稼働の意思決定の権限を持つ。

●参考文献

・「ソフトウェアエンジニアリング講座２　システム開発プロジェクト」日経BP社　2007

3●要員の調達

問題 **63** 解答

正 解 ア

ポイント

・本問は、システム開発の調達における基本的な流れを理解しているかを問う問題である。

・情報システムに関する調達業務は、調達側の状況（対象システム、制約条件、調達側スキル）により、調達業務の内容や順序が多様化する。本問のケースでも状況次第で作業実施の順序はいくつか考えられるが、必要でない作業項目を除けば、選択肢は絞られる。

解 説

本問題においては、まずa〜gの作業項目で必須なのはどれかを見極めることが必要である。システム開発の調達においては、ごく小規模な場合を除き、a（RFP発行）は原則必須である。それに伴い、f（評価基準作成）も行われる。また、公正な評価にするため、d（選定委員会）も行うのが基本である。e（予定価格積算）はどの程度の制約条件とするかは状況により異なるが、予算を考慮しない調達はあり得ないので、重要な要素である。

b（RFI発行）、c（パッケージ情報収集）については開発内容によっては必要であるが、今回のケースでは既存の基幹業務システムの改修であり、新たなパッケージの適用や斬新な技術の採用は考えにくいことから、必須の項目ではない。g（新聞公告）は官公庁の調達では行われる（官報掲載）が、民間企業では一般的ではない。

ア．適切。各要素がほぼ必須である。順番についても妥当である。なお、順番についてはこの順番が絶対というわけではないが、必須項目と順番の妥当性の両方を満たすのは、この選択肢のみである。

イ．不適切。通常、RFP発行がRFI発行より先になることはない。

ウ．不適切。今回のケースではパッケージソフトの情報は不要である。

エ．不適切。最も肝心なRFPの発行が含まれていない。

オ．不適切。RFPを発行（「RFPの作成」ではないことに留意）してから予定価格を決めるのは一般的ではない。また、新聞への公告も民間企業の場合は通常は不要である。

●参考文献

・「ITCプロセスガイドライン（Ver.1.1）」ITコーディネータ協会　2006

 問題 64 解答

正　解　　オ

ポイント

・本問は、RFI（Request For Information）についての理解を問う問題である。

・RFIは、システム構想をまとめるとき、情報提供を依頼する文書であり、一般的にRFPに先立って発行されるが、必ずしもRFIの発行先は、発注先の選定候補にはならない。しかし的確な情報提供がなされた場合は、そのまま情報提供先が調達先になるケースが一般的である。また先進的なシステム開発の場合は、特定の協力先とパートナー的な関係で共同研究、共同開発などが行われるが、その場合はRFIのようなオープン形式でなくクローズ形式で行う。

解　説

ア．適切。RFIは、情報収集内容によってはITベンダーに限らず、大学・研究機関・業界団体宛にも発行される。

イ．適切。RFIは、ベンダー調査の際にも発行される。現実にはベンダー調査情報は、RFPに対する提案と一緒に提出を求めることが多い。

ウ．適切。RFIで求めた情報を基に、システム化構想を検討することになるので、記載内容は決まっているわけではない。しかしここで挙げた項目は通常の場合、最低限の共通項目である。

エ．適切。RFIは、一般的にRFPに先行して発行されるが、その後のRFP発行先や発注先と重なるとは限らない。

オ．不適切。RFI発行の目的は、製品・技術情報を収集するためであり、RFPとの関係では、RFP発行前に基礎資料収集のために発行される。

2●開発規模の見積り　　　　テキスト第3章第4節

問題 **65** 解答　　　　　　　　　　　　　　　　　　　H26前

正　解　エ

ポイント

・本問は、システムの見積り技法を理解しているかを問う問題である。

・見積りは、システムの規模や開発難易度を指数化して、数値化することで開発費用や開発スケジュールを算定する根拠にする。そのために以前からいくつかの手法が研究され利用されてきた。

・近年は開発方法やパッケージ利用が進んで、必ずしも過去の指数が参考にならなくなっている。

解　説

ア．適切。COCOMOモデルは工程によって基本モデル（構想時）、中間（要件定義後）、詳細（設計終了後）があり、それぞれに考慮すべき見積り変動要因がある。

イ．適切。FP法もソフトウェアの規模を推測するもので、基本的な機能の数と難易度によってポイントを加算する。ポイントの合計がシステム構築に必要な作業規模になる。

ウ．適切。見積りの精度は、システム要件が明確になるのに従って向上する。また、開発途中で要件変更も発生する。このため、最新時点での見積り値を把握し、関係者に提示するとともに、プロジェクト管理に活かすことが求められる。

エ．不適切。GUI開発の場合は、機能があらかじめ想定でき、対応する機能が部品として用意されているので、プログラムステップ数と開発の作業量の相関は薄い。

オ．適切。実際に作成されたプログラムのステートメント数から逆算して開発に必要であった作業工数を算出する方法であり、開発初期や開発の前の見積りとしては使えない。

●参考文献

・平井利明他「基本情報技術者テキスト」実教出版

C●システムの開発　＞　5●要求仕様書と要件定義書

3●要求分析手法

テキスト第3章第5節

問題 **66** 解答

H28後

正　解　オ

ポイント

・本問は、要件定義の進め方や手法についての理解を問う問題である。

・情報システムの要件（要求）を正確に関係者で共有することは、システム開発の成否の鍵を握るが、これを実施することは簡単ではない。そのため手法、標準化ドキュメント整備、定義項目のサンプル化等が工夫されている。

解　説

ア．不適切。ファンクションポイント法は、規模見積りの手法である。

イ．不適切。業務的なニーズはユーザーが提示するが、その内容を精緻にわかりやすいモデル図として整理し、システム要件の形で記述するためには、システム専門家の参加が望ましい。

ウ．不適切。非機能要件もシステムを利用する場合の重要な要求事項であるため、具体的なインフラなどが決まる前に提示すべきである。

エ．不適切。要件レビュー後も外部環境の変化などにより変更は必ず発生する。受け付けないのではなく、変更管理プロセスを明確にして多発することを防ぐことが重要である。

オ．適切。制約条件は定義項目の1つである。現実には「制約条件を意識して要件定義を行う」と考えると、これも機能要件の1つと考えてもよい。

C●システムの開発　＞　6●システム設計

2●システム設計手法の特徴と表記法　テキスト第3章第6節

問題
67 解答　　　　　　　　　　　　　　　　　　H29前

正　解　ウ

ポイント
・本問は、開発プロセスの中でのDB設計のアプローチ手法についての理解を問う問題である。
・データは情報システムの中で、プログラムに付随する形で扱われていたが全社統合システムの登場で、ファイルのデータのうち継続性のあるデータはデータベースとしてプログラムから独立した存在になった。したがってデータ中心設計、データベース設計という工程が必要になり、システム設計の一部をなすようになった。

解　説
ア．適切。トップダウン手法として、経営戦略や業務プロセスの改革などの目的を達成するために、解決すべき現状の問題や追加あるいは削除すべき機能に対応した新モデルの記述として適切である。
イ．適切。データ中心設計のボトムアップアプローチは、現存するデータベースやファイルからデータ項目を抽出して論理データモデルを作成する方法である。現行システムの分析から入るボトムアップアプローチとして適切である。
ウ．不適切。画面・帳票依存モデルは、データが重複し正規化されないモデルとなる。
エ．適切。用語集を基にデータのネーミングを行うことにより、同義語が二重定義されるのを防げる。
オ．適切。業務機能とのCRUD分析による検証で適切。CRUD分析とは、データと業務機能とのマトリックス表を作り、データと業務機能の交点に、データの発生を伴う場合はC（Create：生成）、データを参照するだけの場合にはR（Refer：参照）、データの更新を伴う場合にはU（Update：更新）、データを削除する場合にはD（Delete：削除）をプロットすることにより、デー

タのライフサイクルを把握しようとするものである。

問題68 解答

正解 イ

ポイント

・本問は、データ中心設計の特徴を理解しているか問う問題である
・データ中心設計は、システム設計に関する考え方の1つで、業務で扱われるデータ（データベース）の構造や流れを先に明確化し、それに従ってシステム機能（ソフトウェアプログラム）を導き出す方法を指す。その考え方は、「データは企業の共有資源」と考える情報資源管理に基礎を置いたものであって、個別業務の単位（必要なプログラム単位）でデータ定義が変わるのではなく、"全社共有"のデータ基盤を一元化することで、個々のシステム設計をシンプルにするというシステム設計方式である。

解説

ア．不適切。最も伝統的な手法はウォーターフォール型設計であり、滝の水が上流から下流に流れるように、個々のフェーズで必要な事項を決めていく手法である。

イ．適切。データ中心設計の前提条件は、①データが比較的変化しないで安定状態にあること、②組織内の事象を解析して必要なデータの体系化・標準化を図っておくこと、である。

ウ．不適切。データ中心設計では、データ項目名を全社的に統一することが前提である。

エ．不適切。データモデルを作成するのは難易度の高い作業であり、業務に精通していれば容易にできるというものではない。専門のスキルをもった者が必要である。

オ．不適切。データ中心設計で設計されたシステムは、プログラムとデータは独立しているのでプログラムの変更などには影響されない構造になっている。

C●システムの開発 ＞ 7●ヒューマン・インターフェース設計

❷● 入出力手段の選定と利用環境　　　　テキスト第3章第7節

問題
69 解答

H29後

正 解　ウ

ポイント

・本問は、システム設計の基本的能力が備わっているかどうかを問う問題である。

・受注情報に対して、受注可否判断をする条件を推測すること、可否に伴うその後の処理を想定することがポイントになる。

解 説

ア．適切。送付先の情報は、注文確定後でもよいが、遠隔地などで受注の可否に影響が出ることもあり、このプロセスで入力を求めている。

イ．適切。受注番号、注文内容、受注の可否は、最低限の項目である。

ウ．不適切。この事例は受注生産であり、在庫を持っているわけではないので、通常の販売システムのように在庫引当は行う必要がない。チェックすべきなのは、配送予定日から逆算した生産予定日における生産能力（余力）である。

エ．適切。配送予定日から逆算した生産予定日における生産能力（余力）をチェックする。

オ．適切。店頭での受け取りも有り得るので、発送の有無も管理している。

問題
70 解答

H29前

正 解　オ

ポイント

・本問は、出力設計の手順や注意事項の理解度を問う問題である。

・出力設計とはシステム開発において、帳票類や画面のレイアウトを設計すること。順番としては、まず出力の目的、媒体、内容などの概要的な設計

を行い、次に出力帳票のレイアウトなどを決定する詳細な設計を行う。

解　説

ア．適切。出力設計のレイアウトや出力形態は、出力の目的、ねらいを考慮して設計しないと、利用するとき不自由（不便）になることが多い。

イ．適切。業務の流れの中で出力帳票の位置づけを考えることは基本的なことであるが、最近は汎用的なツールを用意して、目的別に利用者がその都度出力できるようにすることで、出力設計に注力することが少なくなった。

ウ．適切。ユーザーのニーズ把握による設計が必要である。しかし、ニーズの必要性を検証しないで設計を進めると、稼働後に、利用しないのに機械的に出力される帳票が増える傾向にある。稼働後も、必要な帳票の棚卸が必要である。

エ．適切。システムがユーザーの意思決定を支援する工夫が重要である。

オ．不適切。コードをユーザーに意識させないように、表示では名称に変換する。

2●データベース設計　　　　テキスト第3章第8節

問題 **71** 解答　　　　　　　　　　　H29前

正　解　オ

ポイント

・本問は、データベース及びデータベースやデータの活用に関連する用語を正しく理解しているかを問う問題である。

解　説

ア．適切。データベースの構造をモデルとも言い、木構造（階層モデル）、網構造（ネットワークモデル）、関係型構造（リレーショナルモデル）と言われる。データベース管理システムが、このようなモデルを提供している。

イ．適切。DDLはData Definition Language、DMLはData Manipulation Languageのこと。なお一般的には、SQLの分類としてはCOMMIT、ROLLBACKなどのトランザクション制御文を別にすることが多い。

ウ．適切。検索機能を向上させるためにインデックスを用いることが多いが、必ずしもインデックスを用いないほうがよいこともあり、実際にはいくつかの最適化ルールが存在する。

エ．適切。DWH（Data Ware House）とは、企業活動における過去から現在にわたるデータを保管し、意思決定をするために蓄積されたデータの倉庫である。

オ．不適切。データマイニングとは、大量の生データから隠れた情報を発掘するものであるが、一般的には事前に仮説を立てずに新たな発見をするものであり、「仮説発見型」の分析と呼ばれることが多い。仮説検証型の代表的なツールはOLAP（Online Analytical Processing：多次元分析処理）である。ただし、データマイニングを仮説検証目的で用いることもある、としている書籍もある。（例：ソフトウェアエンジニアリング講座4）

●参考文献

・「ソフトウェアエンジニアリング講座3 プログラミング」日経BP社 2007
・「ソフトウェアエンジニアリング講座4 オープンシステム技術」日経BP社 2007

1●開発モデル

問題 72 解答

正　解　オ

ポイント

・本問は、プロトタイピングモデルの特徴や性質を正しく理解しているかを問う問題である。

・利点、欠点の記述は6項目あり、そのうち適切な説明は4項目である。解答の組み合わせは3項目なので、①～⑥のすべての記述の適／不適を判断しないと答えられないのが、本問の特徴である。

解　説

①適切。開発過程にユーザーが参画するので当事者意識や責任意識が醸成され、一体感が生まれる。

②適切。ユーザーの理解している範囲で細部に陥りやすいので全体最適を見失うこともある。

③不適切。プロトタイピングに参加しているユーザーの研修や検証作業は慣れているので早く終わるが、ユーザー部門としては開発チームとは別に移行、研修、検証を実施するべきである。

④適切。関係者が多数にまたがるときは、時間調整などに手間取り、必要以上に時間がかかる可能性もある。また、ユーザー側で的確な意思決定ができればよいが、そうでないとスケジュール遅延が発生する可能性が高い。

⑤不適切。本来プロトタイピングはシステム全体を対象にする手法ではない。ユーザーが利用する画面や帳票などの項目や位置、項目ごとの関係性などを定義することには向くが、コントロール系、バッチ系などのシステム開発には不向きである。

⑥適切。ユーザーのレベルにもよるが、擦り合わせをしながら設計、開発を実施しているので、早い時期に理解のずれが発見できる。

２●テストの種類

テキスト第３章第10節

問題 73 解答

正　解　イ

ポイント

・代表的なテスト方法として、「ホワイトボックステスト」と「ブラックボックステスト」がある。構造テストは、外部に見えないプログラムの内部構造や制御の流れに基づいてテスト項目を選択するもので、ホワイトボックステストと呼ばれる。

　ブラックボックステストとは、プログラムの内部構造に注意を払わず、プログラムの機能仕様からテスト項目を選ぶものである。プログラムがどのように実現されているかを示すコードがないので、ブラックボックステストと呼ばれる。

・本問は、「ホワイトボックステスト」と「ブラックボックステスト」との違いを正しく理解しているかを問う問題である。

解　説

ア．不適切。ブラックボックステストの特徴である。

イ．適切。ホワイトボックステストの基本的な方法として、「命令網羅」や「全分岐網羅」などがあるが、「全分岐網羅」などでは、組み合わせの数が膨大になるため、すべて行うことが困難なケースがある。

ウ．不適切。ブラックボックステストの特徴である。

エ．不適切。ファンクショナルテスト、もしくはファンクションテストは機能テストとも言い、ブラックボックステストの別名である。

オ．不適切。ホワイトボックステストでは、プログラマー（プログラム記述者）自身に誤解があった場合はそもそもテスト項目に挙がらないことがあるため、プログラムのエラーが発見できない恐れがある。

●参考文献

・初級シスアド講座「ブラックボックステストとホワイトボックステスト」（ウェブサイト）

・リー・コープランド著、宗雅彦訳「はじめて学ぶソフトウェアのテスト技法」日経BP
　社　2005
・IT用語辞典e-Words「ブラックボックステスト」

C●システムの開発　＞　10●システムのテスト計画

3●テスト計画

テキスト第3章第10節

問題 74 解答

H28後

正解　オ

ポイント

・テストには種々の手法や種類があるが、本問は、単体、結合、システム、受入、運用テストの中でも重要な受入テストに関しての理解を問う問題である。

解説

ア．適切。操作性テストに該当する。ユーザーによる操作性の確認は受入テストとして妥当であり、通常行われる。

イ．適切。性能テストに該当する。受入テストで性能要件の確認は必要であり、通常行われる。

ウ．適切。障害テストに該当する。受入テストで復旧手順の予行演習も兼ねて行われることがある。

エ．適切。機能テストに該当する。業務シナリオに沿ったテストにより業務要件を満たしているかどうかは、受入テストとしては最も重要なものである。

オ．不適切。基本設計書のレビューは設計工程で行うべきものであり、システムが構築されて納入される時点で行っても意味がない。

問題 75 解答

H29前

正解　エ

ポイント

・テストには、単体テスト、結合テスト、システムテスト、受入テスト、運用テストなど様々なテストがある。

・本問は、それぞれに作成するテスト計画書の作成手順の理解を確認する問

題である。

・テスト計画書の適切な作成手順は、以下のとおりである。

　（1）テスト環境、テスト方法などのテストに関する概要を設定

　（2）テスト項目のすべてを列挙

　（3）テスト効率を上げるために、適切なテストケースを設定

　（4）テストケースごとのテストデータと結果判定基準を設定

　（5）テストを実行するときの具体的な手順を設定

　よって、本問の適切な順は、C→A→B→E→Dである。

（ 解　説 ）

ア．誤り。すべて誤り。

イ．誤り。D、Eが逆。

ウ．誤り。Bのみ正しい。

エ．正しい。

オ．誤り。A、Cが逆。

解答・解説編

C●システムの開発　＞　11●システムの移行計画

2●システムの受け入れ準備　テキスト第3章第11節

問題 76 解答　H28前

正　解　エ

ポイント

・本問は、システム移行～検収時のユーザー部門とシステム（開発）部門の連携、及び作業分担についての理解を問う問題である。

解　説

　事項①はユーザー部門、②は開発部門、③は開発部門、④はユーザー部門、⑤はユーザー部門、⑥は開発部門の役割である。なお、④は日経システムズ2008年10月号の特集2「理解度がみるみる上がるユーザー教育」に、"ユーザー教育を成功させる三原則"として記載されており、それを参考にした。

　以上から、適切な組み合わせは①、④、⑤である。

ア．不適切。

イ．不適切。

ウ．不適切。

エ．適切。

オ．不適切。

●参考文献

・日経システムズ2008年10月号特集2「理解度がみるみる上がるユーザー教育」日経BP

3●システムの移行

問題
77 解答

正　解　オ

ポイント

・本問は、情報システムの移行作業時（移行前、移行後を含む）に発生する様々なトラブルにおいて、プロジェクトマネジャーが取るべき行動の適切性について問う問題である。

解　説

ア．適切。特に金融機関のような社会システムにおいては、移行の判断は慎重であるべきである。当初想定していなかった費用が発生したとしても、きちんと手続を踏んで処理することは適切である。

イ．適切。稼働日を厳守しても現場が使わなければ意味がない。利用者教育の不足が理由であるならば、教育を充実させることを優先すべきであり、そのために部門間調整を行うのはプロジェクトマネジャーの責務である。

ウ．適切。データの移行漏れ自体は問題であり、反省すべき点である。ただし、不測の事態に対して予備費を活用して対処するのは、プロジェクトマネジャーとしてあり得ることであり、この対処内容は不適切とはいえない。

エ．適切。本来ならば、移行計画書にてハード障害など不測の事態における対処を決めておくべきであるが、事前に想定していなかった事態において、あらゆるリスクを天秤にかけて判断することはプロジェクトマネジャーとして適切な行動である。

オ．不適切。移行資源については移行前に十分な検証を行うべきである。新システム上で直接資源を修正すると、その資源については検証が行われていないままであり、他のトラブルが発生するリスクが残る。そのため、そのまま移行作業を継続するのは適切ではない。

C●システムの開発　＞　12●開発プロジェクトマネジメント

1●プロジェクトマネジメントの標準　テキスト第3章第12節

問題 **78** 解答　H27前

正解　ウ

ポイント

・本問は、システム開発プロジェクトのマネジメントについて、幅広くそれ
ぞれの管理の目的とねらいを理解しているかを問う問題である。

・PMBOKでは、スコープ、スケジュール、コスト、品質、組織、コミュニケー
ション、リスク、調達という8つの管理領域が定義されている。

解説

ア．不適切。リスク管理は開始時にリスク項目を特定するが、プロジェクト
進行中もリスクの顕在化を常に注意し、顕在化したときは事前に準備して
いた対応策を発動する。また新たにリスクが発生したときはリスク管理項
目として追加する。

イ．不適切。WBSは作業内容を一覧的に把握し、プロジェクト計画の作成
に利用する。したがってバランス良く、階層もあまり深くならないことを
重視する。

ウ．適切。ランニングコストだけでなく、導入コストも含めてプロジェクト
では計画外のコストが発生することが多い。ある程度の予備の予算を持つ
ことは必要であるが、究極的にはプロジェクトオーナーの理解を得るため
日頃のコミュニケーションが一番の対応策である。

エ．不適切。コミュニケーションはプロジェクト責任者とメンバーだけの問
題ではない。プロジェクト関係者全員が対象になる。コミュニケーション
をよくするには、そのための仕組みを考え、組織的に実施しなければなら
ない。

オ．不適切。ウォークスルーやインスペクションは経験があり、開発システ
ム全体に通じている少数の人で進めるのが効率がよく、成果も多い。

問題 79 解答

正 解 ア

ポイント

・本問は、開発プロジェクトで発生する課題解決策について、マネジメント レベルで把握しておくべき知識を問う問題である。

・開発プロジェクトの中で発生する典型的な事例を取り上げている。現実的 にはいくつかの状況も配慮してそのときの最善策を取ることになるが、記 述されている範囲内で常識的な対策の適／不適を考えてもらう。

解 説

ア．不適切。開発途中での要件変更は、都度対応していては開発手戻りが多 くなり進捗に影響を及ぼす。その時点でスケジュールに余裕があるからと いって安易に受け入れるべきではない。機能変更は、リリースを分けて次 リリースで対応することが望ましい。

イ．適切。規模の増大に対しては、まず開発スコープの見直しを行う。

ウ．適切。結合テストでの不具合は、サブシステム間のインターフェースミ スマッチによることが多いため、レビューにより事前チェックすることは 有効な手段であるが、今回のケースでは事後チェックとなっている。結果 として、設計や製造のやり直しによるスケジュール延伸が想定されるため、 リリース時期の延伸を検討することが必要である。

エ．適切。CRUD（Create、Refer、Update、Delete）分析により、サブシ ステムをまたがってのデータベースの競合関係が明らかになる。上記ウと 同じく本来は設計工程で実施すべきことだが、結合テスト段階で実施する ことで遅延発生が予想されることから、要員追加やリリース時期延伸等の 対策も併せて行うべきである。

オ．適切。システムテスト段階でのハードウェア構成のアップグレードは、 あまり好ましくないが、チューニングで対処しきれない場合の最終措置と しては止むを得ない。追加費用の捻出は、プロジェクトマネジャーの責務 である。

問題 **80** 解答　　　　　　　　　　　　　　　　　　　　　H29前

正　解　　ア

ポイント

・本問は、実際のプロジェクトでよく発生するケースを事例として取り上げた、プロジェクトマネジメントについての基本的な理解を問う問題である。

・内容はシステム再構築や移植時の、現行機能の保証に関するものをテーマとしている。

解　説

ア．適切。このケースでは、基本設計に問題があった可能性が高い。「既存システムにあった機能が使えなくなっている」というクレームが出ていることから、既存機能を新システムで実現する際の考慮が不足していたと推測される。新規要件については基本設計でも意識されるので漏れることは少ないが、既存機能についても基本設計段階で明示化されないと、その後の実装工程では気づかれることがなく、機能漏れのまま進捗してしまうことがある。なお、同様の理由から要件定義工程にも問題があった可能性が想定されるが、本問では選択肢に含まれていないので、「基本設計工程」が最も重大な原因工程であると判断できる。

イ．不適切。詳細設計工程は、通常基本設計書を基に行うものなので、基本設計書に記載がなければ、考慮されなくなる。なお、「新規要件が誤った内容で実装されている」というクレームについては、要件定義を基本設計にする段階、基本設計を詳細設計にする段階のそれぞれに問題を引き起こす可能性があり、詳細設計にもまったく問題がないとは言えないが、今回のケースではB社にA社業務のスキルがほとんどないことが想定されるので、そもそもの基本設計に問題がある可能性が高い。

ウ．不適切。プログラム設計～プログラミング工程は上流の内容を引き継いで行われるもので、実装漏れが発生する場合の原因は、通常は上流工程である。プログラミング工程で問題が仕込まれることは、設計書を無視して製造するなどの暴挙がない限り、起こるものではない。

エ．不適切。「単体テストで発見すべきバグが多数見つかっている」という

クレームもあるので、テスト密度はもっと高くすべきであったかもしれない。しかし、「既存システムにあった機能が使えなくなっている」とか「新規要件が誤った内容で実装されている」という指摘は、単体テストで仕込まれるものではない。

オ．不適切。単体テストと同様、テスト密度に問題があった可能性はあるが、テスト仕様書は基本設計書や詳細設計書などをベースに作られるため、基となる設計書に記載がない要件は、結合テストは実施されないので、問題を内包したまますり抜けてしまうことがある。

●参考文献

・「ソフトウェア開発データ白書2014-2015」独立行政法人情報処理推進機構（IPA）技術本部ソフトウェア高信頼化センター（SEC）2014

2●プロジェクトマネジャーの役割　テキスト第3章第12節

問題 **81** 解答　H25後

正　解　エ

ポイント

・本問は、システム開発のスケジュール管理ツールであるPERT図の基本的な理解を問う問題である。

・PERT（Program Evaluation and Review Technique）図とは、業務の流れや所要時間を図式化し、業務の計画を立てる手法である。複数の業務が存在するプロジェクトでは、1つが遅れることで全体が遅れてしまう場合があるので、限られた時間の中で目標を達成するために、遅れが生じないような各業務の「最遅完了時刻」を把握し、どこに重点を置いて進捗管理するかを検討するために活用する。

・このテスト実施スケジュールではW1、W4、W9、W10がクリティカルパスである。場合によっては、余裕のあるW2、W5、W7、W8から人員、機材を回してここを重点管理することによって、納期の確保・短縮を図ることができる。イベント④の最早結合点時刻は20日である。

解　説

ア．適切。W9→W10のクリティカルパスに比べて1日の余裕がある。

イ．適切。W1＋W4＋W9＋W10＝55日

ウ．適切。W1→W4のクリティカルパスに比べて6日の余裕がある。

エ．不適切。イベント④の最早結合点時刻は20日であるため、W9の開始は21日目となる。

オ．適切。クリティカルパスはW1、W4、W9、W10である。

●参考文献

・木暮仁「Web教材『オペレーションズ・リサーチ』」（Webサイト）

問題 **82** 解答

正　解　エ

ポイント

・本問は、EVMにおける実コスト、予算コスト、アーンドバリュー（出来高）の関係を正しく理解しているかを問う問題である。

・EVMで用いる主な指標の用語と意味は以下のとおり。

（1）計画値（PV：Planned Value）

所定の期間内に投入される計画コストであり、承認されたプロジェクト実行予算のこと。

（2）実コスト（AC：Actual Cost）

与えられた期間内で作業完了までに実際にかかったコスト。

（3）出来高（EV：Earned Value）

その時点で実際に完了した作業の見なし価値で、［計画コスト×作業進捗率］で計算される。

（4）コスト差異（CV：Cost Variance）

CV（コスト差異）　＝　EV（出来高）－ AC（実コスト）

（5）スケジュール差異（SV：Schedule Variance）

SV（スケジュール差異）　＝　EV（出来高）－ PV（計画コスト）

（6）残作業コスト予測（ETC：Estimate To Complete）

ETC（残作業コスト予測）＝（完成時計画コスト－EV）／ コスト効率

（※完成時計画コスト＝BAC、コスト効率＝CPI＝EV／AC）

解　説

ア．不適切。いわゆる残作業コスト予測（ETC：現時点から完成までに見積もった残作業のコスト）を表している。

イ．不適切。報告日時点のスケジュール差異（SV：各作業のスケジュール面から見た差異）を表している。

ウ．不適切。この選択肢は報告日時点の実コストと予算コストの差異であり、EVMで言うところのコスト差異とは異なる。

エ．適切。EVMで言うところのコスト差異（CV：各作業のコスト面から見

た差異）すなわち実コストとアーンドバリューの差異を指すものである。

オ．不適切。完了時点の予算コストと、現時点（報告日時点）のアーンドバリューとの差異である。

●参考文献

・「EVM活用型プロジェクト・マネジメント導入ガイドライン」独立行政法人情報処理振興事業協会（IPA）　2003

2●調達計画の作成

問題 83 解答

正　解　ウ

ポイント

・本問は、従来のソフトウェアの開発、実行モデルとまったく異なり、ソフトウェアの機能をサービスとして提供するクラウド・コンピューティングの形態の1つであるSaaSソフトウェアの基本構造についての理解を問う問題である。

解　説

ア．適切。プレゼンテーションは、ユーザーとのインターフェース機能であり、Webブラウザへの表示とユーザーとのインタラクションをコントロールする。

イ．適切。SaaSアプリケーションのエンジンとなる部分である。

ウ．不適切。ログインユーザー数を測定するのではなく、各テナントの各ユーザーがどれだけシステムのリソース（CPU時間、ストレージの占有量、処理したトランザクション数など）を使っているか測定することをメータリングと呼ぶ。

エ．適切。テナントごとの専用の構成メタデータを初期設定することにより、既製品でありながら、自社の業務に合わせたアプリケーションとして利用することができる。

オ．適切。プロビジョニングが果たす機能は、まさにSaaSプロバイダーの代理人とも言える中心的な役割である。

●参考文献

・山谷正己「図解でわかるSaaSのすべて」オーム社　2009

3●情報収集

テキスト第4章第2節

問題
84 解答

H29後

正　解　オ

ポイント

・本問は、ITベンダーの選定に関する知識を問う問題である。

解　説

ア．不適切。RFPに先立ち作成するRFIの発行先は、候補となるITベンダーだけでなく、自治体、大学、業界団体など広範囲であり、幅広く適切な情報を収集する。

イ．不適切。選定評価基準は、専門用語を極力少なくしてわかりやすくするとともに、評価基準を具体化するため、可能な限り定量的に評価できるようにする。

ウ．不適切。1つのシステム開発を1度に1社に委託することは必ずしも得策ではない。要求定義が不明確な場合には、外部設計まではコンサルタント能力のある企業に、内部設計以降は開発技術力のある企業に分けて発注することも考えられる。

エ．不適切。調達先選定結果は、社内での承認を得るとともに、選定から漏れたITベンダーに対しても評価項目、選定基準、選定結果、理由を迅速に報告する。このことが透明性の高い調達を行う上で重要である。

オ．適切。米国カーネギーメロン大学のSEI（Software Engineering Institute：ソフトウェア工学研究所）が開発した組織の能力成熟度レベルを評価する能力成熟度モデル統合CMMI（Capability Maturity Model Integration）がある。

CMMIは、能力成熟度モデルの1つであり、システム開発を行う組織がプロセス改善を行うためのガイドラインであり、また、組織のソフトウェア開発の成熟度を検証できるようにすることを意図しており、アウトソーシングもしくはソフトウェア開発を外注する際に重要なツールとなっている。

CMMIは、プロセスの評価や改善を進めるための枠組み・ツールであり、段階表現と連続表現の２つの表現方法がある。段階表現では、組織の実施プロセスを評価し、レベル１からレベル５までの５段階の成熟度レベルを（組織に対して）出すことができる。連続表現では、プロセスごとにレベルをつけることができ、能力度レベルという名で呼ばれる。段階表現でも連続表現でもレベルの概念は同じであるとされているが、能力度レベルには、成熟度レベルにはないレベル０が存在する。また、v1.3以降、能力度レベル４、５は廃止された。

●参考文献

・IT用語辞典e-words「CMMI」

・CMMI-DEV-V1.3-Japanese. pdf（開発のためのCMMI® 1.3 版）
　ソフトウェアエンジニアリングプロセス管理プログラム

・柳田礼子他「CMMI成熟度レベル別に見たソフトウェア品質の良否にかかわる要因の複合的分析」SEC journal第13巻１号　2017

8●契約

問題 85. 解答

正　解　イ

ポイント

・本問は、著作権法及びクリエイティブ・コモンズ・ライセンスに関する実務知識を問う問題である。

解　説

ア．適切。これは、著作者人格権（同一性保持権）（第20条）の侵害に当たるので、資料内容の頒布の禁止、既に頒布された資料の回収、慰謝料の請求、謝罪広告の掲載などを求めることができる。著作権法第113条では、著作者の名誉・声望（著作者の品位・社会的信用・声価）を害する行為は、著作者人格権の侵害に当たる行為としている。なお、著作者人格権には、公表権（第18条）、氏名表示権（第19条）、同一性保持権（第20条）がある。

イ．不適切。販促イベントの一部としてDVD上映が組み込まれているので、著作権者の了解が必要である。DVD上映については、「営利を目的としない」、「聴衆から料金を徴収しない」の2つの条件をすべて満たしたときは、著作権者の了解なしに上映できる（第38条第1項）が、設問の場合は、セミナーそのものは無料であっても、アプリケーションソフトの販売促進イベントの一環としてセミナーが開催されているため、対価性があるとみなされ、上記の条件に合致せず、著作権者の了解を取る必要がある。

ウ．適切。著作権で保護されるのは表現そのものなので、業務改善手法がまったく別の文章で解説されている場合は、著作権侵害には当たらない。なお、業務改善手法というアイデアは著作権では保護できないので、特許法や実用新案法で保護する必要がある。

エ．適切。「自由利用マーク」は、著作者が自分の著作物を、ある一定の条件下で他人による自由な利用を認める場合に、その意思を表示するための、日本の文化庁が制定するマーク。しかし、平成25（2013）年以降その使用が推奨されていない。代わりに文化庁からはクリエイティブ・コモンズマー

ク（CCマーク）の使用が推奨されている。クリエイティブ・コモンズラ
イセンスでは、著作権者の表示、非営利目的の利用限定、改変の制限、派
生物に対するライセンスの継承の4項目があり、作品の制作者はこれらの
条件の採否を選択し、その作品を利用する者はそれに従う形をとる。具体
的には下記の「表：クリエイティブ・コモンズ・ライセンスとマーク」の
とおりである。

オ．適切。著作権は、著作物を創作した時点で自動的に発生するので、文化
庁への登録などの手続は一切必要ない（第17条）。

表：クリエイティブ・コモンズ・ライセンスとマーク

（アイコン：人）	表示 （Attribution、BY）	作品を複製、頒布、展示、実演を行うに当たり、著作権者の表示を要求する。
（アイコン：$）	非営利 （Noncommercial、NC）	作品を複製、頒布、展示、実演を行うに当たり、非営利目的での利用に限定する。
（アイコン：=）	改変禁止 （No Derivative Works、ND）	作品を複製、頒布、展示、実演を行うに当たり、いかなる改変も禁止する。
（アイコン：継承）	継承 （Share Alike、SA）	クリエイティブ・コモンズのライセンスが付与された作品を改変・変形・加工してできた作品についても、元になった作品のライセンスを継承させた上で頒布を認める。

2.0以降のバージョンでは「表示」を採用することが必須条件となる。したがっ
て、実際にあり得る組み合わせは次の6通りで、コピーライト（法律で定め
られているすべての権利の保持）からパブリックドメイン（すべての権利の
放棄）の間に位置する、強さの異なる6つのライセンスを用意している。

・表示（CC BY）

・表示－改変禁止（CC BY-ND）

・表示－継承（CC BY-SA）

・表示－非営利（CC BY-NC）

・表示－非営利－改変禁止（CC BY-NC-ND）

・表示－非営利－継承（CC BY-NC-SA）

●参考文献

・加戸守行「著作権法逐条講義」公益社団法人著作権情報センター

・クリエイティブ・コモンズ・ジャパン「ライセンス・マーク名称の変更について」
　2006年11月29日（ウェブサイト）

問題 **86** 解答　　　　　　　　　　　　　　　　　　　H29前

正　解　　オ

ポイント

・本問は、情報システムの導入・開発・運用に当たって必要となる請負契約、
　派遣契約、準委任契約、調達行為などの契約交渉と契約事項に関する基本
　知識を問う問題である。

解　説

ア．適切。請負契約の留意点として正しい説明である。

イ．適切。指定された仕様書やSLA（Service Level Agreement）を遵守す
　ることを契約書に明記し、同文書が契約書と一体のものであり、同等の効
　力があることを確実にすればよい。仕様書が別紙の形で提示されていても
　問題ない。

ウ．適切。調達行為の発注・検収・支払の条件設定時の留意事項として正し
　い。

エ．適切。準委任契約の留意点として正しい説明である。

オ．不適切。派遣契約では契約書の中に指揮命令者の明記が必須であり、そ
　の人以外は指揮命令できない。

●参考文献

・「ITCプロセスガイドライン（Ver.3.0)」ITコーディネータ協会　2016

問題
87 解答

H28前

正　解　　ウ

ポイント

・本問は、製造業におけるIT活用の目的を理解しているかを問う問題である。

解　説

ア．適切。

　CAD＝Computer Aided Design

　　コンピュータを用いて設計をすること、あるいはコンピュータによる設計支援ツール。

　CAE＝Computer Aided Engineering

　　コンピュータ技術を活用して製品の設計、製造や工程設計の事前検討の支援を行うこと、またはそれを行うツール。

　CAM＝Computer Aided Manufacturing

　　製品の製造を行うために、CADで作成された形状データを入力データとして、加工用のNCプログラム作成などの生産準備全般をコンピュータ上で行うためのシステム。

イ．適切。MRP＝Material Requirements Planning（資材所要量計画）。資材管理で生産を計画する手法のこと。その概念を発展させて、資材以外の人員、設備など製造に必要なすべての資源を管理する仕組みをMRP 2という。

ウ．不適切。ABC（活動基準原価計算）は、原価計算・管理会計において製造間接費を管理する手法で間接費用を適切に配分することによって、製品原価の低減を図ることに用いられる。後により包括的な活動基準経営管理（ABM＝Activity Based Manegement）に拡張された。

エ．適切。SCM＝Supply Chain Management（供給連鎖管理）。SCMとは、物流システムをある1つの企業の内部に限定することなく、複数の企業間

で統合的な物流システムを構築し、経営の成果を高めるためのマネジメント手法である。

オ．適切。TOC（制約条件の理論）は、主にサプライチェーン・マネジメントで用いられる理論の1つである。物理学者であるエリヤフ・ゴールドラットが1984年に執筆、出版した小説『ザ・ゴール』で理論体系が公開された。当初のアイデアはスケジューリングであったが、最近は経営改善にも活用されている手法である。

●参考文献
・木暮仁「Web教材『製造業の情報システム』」日本TOC推進協議会資料

 問題 **88** 解答　　　　　　　　H27後

正 解　オ

ポイント
・本問は、原価計算／管理会計において製造間接費を管理する方法である「活動基準原価計算（ABC＝Activity Based Costing）」を理解しているかを問う問題である。

解 説
・コストセンター「企画部」、「購買部」、「品質管理部」に割り振られたリソースコストに各コストセンターでのアクティビティコストを加味して、A製品、B製品についての間接原価を算出すると、A製品：560千円／月、B製品：440千円／月となる。アクティビティごとに原価を計算するため、出荷数量比は無視する。

A製品

製品企画	$500 \times 30 / (30 + 20)$	300
部品調達	$200 \times 4 / (4 + 6)$	80
出荷検査	$300 \times 6 / (6 + 4)$	180
（間接費計）		560

B製品

製品企画	500×20 ／ （30＋20）	200
部品調達	200×6 ／ （4＋6）	120
出荷検査	300×4 ／ （6＋4）	120
（間接費計）		440

ア．不適切。製品企画時間ベースのみで計算したときの製品A：1,000×30/（30＋20）。

イ．不適切。半分に按分もしくは製品企画の間接費をそのまま採用したケース。

ウ．不適切。出荷数数量ベースで計算したときの製品B：1,000×45,000/（55,000＋45,000）。

エ．不適切。計算ミス。製品調達と検査時間の按分を誤って適用。
製品B：500×20/（30＋20）＋200×4／（6＋4）＋300×6／（4＋6）。

オ．適切。製品A：560千円/月、製品B：440千円/月。

●参考文献
・三好康之「ITエンジニアのための【業務知識】がわかる本 第5版」翔泳社　2018

2● 物流業務

問題 **89** 解答

正　解　エ

ポイント

・本問は、在庫管理システムに関連して在庫管理の基本的知識を問う問題である。

解　説

ア．適切。在庫管理対象として知っておかなければならない基本的事項である。

イ．適切。在庫引当機能としての基本事項である。

ウ．適切。商品・資材の点数が多い場合、すべての商品・資材を同一基準で管理するのではなく、ABC分析などにより商品・資材のグルーピングを行い、グループ単位に管理方法を変えることである。

エ．不適切。在庫管理の最大のポイントは在庫数量ではなく、在庫金額が最も重要なポイントである。1円の部品と10,000円の部品では管理の重要度が異なる。在庫回転率などの管理指標も金額で計算されることが多い。

オ．適切。在庫品の実地棚卸についての基本事項である。

問題 **90** 解答　　　　　　　　　　　　　　　　　　　　　　H27前

正　解　オ

ポイント

・物流分野の企業間電子商取引における国内統一の物流EDI標準「JTRN」は、平成8（1996）年にJTRN-1A版を開発して以来、改良を重ね、平成20（2008）年に最新版のJTRN-3C版を開発し、現在では多くの物流事業者ならびに荷主企業に利用されている。

　一方、インターネット時代を迎え、EDIネットワーク基盤も専用線や

VANからインターネットに移行され、緊密な企業間電子商取引が必要とされる企業間コラボレーションを実現するためにWeb-EDIが広く利用されつつあるが、各社独自のEDI使用や人手操作などの課題も生じている。

このような状況に鑑み、日本物流団体連合会　物流EDIセンターは、平成18（2006）年にインターネット利用を前提とした次世代の物流EDI標準である「物流XML/EDI標準」Ver01-01を開発した。以来、改良を重ね、平成26（2014）年に「物流XML/EDI標準」Ver02-03を開発し現在に至っている。

従来型「JTRN」はバッチ型プロセスを主たる対象としているが、企業間コラボレーションの進展とともに、インターネット利用のインタラクティブ型〈対話型〉プロセスだけでなく、バッチ型プロセスも徐々に「JTRN」から「XML/EDI標準」に移行している。

また、「XML/EDI標準」では国内物流EDI標準（CII）と国際物流EDI標準（EDIFACT）の基盤の統一化が図れる。

・本問は、物流EDI標準「JTRN」と「物流XML/EDI標準」についての知識と理解を問う問題である。

(解　説)

ア．適切。XMLではデータ項目ごとにXMLタグという識別子が付くので、データ項目はどの位置にあっても識別でき、メッセージの標準化が可能になる。

イ．適切。「XML/EDI標準」はインターネットを介したEDIのため、従来のバッチ型EDIのほかに、対話型EDIが可能になり、EDI化の対象プロセスが拡大する。

ウ．適切。「XML/EDI標準」のインターネット利用によるメリットについて記述している。

エ．適切。標準化レベル向上に伴う方向性とそのメリットについて記述している。

オ．不適切。「JTRN」では国際標準に準拠していなかったため、国内物流と国際物流の2本立てであったが、「XML/EDI標準」は国際標準のebXMLに準拠しているため、国内物流、国際物流とも同一のEDI環境に統一することが可能となる。

●参考文献

・解説「わかりやすいXML/EDI」第1回「なぜXML/EDIが必要か」一般社団法人日本物流団体連合会物流EDIセンター（Webサイト）

・「物流XML/EDI標準」Ver02-03　一般社団法人日本物流団体連合会物流EDIセンター　2014

・「物流EDI標準JTRN（3C版）国内物流EDI編」物流EDI推進委員会（LEDIC）　2008

 問題 91 解答

正　解　ア

ポイント

・本問は、小売業に関する業務とそれを支えるシステムの基本機能を正しく理解しているかを問う問題である。

解　説

ア．不適切。POS（販売時点情報管理）システムでは、商品情報だけでなく、従業員や顧客情報も管理することができる。

イ．適切。販売システムには、受注管理、売上管理、売掛金管理が含まれ、仕入システムには、発注管理、仕入管理、買掛金管理が含まれる。

ウ．適切。DPP（直接製品利益）は、商品単品単位で利益を把握する概念で、リベート収入を考慮した修正後粗利益から、DPC（直接製品コスト：配送コスト、荷役コスト、物流センターコスト等）を控除したものである。

エ．適切。在庫管理の主要な機能として、入出庫の管理がある。製品が完成する、あるいは商品を仕入すると入庫の処理を行う。製品が販売され倉庫から出るとき、あるいは商品が販売されたときに出庫の処理を行う。

オ．適切。小売業にとって重要な顧客管理の機能は、顧客の属性情報や購買履歴の管理だけでなく、それら情報を利用してプロモーション活動に向けた分析も重要な機能である。

解答

H29前

正 解 ア

ポイント

・製造会社においては、在庫削減、生産性向上等を目標に、ある製造工程を協力会社に委託するケースが多く見受けられる。

・本問は、自社工場と協力会社間をインターネットでつなぐ製造報告・在庫管理システムを自社開発する際のポイントを問う問題である。

解 説

ア．不適切。滞留在庫削減のためには、製造加工の工程番号は、その作業後に在庫が滞留するか否かを基準に付番する。すなわち、同一工程で複数の機械を使用する場合でも、在庫が滞留しない場合は、機械別に工程を分け投入・産出量を報告する必要はない。ただし、機械稼働時間、停止時間などの時間情報は同一工程内でも機械別に報告するのが一般的である。また細分化により、B社に不要な報告を課すことになり、作業の生産性向上に反する施策になる。

イ．適切。トレーサビリティの向上のためには、ロット番号の付与とその管理、ロットトレースは非常に重要な機能である。

ウ．適切。製品番号、ロット番号等のバーコード化とバーコードラベル、バーコードリーダーの導入は、手書き作業、手入力を削減し、かつデータの精度を高める。結果として、製造現場の生産性の向上につながる。

エ．適切。作業終了の都度、現場ターミナルから作業報告することは、データのリアルタイム更新につながり、そこから得られるデータの分析の質が飛躍的に高まり、在庫削減、トレーサビリティの向上につながる。

オ．適切。在庫量と在庫の滞留期間の可視化により、A社からの加工指示（発注）は適正化され、B社に滞留する在庫量の低減（在庫回転率の向上）につながる。

問題
93 解答

H29後

ポイント

・本問は、アプリケーション選定と活用における、生産、マーケティング、物流などのプライマリー部門と人事、総務、経理、財務、情報システムなどのサポート部門との考え方の違いを問う問題である。

解　説

ア．不適切。パッケージソフトの選定において、BtoB型か、BtoC型かによってソフト選択の考え方が大きく異なり、また、販売形態が製造販売型か、商品仕入販売型かによっても考え方が異なり、その点を考慮する必要がある。

イ．不適切。SaaSでは、個々の利用者は必要なソフトウェアやその機能を必要なときだけ（オンデマンドに）利用でき、その機能に対してのみ利用実績に応じて料金を支払う。

必要な機能を利用者がダウンロードして自身のコンピュータに導入（インストール）する方式のものと、サーバー上で動作するソフトウェアの機能をネットワークを介してオンラインで利用する方式がある。近年では後者の形態が多くなっている。

通常のソフトウェアは、あらゆる利用者にとって必要な機能をすべてまとめ、すべての利用者に同じ機能を提供するようになっている。このようなソフトウェアは、ある一人の利用者にとっては、あまり必要のない機能が多く搭載された冗長なものとなってしまい、必要のない機能に対しても料金を支払っていることになる。そこで、個々の利用者が本当に必要な機能のみをオンデマンドに利用でき、その機能に対してのみ支払いをするSaaSという考え方が登場した。

ウ．適切。流通部門では、3PLという概念を持つ外部物流企業に、製品や商品の保管や物流業務だけでなく、マーケティングの観点を加味しデータの管理も委託するケースが増えている。

エ．不適切。近年、中小企業ではERPの早期導入を目標に全事業所及び全業

務に一度に導入する事例も見られるが、大企業へのERPの導入に際しては、一部の事業所あるいは業務から無理なくスタートさせ、初期の導入段階でその投資効果を確認しつつ次のステップに進む方法を取る事例が多い。小規模な部分からスタートし、常に全体最適のプランを頭に置きながら、最終的にはERPの特徴を生かした全体最適な姿に発展させていく。

オ．不適切。企業活動の根幹である、生産、マーケティング、物流のシステム開発を外部に委託する内容は、自社の経営戦略や経営方針と適合し、情報化の基本戦略と一致していることが大原則であり、このことを徹底することが重要である。このシステム開発を担う外部委託先としては、開発コスト面の優位性より、その分野での人的能力、実績、技術面で優位性のある回答を提示してくれる提案を選択する。

●参考文献

・IT用語辞典e-Words「SaaS」
・山谷正己「図解でわかるSaaSのすべて」オーム社　2009

6●統合管理

 問題 94 解答

正　解　　エ

ポイント

・本問は、ERPパッケージの導入に関して、プロジェクト発足から本稼働に至るプロセスについての理解を問う問題である。

解　説

ア．不適切。組織に関する記述がないので、特段誤りとも言えないが、事例文に、「全社最適を目指すシステム基盤構築のため」との記述があるので、情報システム部門長よりも、組織全体最適の視点から経営課題をみることができる経営企画部門長などがより適任と言える。「エ」が正しいので、消去法で不可となる。

イ．不適切。As-Isモデルに時間をより多く割くのか、それともTo-Beモデルに時間を割くのかは、それぞれメリット・デメリットがあるが、事例文に「戦略的視点でERPパッケージを導入する」との記述があるので、To-Beの作成により多くの時間を費やす必要がある。

ウ．不適切。パッケージの機能が増えれば増えるほど、自社に適応できるかどうかの検証作業も増え、また当該機能を使うためのライセンス費用も増えることになり、コスト削減につながるものではない。

エ．適切。テスト工程は、①開発者主体のテスト、②利用者主体のテストに分けられる。開発者主体のテストは、「単体テスト」、「結合テスト」、利用者主体のテストは、「検収テスト（承認テスト）」、「運用テスト」がある。なお、総合テストは、開発者主体で実施されるが利用者も担当する。

オ．不適切。カスタマイズニーズへの対応によるシステム導入の遅延リスクもあるが、それが一番とは言い切れない。生産管理システムは、企業独自の機能も多く、またITに不慣れな従業員（非正規従業員など）が操作する局面が多いので、パッケージ利用の同意を得るのに多くの時間を要するリスクやユーザー教育の負荷が増大するリスクを挙げることができる。

問題 **95** 解答

H29後

ポイント

・ソフトウェア工学において、SOA（Service Oriented Architecture：サービス指向アーキテクチャー）とは、大規模なコンピュータシステムを構築する際の概念あるいは手法の1つ。業務上の一処理に相当するソフトウェアの機能をサービスと見立て、そのサービスをネットワーク上で連携させてシステムの全体を構築していくことを指す言葉である。業務処理の変化をシステムの変更に素早く反映させたいという需要に応えうるものとして、2004年頃からIT業界において注目を集めている。クラウド・コンピューティングの台頭とともに、その必要性が再認識されるようになってきている。

・本問は、SOAを取り入れたERPパッケージのサービス化についての知識を問う問題である。

解　説

ア．適切。サービス単位に導入できるのがSOA対応型の特徴である。

イ．適切。既存システムとSOA対応ERPパッケージのサービスを組み合わせて使うこともできるので、アドオンがなくても自社固有業務を実現できる可能性はある。

ウ．適切。パラメーターの設定は従来型と同様に必要であり、機能は熟知しておくことが重要である。

エ．適切。サービスの単位には明確な規格がないため、ベンダーごとに異なっていると言われている。利用したいサービスを探すのが容易でない、という調査結果もある（SOA対応ERPパッケージで実現するコンポジットアプリケーション開発）。

オ．不適切。ERPパッケージ側のサービスだけでなく、連携する他システムもサービスとして管理することで、インターフェースが規定されるため、バージョンアップが発生してもシステム間のインターフェースをゼロから作り直す必要はなくなる。

●参考文献

・日経コンピュータ　2009年8月5日号
・曽根秀明「ITソリューションフロンティア」2010年8月号　野村総合研究所

8● ビジネスのデジタル化 テキスト第4章第4節

問題 **96** 解答 H28後

正 解 オ

ポイント

・eラーニングシステムの概要

eラーニングシステムとは、eラーニングを実施するための情報システムであり、大まかには、「教材・学習材」と「学習管理システム」（LMS：Learning Management System）から構成されている。なお、システムを含まない「eラーニング」という用語単独でも、eラーニングのための情報システムを意味することもある。

eラーニングシステムの利用者には、「学習者」と「教師」が想定されており、学習者用の機能と、教師用の機能は異なっている。また、多くのeラーニングシステムには、eラーニングシステムの「システム管理者」（システムアドミニストレータ）が置かれ、システム管理者によって、学習活動・教育活動に対する支援が行われる場合もある。

eラーニングシステムに最低限必要な要素は、「教材・学習材」と学習者であり、eラーニングの専用システムとしてはiStudyに代表される自習システムにみることができる。専用システムではなくWorld Wide Webの技術を使用したものは、WBT（web-based training）と呼ばれることもある。自習システムの特殊な例として、コンピュータソフトウェアのチュートリアル機能が挙げられる。チュートリアルは、画面の指示に従って操作などをしながら、ソフトウェアの使い方が学習できることを意図して作成されているものである。チュートリアル機能は、ソフトウェアの機能の1つとして付随している場合がある。

・コンテンツ共有のための規格

コンテンツ共有のための規格とは、異なる学習管理システム間においても同一の教材・学習材などを利用するための規格である。代表的な規格として、SCORM（Shareable Content Object Reference Model）がある。

教材・学習材のコンテンツは、学習管理システムが規定する方式に従って作成されるが、学習管理システムは、無料のものも含め多数開発され、規格の乱立が懸念された。

SCORMは、異なる学習管理システム間においても教材・学習材が共通に使えることを目指して、規格の乱立を防ぐ目的で定められた。しかしながら、SCORM自体の仕様の複雑さから、一般の教師が簡単にSCORMに合致した教材・学習材を作ることは困難であるという矛盾も抱えている。

・オーサリングツール

オーサリングツール（Authoring Tool）は主にプログラムを書かないでソフトウェア作品を作るためのアプリケーションソフトウェアである。ただし、必要に応じて補助的なプログラムを書くことができるものが多い。グラフィックツール、音楽ツール（DTM系）、出版系（DTP用）、ウェブサイト制作や運営管理に用いるWebオーサリングツール、ゲームやスライドショーなどの制作に用いるマルチメディア系、DVDソフトの制作用などがある。

・本問は、eラーニングシステムを正しく理解しているかを問う問題である。

（　解　説　）

ア．適切。オーサリングとは、文字や画像、音声、動画といったデータを編集して一本のソフトウェアを作ることであり、そのためのツールをオーサリングツールという。

イ．適切。LMSの主な機能には、学習者の進捗・成績管理、教材の配信管理以外にも、受講管理などがある。

ウ．適切。最近は、SCORMというデファクト・スタンダード規格を採用するLMSが増えている。

エ．適切。eラーニングシステムには、システム操作を疑似体験する教材を自動的に作成することができるソフトもある。

オ．不適切。既に掲示板やチャット機能をサポートし、講師や受講者同士がコミュニケーションを図りながら学習するeラーニングシステムがある。

●参考文献

・経済産業省商務情報政策局情報処理振興課 編「eラーニング白書」2004／2005年版、2005／2006年版　オーム社、2006年以降　東京電機大学出版局

・先進学習基盤協議会（ALIC）編著『eラーニングが創る近未来教育』オーム社、2003
・荒木浩二「実践eラーニング」毎日新聞社　2002

 解答

正　解　オ

ポイント

・本問は、ナレッジマネジメントの基礎知識を問う問題である。

解　説

ア．適切。ナレッジマネジメントは、企業活動の中で得たナレッジを組織全
　体で共有し活用する経営手法で、個人のもつ暗黙知を形式知に変換するこ
　とにより、知識の明確化と共有化を図り、作業の効率化や新たな発見を容
　易にしようとするマネジメント手法である。組織によって創造される知識
　は集合知と呼ばれ、そのマネジメント手法に注目が集まっている。

イ．適切。知識には、文書などに表現されている「形式知」と文書化が困難
　な「暗黙知」がある。

ウ．適切。野中郁次郎氏が提唱した知識創造理論に基づく４つのフェーズの
　こと。知識には暗黙知と形式知の２つがあり、それを個人・集団・組織の
　間で、相互に絶え間なく変換・移転することによって新たな知識が創造さ
　れると考える。こうした暗黙知と形式知の交換と知識移転のプロセスを示
　すのが、SECIモデルである。SECIモデルには、以下の４つのプロセスが
　ある。

　（１）報告会や勉強会などで暗黙知を暗黙知のまま獲得する「共同化」、（２）
　暗黙知を形式知へと変換して共有化する「表出化」、（３）組織として既存
　の形式知を結合して、さらに新しい形式知を生む「連結化」、（４）組織で
　共有した形式知を個人で消化して自分自身の暗黙知とする「内面化」であ
　る。

エ．適切。個人が持つ知識や情報を組織全体で共有し、有効に活用するため
　の情報技術として、電子掲示板、電子メール、グループウェア、組織内ビ
　ジネスブログなどが用いられる。

オ．不適切。ナレッジマネジメントの導入では、組織戦略上の明確な課題、

目的を設定することが重要である。また情報技術の選択導入だけでは十分ではなく、ナレッジ重視の社風、暗黙知の出しやすい企業文化や環境を整備するプロセスの変革、経営トップ及び組織構成員一人ひとりの主体的関与が不可欠である。漠然とした目的、IT偏重での導入では成功しない。

●参考文献
・アーサーアンダーセンビジネスコンサルティング「ナレッジマネジメント－実践のためのベストプラクティス」東洋経済新報社　1999
・眞田光昭「ナレッジマネジメント　弦巻ナレッジネットワーク」
・懸山聡「シックスシグマ＆ナレッジマネジメントによる学習する組織への変革」リアルコム社
・野中郁次郎、竹内弘高、梅本勝博（訳）「知識創造企業」東洋経済新報社　1996

9●調達における情報セキュリティ　　テキスト第4章第4節

問題 **98**　解答　　　　　　　　　　H27後

正　解　ア

ポイント

・本問は、クラウド・コンピューティングについての知識を問う問題である。

解　説

ア．適切。パブリッククラウドとは、クラウド・コンピューティングの概念が登場した当初の一般的なサービス形態であり、インターネットを介して不特定多数を対象に提供されるクラウドサービスのことである。

イ．不適切。ハウジングとは、利用者が自社で所有する機器を委託先のデータセンターに預けて運用する形態である。HaaS（hardware as a service）は従来型のホスティングサービスと異なり、仮想化技術を活用して仮想インフラを提供するもので、ハウジングとはまったく別ものである。

ウ．不適切。IaaS（Infrastructure as a Service）は回線や機器等の基盤（インフラ）のサービスであるのに対して、PaaS（Platform as a Service）はアプリケーションが動作するミドルウェア等を含む基盤（プラットフォーム）のサービスを指すので、両者は同義ではない。本文中の説明はPaaSの説明文である。

エ．不適切。SaaS（software as a service）とASPは、サーバーに導入したアプリケーションを、インターネット経由で多数のユーザーがオンデマンドでサービスとして利用する、という形態は同じである。したがって、ユーザー側から見ると、表面的にはほとんど違いを感じない。しかし、プロバイダー側から見ると、アプリケーションの提供の仕方、カスタマイズ、他アプリケーションとの相互運用などについて、違いがある。

オ．不適切。オンプレミスとは、企業の業務システム等で、自社で用意した設備でソフトウェア等を導入・利用することである。もともとこのような形態が一般的だったため特に名称はなかったが、近年、インターネット等を通じてメーカー等が用意した環境を遠隔利用するクラウド・コンピュー

ティングやSaas/Paas等が普及してきたため、これらと対比する文脈で従来の方式を意味する用語として広まった。特定のユーザー（企業）が利用することを前提に構築・運用されるクラウドサービスはプライベートクラウドの説明であるが、料金体系は定額とは限らない。

●参考文献
・「@IT情報マネジメント用語辞典」アイティメディア株式会社
・IT用語辞典e-Words
・山谷正己「図解でわかるSaaSのすべて」オーム社　2009
・ITmediaエンタープライズ「クラウド・ビフォアフター」（webサイト）
・独立行政法人情報処理推進機構「NISTによるクラウドコンピューティングの定義」

10●調達におけるIT技術の評価・選択 <small>テキスト第4章第4節</small>

 問題 **99** 解答 <small>H29後</small>

正　解　イ

ポイント

・本問は、システムの外部開発（共同開発を含む）を選定するに当たり、その判断基準とすべき事項について正しく理解しているかどうかを問う問題である。

解　説

ア．不適切。ITベンダー（外部）へ委託すべきものとして、比較的付加価値の少ないものが挙げられるが、逆に技術的に一般的なものは社内での技術水準でも対応できると思われる。このケースでは納期の制約も厳しくないため、組織全体の方針や自社要員の育成等、他の要素も含めて考えるべきである。

イ．適切。外部開発（共同開発を含む）の選定理由として、自社で経験していない新しい技術を使用する場合、最新の情報技術を取り入れることができることがメリットとして挙げられる。

ウ．不適切。単に生産性だけで比較するのではなく、ライフサイクルコストで判断する必要がある。外部開発する場合のプログラム単価や、保守等の後工程におけるコストを考慮することが必要である。

エ．不適切。自社開発は、他社との競争優位性を発揮できるようなシステムを開発することにより独自性を発揮できる。また、内部で開発すべきシステムとしては、自社でのノウハウに属するもの、高度な品質を要するものがある。自社開発における技術水準等から、必ずしもこれが実践できる場合だけではないが、自社のコアコンピタンスに関するものは外部への委託（共同開発含む）はしないほうが適切である。

オ．不適切。外部に委託する場合のポイントとして、外部委託先の選定に当たっては可能な限り広い選択肢を求め、経営者や担当者との個人的なつながり等、人的あるいは営業取引関係などの要素を極力排除し、真に技術的、

経済的に優位性のある回答を提示してくれる提案を選択する。また、単価の安さだけで選定するのではなく、成果物の品質や、保守工程まで含めたライフサイクルコストを考慮すべきなのは当然である。

問題100 解答

正解 イ

ポイント

・情報システムの調達方法は、自社開発、開発委託、パッケージソフトの購入、ASP、Saas等多様化している。社外からの調達の準備としてRFI（情報提供依頼書）、RFP（提案依頼書）の発行がある。

・本問は、調達の基本事項についての知識を問う問題である。

解説

ア．適切。調達しようという情報システムに関連してどんな情報が有効なのか等を考えておかないと、役に立たない膨大な情報に振り回されるケースも生じる。

イ．不適切。評価基準は、可能な限り定量的に評価できるようにすること、そして評価項目ごとの重要度に応じた重みづけをシステムの特性を踏まえて、事前に設定しておくことが、公平かつ合理的に選定できるポイントである。

ウ．適切。情報システムは経営戦略実現のためなので、これとの整合性が重要である。

エ．適切。パッケージソフトウェアを既に導入し、自社開発と比較して、品質が安定し短期間で利用できるという評価をしている場合は、パッケージソフトも選択肢の1つである。

オ．適切。IT技術が進歩しても、次の更新までは動く必要がある。過大または不明確な要求はベンダー側でリスクを上積みした見積りをすることがある。

●参考文献

・ITコーディネータ協会「情報化資源調達の基本原則」

・経済産業省「システム管理基準」平成16年10月 8 日

ビジネス・キャリア®検定試験 過去問題集 解説付き

BUSINESS CAREER

経営情報システム 2級

● 情報化活用

経営情報システム **2級**
● 情報化活用

ビジネス・キャリア®検定試験
過去問題編

A●運用工程　＞　1●運用工程の概要

2●運用工程の役割
テキスト第1章第1節

問題
1

以下の＜事例＞において、システム変更作業に関する情報システム部や委託先の対応として不適切なものは、次のうちどれか。

＜事例＞

　A社の情報システム部は、自社の情報システムの企画・設計・開発・運用を担当している。設計・開発・運用・保守工程は、アウトソースするという方針が出され、実行に移されつつある。

［情報システム部の運営体制］

・情報システム部は、開発グループ（企画及びアプリケーションの保守を含む）と運用グループという体制であるが、繁忙期は双方のグループが互いに支援する。

［情報システムの運用］

・情報システムの運用及び運用中の業務システムの通常の保守は、ベンダーX社にアウトソースしている。

［新規開発・保守案件の対応状況］

・新規開発案件は、情報システム部の開発グループで対応可能な小規模案件を除き、設計から運用テスト工程を外部委託する。

・保守案件は、基本的にX社に委託するが、まだ一部は情報システム部の開発グループが担当している。

ア．利用部門から情報システム部へ依頼されるアプリケーションシステムの変更要求は、利用部門の責任者及び当該アプリケーションシステム主管部門の承認があることを条件とする。

イ．システム変更におけるテスト工程完了判断は、自社開発分、委託開発分のいずれの場合も、テスト結果が変更を依頼した利用部門から承認されることを条件としている。

ウ．システム変更依頼が同時期に多数あり、情報システム部、委託先X社ともに変更対応能力が不足する場合は、権限ある関係者との会議で優先度を決定し、決定された優先度に従い変更要求の対応を実施する。

エ．情報システム部でシステム変更作業を実施する場合は、変更作業、テスト、テスト結果確認、本番へのリリースまで一貫して同一担当者が行う。その場合のレビューを担当者のリーダーが行うことで、全体の作業効率向上と信頼性確保を図る。

オ．ベンダーに委託する変更案件は、ベンダーの開発責任者の管理下で、開発から運用テスト、最終承認を受けたのち、情報システム部に納入。情報システム部で検収し社内承認を受け、ベンダーの運用担当者によって本番環境へリリースされる。

解答● p.344

H26後

SLMを活用した運用サービスを導入中のA社は、SLA評価、分析に加え運用サービスの適切性、妥当性を点検するため、関連部門及び業務内容を定期的に監査している。監査計画時に考慮した重点項目に関する記述として最も不適切なものは、次のうちどれか。

ア．業務拡大に伴い、ヘルプデスクの利用が拡大し、対応するヘルプデスク要員も増員されているので、ヘルプデスク機能については重点監査項目とした。

イ．情報セキュリティ強化の観点からシンクライアントの導入を開始したので、先行導入部門の状況を重点監査項目とした。

ウ．運用サービスの向上に関連する部門の負荷が増大し、監査が煩雑になるため、重点監査項目を絞った。

エ．新規ソフトの導入、基本ソフトパッチ処理等に関わる不適合の頻度が若干増加傾向にあるため、変更管理機能を重点監査項目とした。

オ．前年度監査時に軽微な不適合が指摘された部門ではあるが、不具合事項の是正措置は適切に処理、報告されており結果も良好なので、今年度は重

点監査部門から外した。

解答 ● p.344

A●運用工程 ＞ 1●運用工程の概要

4●管理の対象　　　　　　　　　　　　　　　　テキスト第1章第1節

問題 **3**

H29後

システムの変更管理に関する記述として不適切なものは、次のうちどれか。

ア．ベンダーから届いた保守パッチを、テスト機で確認後、次週の保守点検日に運用機に反映予定としたが、IPA（独立行政法人情報処理推進機構）のJVN（Japan Vulnerability Notes）に脆弱性情報が公表されたので、緊急変更の承認を受け、当日夜間に反映することを決めた。

イ．業務ソフトウェアにおける「バグ修正や表示変更等の些細な修正」については、工程ごとに必要な上長のレビュー・承認、運用責任者の許可などを書面に残すことをルール化し、同一担当者が一連の工程を1人で担当した。

ウ．社内の情報共有サーバーをWebサイトのサーバーに転用する際に、搭載しているOSなどの基本ソフトウェアについては、社内システム担当から「機能的、操作的、性能的なアップデートを漏れなく取り込んできた」との説明があったので、そのまま転用可能と判断した。

エ．アンチウイルスベンダーから配布されたウイルス定義の反映については、クリティカルな業務への影響を防ぐために、一部のコンピュータにだけ反映して問題ないことを検証し、その後に、社内のコンピュータ全般に反映する方式を採用した。

オ．ハードウェア、機器の持出・持込、ソフトウェア、ライセンス、インストール等についての管理台帳と照合して、ソフトウェアのアップデート状況の棚卸しを定期的に実施した。

解答● p.346

問題
4

リリース管理に関する記述として不適切なものは、次のうちどれか。

ア．移行が安全かつ効率的に実行できることを本番稼働以前に検証する。

イ．ハードウェア、ソフトウェア等の他に、運用手順書や利用者マニュアルを検証する。

ウ．リリースに新規や追加変更された機能が含まれる場合、それらの機能の妥当性を検証する。

エ．リリースに含まれる複数の変更が相互に問題ないことを検証する。

オ．既存のシステムとリリースするシステムとの間で、問題が出ないかを検証する。

解答 ● p.347

5●運用の統制

問題
5

社内の情報システムの導入や運用にかかる費用の負担について、下表に示す3つの方式を比較したときの説明として適切なものは、次のうちどれか。

＜表＞

方式名	説明
一括計上方式	本社などの費用として一括計上する方式
単一基準方式	部門ごとに売上高や人員など単純な単一基準で費用を割り当てる方式
利用量基準方式	部門ごとに情報システムの利用量のデータに基づき費用を割り当てる方式

ア．一括計上方式は、他の方式に比べ利用部門のコスト意識を最も醸成しにくい。

イ．利用量基準方式は、他の方式に比べ情報システムの利用を促進する場合に最も適している。

ウ．単一基準方式は、他の方式に比べ負担額と情報システム利用量との関連が最も明確である。

エ．一括計上方式は、他の方式に比べ負担すべき総コストを精緻に見積もる必要がある。

オ．利用量基準方式は、他の方式に比べ負担額を算出する事務負担が最も少ない。

解答 ●p.348

間接費の部門への公正な配賦に関する記述として不適切なものは、次のうちどれか。

ア．テナント料、電力等のインフラ費用、清掃費用、その他オフィスにかかる費用は、占有スペースに応じて配賦する。

イ．会社の認知度やイメージを向上させるために行う広告宣伝にかかる費用は、売上高等に応じて配賦する。

ウ．コピー機、プリンタ等にかかる費用は、利用量に応じて配賦する。

エ．事業部門に属さない役員・職員の人件費は、総務部門の人件費に含め、総務部門の人件費の配賦に含めて配賦する。

オ．情報システムにかかる費用には、コンピュータ室の賃貸料、機器のリース料・保守費用等の定常費用と、アプリケーションシステムの導入費用等の一時費用があるが、課金管理の簡素化のため、全費用を1つの課金方式で配賦するのがよい。

解答 ●p.349

6● 参考となる基準や資料等
テキスト第1章第1節

問題 **7**

ITILにおけるシステムの変更及びリリースの管理の流れを示す以下の表で、空白に入る手順の組み合わせとして適切なものは、次のうちどれか。

＜変更管理＞	＜リリース管理＞
変更の受付	
変更の審議	
（　①　）	
変更の作成	
	（　③　）
	リリースの構築
	リリースのテスト
	リリースの投入計画
	リリースの配布・インストール
	（　④　）
（　②　）	

ア．①変更の承認　　　②変更のレビュー
　　③リリースの計画　④運用テスト
イ．①変更の計画　　　②変更後のテスト
　　③リリースの計画　④構成管理の更新
ウ．①変更の承認　　　②構成管理の更新
　　③変更の計画　　　④運用テスト
エ．①変更の計画　　　②変更のレビュー
　　③リリースの計画　④構成管理の更新
オ．①変更の承認　　　②変更後のテスト
　　③変更の計画　　　④構成管理の更新

解答 ● p.351

ITIL（Information Technology Infrastructure Library）に関する記述として最も適切なものは、次のうちどれか。

ア．変更管理では、情報システムを構成しているハードウェアやソフトウェアの名称、購入日、バージョン等を管理する。

イ．リリース管理では、すべての変更を変更要求（Request for Change）を用いて、記録・管理する。

ウ．要求実現では、サービスデスクで、各種問い合わせを受け付け、記録を一元管理するとともに、単純な要求には、受付と同時に対応もする。

エ．インシデント管理では、問題の根本原因を明確にし、恒久対策の変更要求を行う。

オ．問題管理では、ビジネス業務への悪影響を最小限にすることが目的である。

解答 ●p.352

2●IT資源の管理

テキスト第1章第2節

 問題 **9**

 H26前

IT資産・ITコスト管理に関する記述として不適切なものは、次のうちどれか。

ア．IT資産管理を円滑に行うためには、IT資産の運用方針・手続き・体制を確立することが重要である。

イ．IT資産管理では、ハードウェアやソフトウェアのみならず、設計書やマニュアル、契約書類、保守連絡先、インシデントの記録も管理対象となる。

ウ．開発・導入したシステムは、利用状況の把握に加え、事業を取り巻く内外の環境変化に対応すべく、適切な保守の実施、さらにはシステム自体を見直し再構築するなどの視点が重要である。

エ．IT資産管理の効率化、ITコスト最適化のためには、適切なベンダーを選定し、ベンダーと良好な関係を維持しつつ、長期間固定のコストで購入または運用していくような対策が求められる。

オ．ITは最終的には、ユーザーが有効に利用し、経営に貢献して初めて価値を持つものであるので、IT資産とそのコストに対する従業員の意識改革も重要である。

解答●p.355

 問題 **10**

 H26後

ソフトウェア資源管理の活動として最も不適切なものは、次のうちどれか。

ア．自社開発の業務ソフトウェアについて、業務に必要な機能が不足していることが利用開始後に判明したため、設計書から修正が必要なプログラムを特定し修正した。

イ．ソフトウェアのバージョンアップを行うために、当該ソフトウェアをインストールしているPCの台数を調べ、購入するライセンス数を検討した。

ウ．ソフトウェアのメーカーから、特定のバージョンについて脆弱性情報が提供されたが、社内への適用が必要かを判断するため、社内で利用されているバージョンを調査した。

エ．新たに購入したソフトウェアの使用許諾内容をライセンス証書で確認した。

オ．社内のPCに社内で認められていないソフトウェアがインストールされていないかを調査し対処するとともに、不適切なソフトウェアをインストールしないよう教育を行った。

解答 p.355

以下の＜事例＞の表（A）に入る達成イメージとして最も適切なものは、次のうちどれか。

＜事例＞

I 社では、ソフトウェア資産管理について見直すことにした。そこでソフトウェア資産管理の成熟度について、ISO/IEC 19770-1やCOBITを参考に5段階のレベルを設定し、当面の達成目標をレベル4の「定められた方針・規定・管理体制等に従って管理が実施されていることがモニタリングされている状態」とした。そして、管理項目と管理項目ごとの管理対象を整理し、管理対象ごとにレベル4の達成イメージを作成した。 次の表は、レベル4の達成イメージをまとめた表から「保有ライセンスの把握、証明」、「導入ソフトウェアの把握」について抜粋したものである。

（表）レベル4の達成イメージ［抜粋］

レベル4：定められた方針・規定・管理体制等に従って管理が実施されていることがモニタリングされている状態
管理項目：保有ライセンスの把握、証明
達成イメージ：利用しているソフトウェアが使用許諾を受けていることの証明と所有ライセンスの種類・数量の把握が行われている。
管理対象：ライセンスの異動情報を記録する仕組み
達成イメージ：　　　　　　　　　　（A）
管理対象：ライセンスの必要部材の適切な保管
達成イメージ：ライセンスの必要部材を保管する手続が実施されており、その内容の妥当性がチェックされている。発見された問題は適切に是正されている。
管理対象：保有ライセンスの管理状態の検証
達成イメージ：ライセンスの管理状態を検証する手続が実施され、手続に問題のないことが確認されている。正確性・網羅性、適時性、妥当性において発見された差異や問題に関する是正措置が実行されている。
管理項目：導入ソフトウェアの把握
達成イメージ：ハードウェア・ソフトウェアの物理的・論理的な在庫管理（インベントリ管理）が行われている。
管理対象：ハードウェア・ソフトウェアの異動情報を記録する仕組み
達成イメージ：ハードウェア・ソフトウェアの異動情報を記録する手続が実施され、発見された問題は適切に是正されている。
管理対象：ハードウェア・ソフトウェアの管理状態の検証
達成イメージ：ハードウェア・ソフトウェアの管理状態を検証する手続が実施され、手続に問題のないことが確認されている。正確性・網羅性、適時性、妥当性において発見された差異や問題に関する是正措置が実行されている。

ア．ライセンスの記録手続き等が、必要に応じて変更・改善されている。

イ．ライセンスの異動が適時に記録されており、その内容の妥当性がチェックされている。発見された問題は適切に是正されている。

ウ．ライセンスを記録する手続きが承認され、組織全体に周知され、問題なく運用されている。

エ．ライセンスの管理状態を検証する手続きが必要に応じて変更・改善されている。

オ．ハードウェア・ソフトウェアの異動情報を記録する手続きが実施され、
　　発見された問題は適切に是正されている。

解答 p.356

以下の＜事例＞において、改善に有効なネットワーク機器として最も適切な
ものは、次のうちどれか。

＜事例＞
　あるWebシステムにおいて、利用者の増加によりWebサーバーの処理量
が想定を超えたため、応答速度の低下などWebサーバーの障害が多発し可
用性が低下した。そこで、Webサーバーを1台から3台に増設し、処理を
適切に分散させることで可用性の改善を行うこととした。

ア．アクセススイッチ
イ．ロードバランサー
ウ．ディストリビューションスイッチ
エ．ルーター
オ．WAF（Web Application Firewall）

解答 p.357

サーバー室内の停電時の電源対策に関する記述として最も適切なものは、次
のうちどれか。

ア．電気供給の瞬断が許容されない機器に接続するUPSについて、常時イン
　　バーター方式ではないUPSを、常時インバーター方式のUPSに交換した。
イ．UPSから電源断検出を受信したときには、直ちに接続機器をシャットダ

ウンするようサーバーの電源管理ソフトに設定を行った。

ウ．UPSが停電からの電源回復を検知したときには、直ちに接続機器に電源を供給するようUPSに設定を行った。

エ．サーバー室内に設置しているプリンタについて、必要な電源容量を確認し、最低限の想定利用時間の利用が確保できるUPSに接続した。

オ．既設のUPSが所定の電源供給可能時間を満たしているか、購入時に実測した電源供給時間を確認し、電源供給可能時間が不足しているUPSの接続機器を減らした。

解答 ●p.359

問題 **14**

H29前

A社では、自社の建屋内に、業務システムに使用するサーバー等の機器を設置する専用の部屋や重要なデータ等を保管する部屋を用意し、運用を行っている。これら施設や設備の管理・運用に関する記述として最も不適切なものは、次のうちどれか。

ア．通電中のコンセントの火災やサーバー機器等精密機器の火災に備え、純水（霧状）消火器を用意した。

イ．停電発生時でも電力供給の瞬断が許容されない機器を接続する無停電電源装置については、常時インバーター方式を使用する。

ウ．ラック1本に搭載する機器の重量の合計について、上限を設けた。

エ．機密性の高い情報を保管した部屋の入退室管理装置に生体認証を用いることとしたが、なりすましを防止するために、本人拒否率を低くすることよりも他人受入率を低くすることを優先して装置の調整を行った。

オ．不審者のサーバー室への侵入を防止するために、サーバー室の入り口に、防犯カメラを目立たないように設置した。

解答 ●p.360

オフィスへの無線LAN導入に関する記述として不適切なものは、次のうちどれか。

ア．ケーブル配線が不要なので、パソコンの設置・移動が容易になり、オフィス内の美観が保たれる。

イ．壁や床などの障害物がある場合には、到達距離が制約されることなどのデメリットがある。

ウ．スマートフォンやタブレットなどの個人の携帯端末を接続して利用できる環境になる可能性もあるため、個人利用に対するルールを決め、周知徹底を図る必要がある。

エ．受信できる範囲であれば誰でも接続できること、通信内容を傍受されやすいことなど、無線LANのセキュリティ面での脆弱性に対応するため、SSIDを利用する。

オ．無線LANでは、アクセスポイントを介してコンピュータ同士が通信する方式が一般的であるが、コンピュータ同士で直接通信することも可能である。

解答 p.361

業務上ネットワーク負荷の上昇が見込まれたことから、ネットワーク強化の年度計画と予算化、期中におけるネットワーク更改の作業計画策定、計画に沿った実施の展開を行った。これらの計画・実施に関する記述として適切なものは、次のうちどれか。

ア．年度計画・予算化の際の経営者向け稟議書には、ベンダーの営業から受領した資料を多少アレンジして、稟議が通りやすいようにコストパフォーマンス、信頼性、保守サービスなどのメリットを中心に記載した。

イ．期中になりネットワーク更改実施時期が間近になったが、ベンダー見積りから半年以上経過していたので、最新のネットワーク機器で再見積りを依頼した。

ウ．変更内容を確認会議で承認してもらうことが必要なので、確認会議に、年度計画・予算化の際に経営者の稟議を得た資料をそのまま提出し、稟議済であるので承認していただきたい旨の言葉を添えた。

エ．変更の準備において、変更作業を行うベンダーから、同様なネットワーク更改の実績は何十件もあり、すべて問題なく完了しているとの言質を得たので、事前検証などは不要とした。

オ．変更の時期については、内々で決めた希望月に沿ってベンダーと日程調整をしたところ、その月は多忙月であり、ある週の日曜日しか空いていないということなので、その日に決定した。

解答 p.362

データセンターにおける節電対策に関する記述として不適切なものは、次のうちどれか。

ア．データセンターでは、使用する電力の多くがサーバー、プリンタ、ストレージ等のIT機器で消費されているため、節電はこれらIT機器について主に検討する。

イ．未使用にもかかわらず電源の投入されているサーバー、プリンタ、ストレージ等のIT機器の電源を完全に切る。

ウ．サーバー・ルームの機器ラックの配置などレイアウトを変更する等により、空調機から出る冷気の流れを改善して、冷却効率を上げる。

エ．サーバーやストレージのフィルタ清掃や筐体内のファン部分などの粉塵（ふんじん）の清掃を行う。

オ．電力管理系機能を持つOSや運用管理ソフトを導入し、ハードウェアの電力消費量の最適化を図る。

解答 p.363

A●運用工程　＞　3●運用管理（2）

1 ●ITサービスの提供

テキスト第1章第3節

問題 **18**

以下の＜事例＞において、課題に対する運用業務の改善策として最も不適切なものは、次のうちどれか。

＜事例＞

　X社では、過去に部門ごとの要求に基づいて個別システムを導入してきた経緯があり、現在、情報システム部門の中はシステムごとに運用チームが存在する。

　各チームの担当者はユーザーからの問い合わせに対応しながら、日々の運用業務を遂行している。そのためいったん障害が発生すると、問い合わせ対応と障害対応に追われてしまい、暫定的な処置で対応した結果、処置が一部分にとどまるなど適切でないことも多く、後になって同様の障害が再発することもしばしばである。そこで、情報システム部門では、これらの課題に対する運用業務の改善策を検討した。

ア．情報システム部門にサービスデスクを設けて、ユーザーからの問い合わせを一元化し、担当者が運用業務に専念できるようにする。

イ．トラブル対応に関する作業を、現実に起きた事象に対処するインシデント管理と、インシデントが起きた根本的な原因を特定し、その後のトラブルを未然に防止することを目的とした問題管理に分類する。

ウ．情報システム部門の中で、ソフトウェアの変更に関する手続きが統一されていなかったので、変更管理の手順を標準化し、すべての変更要件をCAB（Change Advisory Board：変更諮問委員会）の決定に基づいて実施することにする。

エ．構成管理の強化の一環として構成管理データベース（CMDB）を構築し、ネットワーク及びサーバーの仕様並びに搭載しているソフトウェアの情報を問題管理や変更管理でも参照できるようにする。

オ．ユーザー部門とSLAを締結し、その達成度をチェックすることによって、インシデント管理や変更管理などの業務の実施状況をモニタリングし、改善に役立てるようにする。

解答 p.365

H29前

情報システムの保守・運用業務について外部委託を実施する場合、その業務や目的によって留意する事項が違う。ア～オは外部委託する業務別に外部委託のリスクと対応策を説明している。対応が最も不適切なものは、次のうちどれか。

ア．業務システムの保守を外部の技術者に委託しているが、優秀で信頼できるので案件がその技術者に集中し、属人化することが懸念される。そのため、社内の技術者と担当領域を意識的にオーバーラップさせるようにしている。

イ．サーバーの運用（監視、オペレーション）を外部の技術者に委託しているが、慣れと気のゆるみでトラブルの発生が心配されるため、定期的に運用訓練と称して疑似トラブルシューティングなどを実施している。

ウ．専門家に任せることで効率UPとコスト削減をねらい、保守・運用業務を含む情報システム部門全体を一括外部委託するという経営判断があり、委託先も信頼できる大手ベンダーなので、ブラックボックス化のリスクを承知で外部委託を受け入れた。

エ．社内向けのヘルプデスクを、管理も含めて外部委託する準備をしているが、ヘルプデスク業務は組織的に実施する企業と個人的能力に依存する企業の格差が大きいので、事前に十分見定めることが必要である。

オ．全国に展開されているクライアントPCの購入時、その保守やデプロイメントサービスを購入先と契約したが、そのサービスレベルの実態は把握しにくいので年1回ユーザーアンケート調査を実施して、サービスレベルを管理する。

解答 p.366

2●オペレーションの管理

テキスト第1章第3節

以下の＜事例＞において、Ｘ社における基幹システム利用者のアクセス管理の改善策に関する記述として最も不適切なものは、次のうちどれか。

＜事例＞

　Ｘ社では金融商品取引法による内部統制報告制度に対応するため、基幹システムの利用者のアクセス管理について見直したところ、次のような問題点が挙がった。

・パスワードを忘れた利用者がシステム運用担当者に直接電話して、パスワードの初期化を依頼しているケースがあった。

・業務の一部に派遣社員を活用している部署で、すでに退職した社員のユーザーIDを使わせていた。また、ある部署では、グループIDを利用していた。

ア．パスワードの初期化をする手続きとして、申請者の本人確認の仕組みを導入する。

イ．運用担当者は、利用部門からの申請により新規に利用者IDを登録する場合、その申請がシステムの実務管理者の許可を得ていることを確認する。

ウ．利用者が別の組織に異動したり、組織から離れたりした場合、その部門は速やかに登録の変更または抹消の申請をする。

エ．運用部門は、一定期間利用実績のない利用者のIDを調査し、発見したときは速やかに抹消する。

オ．利用者のIDは個人を特定できるようにし、原則としてグループIDの使用は認めない。

解答●p.368

H28後

以下の＜事例＞において、夜間休日のマシン室オペレータ作業を可能な限り無人化するための施策として不適切なものは、次のうちどれか。

＜事例＞

　従業員60名の製造業Ｃ社の生産ラインは年間365日、１日24時間稼働である。生産ラインをサポートするコンピュータシステムも24時間稼働のため、情報システム部員は交代で夜間・休日の対応を行っている。しかし、夜間休日のマシン室オペレータ作業を可能な限り無人化し、情報システム部員による対応は保守作業や緊急時対応など、最小限のものに限るための施策を検討するよう指示を受けた。

ア．緊急時の連絡方法やエスカレーションルールなどを見直し、障害発生時の対応訓練を定期的に行うよう計画する。

イ．ジョブスケジューリングツールを導入して、ジョブ運行を自動化する。

ウ．運用設計の見直しに当たっては、混乱なく円滑に移行するために、できる限り現行の処理に変更を加えないようにする。

エ．プロセス監視ツールを導入して、プログラムの異常終了を検知した場合に、エラー対応処理を実行させる。

オ．ログファイル監視を行い、アラートログなどで障害には至らなかった内部的なエラーを検知し、障害未然防止の保守対応をする。

 解答 p.369

3●キャパシティ管理　テキスト第1章第3節

問題 **22**　　R1前

情報システムの運用に外部のサービスを利用する場合のキャパシティ管理について、委託者と受託者に関する記述として最も不適切なものは、次のうちどれか。

ア．運用業務のアウトソーシングでは、契約期間中にサービスレベルの前提に変更が生じた場合、受託者と委託者は変更の影響を確認し、ITサービスの応答時間などサービスレベルについて調整する。

イ．運用業務のアウトソーシングにおいて、機器の容量不足等に起因して新しい技術、サービス、プロセスを導入する場合、受託者任せにせず、社内の関係部門とも連携して作業を進める。

ウ．ホスティングサービスの利用では、ハウジングサービスを利用する場合と異なり、サービスの対象となる資源のキャパシティ管理は、受託者が責任を持って実施する。

エ．運用業務のアウトソーシングでは、資源の性能や容量の現状、さらにはSLAの達成状況などについて、受託者は定期的に会議等により委託者に報告を行う。

オ．SaaSの利用において、情報システムの性能や資源の容量に関するSLAを適切に管理するためには、計画段階からの利用部門（エンドユーザー）の参画が必要である。

 解答●p.371

問題 **23**　　H29前

キャパシティ管理に関する記述として最も適切なものは、次のうちどれか。

ア．ディスクやメモリーの利用率などの監視は、監視結果を正確かつ継続的に記録し、利用者へ報告することを目的に行う活動である。

イ．キャパシティ計画は、処理の実行予定からIT資源の需要予測を集約したものであり、IT資源それぞれの需要を把握する目的で作成する。

ウ．キャパシティ管理の1つとして、Webシステムの応答時間の計測・監視を行う。

エ．パソコンなどのIT資源は、将来の事業環境の変化に備えるために、予算の範囲内で可能な限り高い性能の製品を選定する。

オ．人的リソースはIT資源ではないため、キャパシティ管理の対象とならない。

解答 p.372

A●運用工程　＞　3●運用管理（2）

問題 **24**

機械メーカーA社は、業界中堅企業であり、業績は低迷している。この企業のバランススコアカード手法に基づく戦略マップ＜図1＞の説明に関する記述として不適切なものは、次のうちどれか。

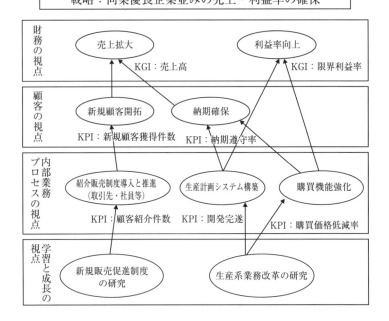

＜図1＞A社　平成XX年度経営計画　バランススコアカード戦略マップ

ア．ビジョンと戦略は企業理念に基づき、外部環境、社内状況を踏まえ設定すべきである。A社が業界中堅企業として、一流メーカーへ向けた体質強化を取り上げたのは適切であり、戦略マップ作成のベースになる。

イ．戦略を実行する際の目標（このケースでは売上拡大、利益率向上）を定

め、それを実現するための施策と指標を連携して表現したものがバランススコアカード手法の戦略マップである。

ウ．ビジョンを実現する視点として、いくつかの視点を候補に挙げ検討した結果、「財務の視点」、「顧客の視点」、「内部業務プロセスの視点」、「学習と成長の視点」に絞り込むこととした。

エ．各戦略間の目的と手段の因果関係妥当性の確認は、例えば、「学習と成長の視点」の戦略実現に「内部業務プロセスの視点」の戦略が有効か否かを判断する。

オ．「生産計画システム構築」に対するKPIは、客観的な測定ができない目標のため、具体的な開発対象や導入日程などに変更すべきである。

解答 ●p.374

ユーザーであるA社とサービス提供者であるB社の間では、SLAの遵守状況を確認し、サービスレベルの維持・向上を図るため、毎月開催の「定例会議」と半年ごとの「評価会議」の2つを設けている。

「定例会議」で取り上げるテーマとして最も不適切なものは、次のうちどれか。

ア．予定された作業項目の実施予定などの確認
イ．障害や問題発生の再発防止策の提案、検討
ウ．課題事項への対応計画・予防策の提案、検討
エ．サービス内容とそのサービスレベルの変更依頼と検討
オ．サービスの進捗と実績報告

解答 ●p.375

ホスティングサービスを利用して情報システムの運用業務を外部委託している。そのモニタリング結果への対応に関する記述として不適切なものは、次

のうちどれか。

ア．継続して高いサービスレベルを達成したため、契約延長や次期契約の優
　先的交渉のインセンティブを与えた。

イ．高いサービスレベルを達成したことに対してインセンティブとして報奨
　金を支払った。

ウ．契約解除に値するサービスレベルの未達成が発生したが、契約先を即時
　に変更することは高リスクであり現実的ではないので、まず委託先にペナ
　ルティを科した上で改善要求を出した。

エ．システムリソースに余剰がある日数が半数以上あったため、契約してい
　るリソースを節約する安価なホスティングサービスメニューに変更した。

オ．システムリソースの不足による問題が発生したが、事前に設定していた
　代替手段が適切に機能し業務への影響はなかった。しかし、長期的かつ総
　合的な視点で対応の検討を依頼した。

解答 p.376

6●費用の管理

テキスト第1章第3節

問題 **27**

H30後

情報システムの投資効果を評価するためには、TCO（Total Cost of Ownership）を考える必要がある。TCOに関する記述として適切なものは、次のうちどれか。

ア．TCOは、障害対応に係るコストを含み、障害対応による機会損失についても評価対象となる。

イ．利用者が同僚にシステムの操作を教えるコストは、間接的な費用であるため、TCOには含まない。

ウ．TCOは、システムの運用保守に係る費用全般を管理することを指す。

エ．自社内のリソースでシステムを開発・運用することは、様々な工夫を行うことができるため、社外のリソースを利用するよりTCOを低く抑えることができる。

オ．TCO削減方法として、システムのライフサイクルで最も多くの投資が必要となるシステム開発・調達について、クラウドサービスを利用するなど検討することが有効である。

解答 p.377

問題 **28**

H29前

TCO（Total Cost of Ownership）に関する記述として適切なものは、次のうちどれか。

ア．コンピュータシステムの構築や利用開始に必要なすべての投資額とその効果に注目して、投資効果を最大限にするための指標である。

イ．TCOには、システムダウンやパフォーマンス低下による業務上の損失

も含まれる。

ウ．システムで使用するサーバー OSの保守サポート終了が発表されたこと
に対して、OSを更新せずにシステムを仮想化して現在の機器で利用を継
続することは、システム更新にかかる費用を削減できるため、TCOの削
減に有効である。

エ．TCOでは、間接コストは活動単位に分割して個々の活動ごとの基準を
用いて算出し、算出されたコストを分析して業務効率の改善に活用する。

オ．基幹系システムにおいて、フリーウェアの利用は導入コストを大幅に軽
減できるため、TCOの削減に有効である。

解答 ● p.378

8●インシデントの管理　　　　テキスト第1章第3節

ITサービスの障害管理に関する記述として適切なものは、次のうちどれか。

ア．利用者からの連絡により検知した障害は、連絡があった内容から原因を
　　特定し、復旧に取り掛かる。
イ．障害発生の時間帯にかかわらず、障害の対応は慎重な判断が必要なため、
　　常に同じ承認手続きを経て対応を決める。
ウ．同じ時間帯に複数障害が発生し、対応の要員や資源が十分でない場合は、
　　障害の発生順に対応する。
エ．ハインリッヒの法則の考えに基づき、ヒヤリハット事例を共有し分析を
　　行うことは、重大な事故の予防につながる。
オ．利用者のサービス利用に直接影響がある事象は障害管理で対応し、バッ
　　チ処理の障害など利用者のサービス利用に直接影響がない事象は問題管理
　　で対応する。

解答●p.380

システムの障害対策に関する記述として適切なものは、次のうちどれか。

ア．システムを中断させる要素は多岐にわたって存在するため、事業に対す
　　るインパクトの大小にかかわらず、すべてを同列のリスクと考えて危機に
　　備える必要がある。
イ．障害管理の達成目標は、顧客や利用者の立場でのメリットを重視した内
　　容にすべきであり、SLAの内容とは切り離して考える必要がある。
ウ．地震等の自然災害に備えるためには、遠隔地に同様のシステムを提供で

きるミラーサイトを持つことが必要であり、多くの中小企業においても検討が進められている。

エ．作成された復旧計画や手順が、期待どおりに機能することを検証するために、より現実的なシナリオに従って、教育・訓練をすることが必要である。

オ．システムの設計段階で組み込む障害対策のうち、障害が発生してもシステムダウンといった重大事故につながらない設計のことを「フールプルーフ」という。

解答 ● p.381

障害発生時のデータベース復旧に関する記述のうち、（　　　）の中に入る語句の組み合わせとして適切なものは、次のうちどれか。

　トランザクション処理が何らかの理由で異常終了した場合には、（　A　）ログを利用して（　B　）処理を行い、トランザクション処理開始前の状態に回復する。一方、サーバーのディスク障害等によりデータベース内容の全部または一部が失われた場合には、バックアップファイルからデータをリストアし、（　C　）ログを利用して（　D　）処理を行うことで障害前の状態に回復する。

ア．A：更新前　　　　B：ロールバック
　　C：更新後　　　　D：ロールフォワード
イ．A：更新後　　　　B：ロールバック
　　C：更新前　　　　D：ロールフォワード
ウ．A：更新後　　　　B：ロールバック
　　C：更新前　　　　D：トランザクション
エ．A：更新前　　　　B：ロールフォワード
　　C：更新後　　　　D：ロールバック
オ．A：更新後　　　　B：ロールフォワード
　　C：更新前　　　　D：ロールバック

解答 ● p.382

1 ● 保守の活動の概要　　　　　　　　テキスト第1章第4節

問題 **32**

H28後

保守作業には、障害を事前に回避し、ダウンタイムを管理する予防保守がある。ハードウェアの予防保守に関する記述として不適切なものは、次のうちどれか。

ア．予防保守では、潜在的な障害が顕在化する前に、計画的な検査によってそれらの潜在的な障害を検出する。

イ．予防保守のうち状態監視保守では、ダウンタイムのリスクを統計、確率的に評価して機器状態を予測し、障害のリスクの高い箇所について消耗品の交換や整備を行う。

ウ．緊急保守も予防保守の1つであり、予期していなかった問題や緊急事態に対応するために実施する。

エ．設備資源における予防保守の目的は、情報機器設備の可用性向上であるが、一歩進めて、電力、空調の可用性を確保するアプローチを含めることもある。

オ．予防保守の作業中に問題が発生した場合、過去の予防保守時の類似の事例を参考にして、対応方法を検討する必要があるため、毎回詳細に情報を記録する必要がある。

解答 ● p.384

問題 **33**

H29前

社内の業務システムで使用するサーバー OSのメーカーから、使用中のバージョンの保守を1年後に打ち切るとの発表があった。そのため、業務システムのアプリケーションを最新のOSに対応できるよう、「保守計画」を作成した。「保守計画」のAからDの語句の組み合わせとして適切なものは、次の

うちどれか。

＜保守計画＞
・業務システムが最新のOSに対応できるよう（　A　）保守を実施する。
・最初の１カ月間で修正対象を特定し修正仕様書を作成した後、修正対象プログラムの修正を行う。
・修正対象特定と修正仕様書作成の作業について、当該作業に経験や知識を有する社外の技術者２名を（　B　）契約で作業委託する。作業委託は完成責任を負わせず、受託者側の指揮命令により実施する。
・プログラム修正作業は（　C　）契約で外部に委託する。受託者は、仕様書に基づき修正されたプログラムを期限までに納品する。検収後一定期間は、隠れた成果物の欠陥について受託者の責任を担保するため（　D　）について業務委託契約書に明記する。

ア．A：適応　　　B：派遣　　　C：一括請負　　D：善良な管理者の注意

イ．A：適応　　　B：準委任　　C：一括請負　　D：瑕疵担保責任

ウ．A：完全化　　B：準委任　　C：一括請負　　D：善良な管理者の注意

エ．A：適応　　　B：派遣　　　C：準委任　　　D：善良な管理者の注意

オ．A：完全化　　B：派遣　　　C：一括請負　　D：瑕疵担保責任

解答●p.385

A●運用工程 ＞ 4●保守、変更管理、移行

②●IT資源の種類ごとの特徴　テキスト第1章第4節

H28前

適応保守に関する注意事項として最も適切なものは、次のうちどれか。

ア．保守会社の定めた機器や部品の稼働保証をする稼働時間や処理量を、適宜参照できるよう一覧表など文書に記録する。

イ．製品の製造元や保守委託先から機器の不具合情報を定期的に入手し、対策について早期に評価できるようにする。

ウ．MTBF（Mean Time Between Failure）などを参考に消耗品、予備品をあらかじめ準備する。

エ．アプリケーションソフトウェアの仕様に関係する法令については、関係する法令の一覧を作成するなど、対応が必要な法改正に関する情報を早期に入手できるようにする。

オ．保守効率を計測し、基準を下回る場合にはアプリケーションソフトウェアのコメントを見直すなどの改良策を検討する。

解答●p.387

H30後

以下の＜事例＞におけるA社の保守指針として適切なものは、次のうちどれか。

＜事例＞

　A社では、社内の人事システムなどで利用するハードウェアやソフトウェアの障害時の保守について、可用性や機密性を確保しながら費用の削減を図るため、保守指針を作成することとした。

ア．設置場所が狭い範囲に限定されているハードウェアの保守は、スポット

保守とする。

イ．単価が安い、故障率が低い、代替品の購入が容易、初期設定が容易といった特徴を併せ持った機器については、原則として保守契約を締結しない。

ウ．ソフトウェアの保守契約は、利用開始時は契約を行わずに、利用開始後にバージョンアップなど保守契約が必要になった時点で保守契約の締結を検討する。

エ．ログや業務データなどの保守に必要な情報を、障害対応で保守委託先へ提供する場合は、保守委託先と秘密保持に関する取り決めがなくとも情報を提供できる。

オ．ハードディスクのように稼働保証時間の定められている部品等を保守対象とするときは、稼働保証時間が超過後速やかに交換するよう保守契約で取り決める。

解答●p.387

問題 **36**

次の表の（　）に入るソフトウェアの保守分類と修正例の組み合わせとして適切なものは、次のうちどれか。

保守分類	修　正　例
（　A　）保守	社内組織変更に伴い、ソフトウェアの修正を行った。
（　B　）保守	処理データの増加に伴いバッチ処理時間が長くなってきたことからバッチ処理時間短縮のため、ソフトウェアの修正を行った。
（　C　）保守	本番稼働中に障害があり、ソフトウェアの修正を行った。
（　D　）保守	別案件の修正案件のテストの際、従来現れていなかった潜在的な問題を発見し、ソフトウェアの修正を行った。
（　E　）保守	意味のない冗長なロジックを削除し、ソフトウェアの保守性を向上させた。

ア．A：是正　　B：完全化　　C：是正　　　D：適応　　　E：完全化

イ．A：是正　　B：完全化　　C：完全化　D：適応　　　E：是正

ウ．A：適応　　B：是正　　　C：完全化　D：予防　　　E：完全化

エ．A：適応　　B：完全化　　C：是正　　　D：予防　　　E：完全化

オ．A：適応　　B：是正　　　C：完全化　D：予防　　　E：是正

解答●p.389

B●活用　＞　1●情報の活用

1● 情報の収集と活用

テキスト第2章第1節

問題 37

H28前

情報活用のプロセスは、①情報源の選定、②収集、③整理、④蓄積、⑤加工、⑥検索、の6ステップに分類される。下記のa〜dの行為をこの①〜⑥のステップに当てはめる場合、その組み合わせとして適切なものは、次のうちどれか。

a－紙の資料をバインダーに綴じる。
b－アンケート用紙を作成し、お客様に記入を依頼する。
c－1年間アクセスされなかった資料を廃棄する。
d－手書きの資料をスキャンしてデジタル化する。

ア．a－③　b－①　c－⑤　d－②
イ．a－④　b－②　c－③　d－⑤
ウ．a－②　b－④　c－⑤　d－③
エ．a－③　b－②　c－①　d－⑤
オ．a－②　b－①　c－④　d－③

解答●p.390

問題 38

H29後

「情報」、「データ」、「知識」という言葉は、しばしば混同して使用されることがあり、その違いが非常にあいまいである。下記はその3つの言葉を定義した例であるが、「データ」の定義に該当するものは、次のうちどれか。

ア．事実、事象、事物、過程、着想などの対象物に関して知り得たことであって、概念を含み、一定の文脈の中で特定の意味を持つもの。

イ．客観的で確定的な認識内容のこと。

ウ．特定の目的ばかりでなく、より広い目的のために使用されるよう体系づけられた情報のこと。

エ．対象となる物事の性質、作用、意味などに関する知らせで、物事に関する知識の不確定さを減少させるもの。

オ．情報の表現であって、伝達、解釈または処理に適するように形式化され、再度情報として解釈できるもの。

解答 ● p.391

文書やデータを共有する場合の留意事項として最も適切なものは、次のうちどれか。

ア．半角カタカナなどの機種依存文字は、文字化けする可能性があるので、共有するファイルや文書には使用しないほうが望ましい。

イ．ファイルのメタデータには、作成者の氏名などが格納されるため、意図せず公開されないよう、更新の都度、初期化する必要がある。

ウ．有料のオンラインストレージサービスを使用していても、重要なデータのバックアップは利用者自身が行うことが必要である。

エ．文書作成ソフトや表計算ソフトにおいて、「パスワードの設定」と「ファイルの暗号化」は同じことを意味しており、どちらも共有する情報の機密保護に適している。

オ．表計算ソフトで作った1つのファイルを複数人で参照することはできるが、同時に編集することはできないため、複数人で更新する際は事前にルールを定める必要がある。

解答 ● p.392

1● 要素技術

問題 **40**

音声及び画像の圧縮技術に関する記述として不適切なものは、次のうちどれか。

ア．音声記録では、人間の耳の特性を利用し、音質劣化を感じにくいように元データの改変及び間引きができることから、大幅な圧縮が可能である。

イ．静止画の記録には、TIFF（Tagged Image File Format）、BMP（Bitmap）などの非圧縮形式を選択して保存を行うことにより、画像劣化の影響を避けることができる。

ウ．非（不）可逆符号方式により、音声記録を圧縮保存する場合には、サンプリング周波数、ビットレートなどの圧縮条件を指定して、音質の劣化程度を選択することができる。

エ．可逆圧縮方式はロスレス圧縮方式とも呼ばれ、高品質な音声信号を歪みなく15 ～ 70％程度圧縮することができる。

オ．人間の色覚は、色差には敏感で輝度には比較的鈍感であるため、静止画像における非（不）可逆符号方式の圧縮では、「輝度」を間引く方式がとられる。

解答● p.394

２●統合技術

Webサイトからの動画配信に関する記述として適切なものは、次のうちどれか。

ア．投稿型動画配信サイトで主に利用される「プログレッシブダウンロード」は、ファイルをダウンロードしながら再生できる点では「ストリーミング配信」と同じだが、Webサーバーとは別に専用サーバーを準備しなければならない点が異なる。

イ．ユーザーにプロモーション動画映像をいつでも提供できるように、あらかじめ動画ファイルを作成し、それをサーバーにアップロードしておく「ライブ配信」を採用した。

ウ．「オンデマンド配信」では、一時停止・早送り・巻き戻しなどができ、DVDプレーヤーで視聴しているかのような再生が可能である。

エ．視聴者側が、人材募集・新商品のプロモーション動画映像のファイルをコピーし、繰り返し視聴するためには、「ライブ配信」が適している。

オ．「ストリーミング配信」では、視聴者側がダウンロードしたファイルをハードディスクに保存してから動画を再生するため、視聴者側のCPU負担が軽く、CPUの性能には影響されない。

解答 p.396

マルチメディア統合技術の要であるオーサリングツールに該当しないものは、次のうちどれか。

ア．用意した動画や音声などの素材を利用してオリジナルのDVDを作成す

　るツール

イ．ブラウザで再生されるSWFファイルを作成するツール

ウ．一般のパソコンに標準添付されている初心者用のホームページ作成ソフ
　　ト

エ．PHPファイルを編集するためのテキストエディター

オ．HTML5を使ったアニメーションを作成するツール

解答 p.397

B●活用 ＞ 2●デジタル・メディアの活用

3●Web技術　　テキスト第2章第2節

H29後

XMLに関する記述として適切なものは、次のうちどれか。

ア．XMLは、HTMLと同様にマークアップ言語と呼ばれるが、この場合のマークアップとはもともと「文書などを共有する」という意味である。

イ．HTMLではタグがデータの外観を定義するのに対して、XMLではタグはデータの構造と意味を定義する。

ウ．XMLの基本データ単位は「要素」と呼ばれ、<book>と<%book>のように開始タグと終了タグをペアで定義する。

エ．XMLの要素名と属性名を構成する文字として使用可能なのは、アルファベットと数字であり、「-」などの記号は使用できない。

オ．XMLではアルファベットの大文字と小文字は区別されない。

解答●p.399

H29前

ホームページの作成に関する記述として最も不適切なものは、次のうちどれか。

ア．HTMLとCSSファイルはテキストファイルであるため、エディタでの編集ができる。

イ．イメージファイルとCSSファイルは、HTMLファイルと同一ディレクトリに配置する必要がある。

ウ．自社サーバーであっても、CMS（Contents Management System）を導入して外部向けに運用できる。

エ．レスポンシブWebデザインの手法には、PC、タブレット、スマートフォ

　ンなどそれぞれの画面サイズに合ったレイアウトに自動的に変更する機能
　がある。

オ．文書作成ソフトでのファイル保存形式としてHTMLが選択できる。

解答●p.400

B●活用 ＞ 3●ネットワークの活用

 1●**Web**　　　　　　　　　　　　　　　　テキスト第2章第3節

問題 **45**　　　　　　　　　　　　　　　　　　　

以下の情報処理用語のうち、Webサイトの構築・運用に直接関係しない用語は、次のうちどれか。

ア．CSS

イ．SEO

ウ．RSS

エ．NAS

オ．CMS

解答● p.401

2●検索

問題 **46**

SEOとは、「Search Engine Optimization」の略であり、検索エンジン最適化を意味する言葉を表す。SEOに関する記述として不適切なものは、次のうちどれか。

ア．企業がSEO対策を実施することで、ユーザーが検索を通じてサイトを発見する機会が増え、ビジネスを成長させることにつながる。

イ．SEOは、「設計」「技術」「マーケティング」などあらゆる側面からサイトを改善することを通じて、Webサイトが検索結果でより多くの露出を得ることで評価される。

ウ．ブラックハットSEOとは、検索エンジンの評価ロジックを活用して、価値のあるサイトとして見せるやり方である。

エ．有益なコンテンツを配信し、いろいろな外部サイトで言及、紹介されるよう、ユーザーにとって高い価値を提供できるサイト運営をしていくことが必要となる。

オ．ユーザーに対してわかりやすい文章にするとともに、検索エンジンに対して認識しやすい文章・記述にすることも重要である。

解答●p.402

B●活用 ＞ 3●ネットワークの活用

3●eメール（電子メール）　テキスト第2章第3節

問題
47

H29後

Eメールの普及に伴い、様々な仕組みが発展し、利便性の向上が図られている。一方で、迷惑メールの出現など、利用する上で注意を要することも多くなってきている。以下のメールに関する用語とその対策の説明として適切な組み合わせは、次のうちどれか。

	メール用語
A：	スパムメール
B：	チェーンメール
C：	メーリングリスト

	対策
X：	送られてきたメールに返信すると登録メンバー全員に送られることを理解して返信しないと、迷惑がかかるので注意が必要である。
Y：	「受信しても他の誰かに送信しないこと」つまり無視することが一番有効である。
Z：	利用者の同意を得ず送られてくる違法性の高い商品広告や架空請求を目的としたものもあり、取り扱いには注意が必要である。

ア．A→X　B→Y　C→Z

イ．A→Y　B→X　C→Z

ウ．A→Y　B→Z　C→X

エ．A→Z　B→X　C→Y

オ．A→Z　B→Y　C→X

解答 ● p.403

4●クラウドサービス

問題 48

SaaS（Software as a Service）の特徴に関する記述として適切なものの組み合わせは、次のうちどれか。

A．Web経由でサービスを利用できるため、一般的に短期間、低コストで導入可能であるとともに、利用者の操作に関するヘルプデスク要員も不要になる。

B．SaaSを利用する場合、提供される機能の中から必要な機能を選択することになるため、導入する企業や組織において業務分析や業務設計及び業務の見直しは不要である。

C．アプリケーションのカスタマイズは、画面の設定など比較的簡単な場合は対応されることがあるが、対応可能な範囲は限定される。

D．SaaSを利用する企業・組織は選択した機能、利用者の数や規模に応じてサービス料金を支払うことになるため、SLA（Service Level Agreement）を結ぶ必要はない。

E．一般的にシステムやデータはSaaSの提供者側で管理されるが、導入する側においてもクライアントPCの管理は必要である。

ア．A、B
イ．A、E
ウ．B、D
エ．C、D
オ．C、E

解答● p.404

H27前

サーバーの仮想化に関する記述として不適切なものは、次のうちどれか。

ア．物理サーバーのディスク容量を超えて、仮想ディスクを割り当てること
　　が可能であり、拡張性が高い。
イ．ラック費用・電気代等の削減や、設置スペースの削減ができる。
ウ．サーバーの仮想化は、CPU、メモリー、ディスク等の高速化を実現する。
エ．サーバーを仮想化すると、リソースの有効活用が可能となる。
オ．仮想サーバーのバックアップでは、物理サーバーのハードディスク全体
　　の取得と、個別仮想サーバーごとの取得とが可能となる。

解答 p.404

5●ソーシャルメディア　テキスト第2章第3節

 問題 **50**　

ソーシャルメディアを通じた顧客とのコミュニケーションに関する記述として不適切なものは、次のうちどれか。

ア．顧客サポートは、従来、電話やメールを中心に行われていたが、現在はFacebookやTwitterなども活用されている。

イ．Facebookのような実名登録が必要なSNSでも、企業ページの管理者は自社ページに投稿、コメントまたは評価などをした利用者の個人情報を特定することはできない。

ウ．匿名登録可能なTwitterでは、自分をフォローしている人の個人情報は特定できないが、どのようなことに興味があるのかを調べることは可能である。

エ．FacebookやTwitterなどを通じた顧客とのコミュニケーションは、対応者の顔が見え親近感を得られるように行うことが大切である。

オ．FacebookやTwitterなどを通じた顧客とのコミュニケーションを企業として対応する場合、企業文化の共有やルール設定、研修などを通じて統一感のある対応を図ることが必要である。

解答●p.406

6●グループウェア

テキスト第2章第3節

H26前

グループウェアの導入に関する記述として適切なものは、次のうちどれか。

ア．グループウェアを導入するに際して、中途入社や退職・人事異動などに適切に対応するため、社内人事情報システムとの連携を検討することにした。

イ．社内メールの更新に合わせ、メールによる中傷誹謗(ひぼう)や機密漏洩のトラブルが発生した際の対応のためにメールモニタリング機能を導入したが、通常は利用しないことから、メール運用規定の変更はしなかった。

ウ．近年、社内メールやスケジュール管理をスマートフォンやタブレット端末で利用できるグループウェア製品があるが、情報漏洩や時間外労働の問題があるため、検討する価値は少ないと判断した。

エ．社内でワークフローソフトを新たに選択することになり、導入経費の削減や導入後の管理運用のしやすさを考え、すでに導入済のメールソフトとは別のメーカーの製品を選んだ。

オ．ワークフローソフトの導入に際して、販売促進部から、決裁者が不在のケースが多いためグループIDを利用したいという要望があり、許可することとした。

解答　p.408

H28前

グループウェアとクラウドサービスに関する記述として不適切なものは、次のうちどれか。

ア．グループウェアで社内の機密情報を取り扱う場合も、クラウドサービス

を利用することが可能である。

イ．クラウドサービスとして提供されるグループウェアには、従来のTV会議システムの代替となるWeb会議が可能なものもある。

ウ．グループウェアは複数機能を連携して活用することにより効果が高まるが、クラウドサービスでは必要な機能を順次導入することも可能である。

エ．グループウェアには社内での利用だけでなく、社外スタッフとのコラボレーションにも活用できる機能がある。

オ．グループウェアのクラウドサービスはセキュリティ面も考慮されており、自社で対策を講じることなくスマートフォンからも利用できる。

解答 p.409

7●EC：Electronic Commerce テキスト第2章第3節

ポータルサイトに関する記述として不適切なものは、次のうちどれか。

ア．インターネットにアクセスするときの入り口となるWebサイトのこと
　をポータルサイトといい、特に企業が従業員向けに提供するものは「社内
　ポータル」「企業内ポータル」と呼ばれる。

イ．SEO（Search Engine Optimization）は、検索を通じてビジネスを成長
　させることをねらいに、社内ポータルサイトあるいは企業ポータルサイト
　を評価する尺度として広く使われている。

ウ．ポータルサイトを構成する要素には、検索エンジンやリンク集を中心に
　ニュース・情報などの情報提供サービス、Webメールサービス、電子掲
　示板、チャット、オークションや電子商取引などが含まれる。

エ．ポータルサイトは、サイトの集客力を活かした広告や有料コンテンツ収
　入及び電子商取引仲介サービス料を主な収入源として運用される。また、
　クラウドサービスの提供によりデータ保管料なども収入源となっている。

オ．近年、特定の地域サービスに特化した、住民視点での情報提供、住民間
　のコミュニケーションの場となる掲示板機能に加え、地域振興を主目的と
　した市民ポータルサイトが多く見られるようになった。

解答 ● p.410

296

B●活用 ＞ 3●ネットワークの活用

8●企業間連携 テキスト第2章第3節

EC（電子商取引）の事例に関する記述として不適切なものは、次のうちどれか。

ア．組立メーカーの入札に対して、部品サプライヤーA社は、自社の部品に関する仕様や設計図等詳細情報をWebで提供し、応札した。

イ．ビルに同居する小企業5社は業種は異なっていたが、投資費用削減のため、共同で給与システムを構築し、共同利用することとした。

ウ．中堅スーパーC社では、新しくEOS（電子受発注システム）を導入することにより、従来の電話やFAXにかわり、直接店舗の端末から発注できるようになり、発注業務の効率化や店頭在庫の適正化が進んだ。

エ．D市では、公共工事に対して電子入札システムを導入し、発注透明性の確保、調達コストの削減を図ることにした。

オ．中堅の食品卸業者B社は、社内受発注システムの更新を機会に、受発注手続きを従来の独自仕様から流通BMSに変更することになった。

解答●p.411

物流業におけるEDI化に伴うメリットに関する記述として不適切なものは、次のうちどれか。

ア．EDI取引の進展により、取引先とのパートナーシップの強化につながり、流通サプライチェーンの連携が強化される。

イ．電子帳簿の保存が法的に認められているので、EDI化することで書面交付義務のある文書のペーパーレス化が可能である。

ウ．在庫圧縮の実現・補充効率化により、多量少頻度発注、物流の大口化を
　図ることができる。

エ．EDI発注により紙の書類がなくなり、その結果印紙が不要になるため、
　経費削減効果をもたらすことができる。

オ．EDI化により、店頭での欠品をより少なくすることが可能となり、顧客
　満足度の向上を図るとともに、機会損失を減少させることにつながる。

解答●p.412

1●文書作成ソフトウェア テキスト第2章第4節

 問題 **56** H29前

文書作成ソフトの使用に関する記述として不適切なものは、次のうちどれか。

ア．PCの環境が異なっても文書の閲覧を可能にするためにPDFへの変換を行う。

イ．箇条書きを用いることでリストアップされた内容のバランスを確かめられる。

ウ．文書作成時のミスや不適切な情報の露見を避けるためコメント機能は使うべきではない。

エ．定型文書の作成を省力化するためにテンプレート形式のファイルを配布する。

オ．データの更新によるグラフ描画の連動や文書の体裁の効率化を考慮してマークダウンを利用する。

解答●p.413

B●活用 ＞ 4●ビジネスツールの活用

2●表計算ソフトウェア

テキスト第2章第4節

問題
57

表計算ソフトの活用事例に関する記述として不適切なものは、次のうちどれか。

ア．表計算ソフトで作成したグラフを、文書作成ソフトに貼り付けて資料を作成した場合、貼り付けたグラフは、単なる画像として取り扱われることから、原データ更新の都度、貼り付け直す必要がある。

イ．入力データの精度向上のためには、別シートのセルにコード表を登録し、その項目を「正」として、該当するコード以外の入力を抑止する入力規則を設定するとよい。

ウ．共有サーバー上に、ファイルの共有設定をしたデータシートを格納することにより、複数ユーザー間の更新を可能とする。

エ．表計算ソフトを文書作成ソフトから内部的に起動し、帳票のデータ部分を作成すると、表計算ソフトによる後加工が可能となる。

オ．クライアントサーバーシステム上のデータベースのデータをCSV形式で取り出すと、表計算ソフトのワークシートにインポートできる。

解答●p.414

3● プレゼンテーションソフトウェア

プレゼンテーションソフトの基本機能に関する記述として不適切なものは、次のうちどれか。

ア．スライド作成時に、全体構成を練るためにアウトライン機能が用意されている。

イ．デザインテンプレートは、企業や団体用に独自のものが作成できる。

ウ．アニメーションの設定は、1つのオブジェクトに1つだけ設定できる。

エ．ハイパーリンクを使って、別のスライドへの移動ができる。

オ．配布資料の印刷の際、ページを選んで出力することができる。

解答●p.415

動画通信システムの利用に関する記述として最も不適切なものは、次のうちどれか。

ア．テレビ会議システムは、OSが異なる環境でも構築できる。

イ．動画の再生を指定された国内のみにする場合、IPアドレスを利用する方法がある。

ウ．動画共有サービスを用いたe-Learning環境では、再生回数によって個人の学習効果を管理できる。

エ．DRM（Digital Rights Management）によって、再生期間を限定して動画配信を行うことができる。

オ．Web会議システムの仕組みによって、語学研修サービスを企業内に導入することができる。

解答●p.416

1●統計

テキスト第2章第5節

以下に示す＜事例＞において、表Aに関する記述として適切なものの組み合わせは、次のうちどれか。

＜事例＞

　表Aは、X社で在庫管理をしている約7千点の部品について、ここ3カ月の実績から消費金額が大きい部品順に10％ごとにグルーピングし、その消費金額累計と消費金額全体に対する割合をまとめたものである。

＜表A＞

品目数の割合（％）	消費金額累計（千円）	消費金額累計の割合（％）
10	210,000	70.0
20	252,000	84.0
30	270,000	90.0
40	286,500	95.5
50	294,000	98.0
60	296,700	98.9
70	298,200	99.4
80	298,800	99.6
90	299,400	99.8
100	300,000	100.0

a．消費金額の上位約700品目で、消費金額全体の70％を占めており、その金額は、210,000（千円）である。

b．消費金額の下位約4,900品目で、消費金額全体の30％を占めており、その金額は、90,000（千円）である。

c．表Aをグラフ化するには、数値を累計しているのでZチャートを使うとよい。

d．表Ａをグラフ化するには、統計的分析法の１つであるヒストグラムを応用するとよい。
e．表Ａをグラフ化するには、QC 7つ道具の１つであるパレート図を応用するとよい。

ア．ａとd
イ．ａとe
ウ．ｂとd
エ．ｂとe
オ．ａとc

以下に示す表は、業務処理系データベースとデータウェアハウスなどの意思決定支援系データベースとの特徴を比較したものである。表の（　　）に当てはまる語句の組み合わせとして不適切なものは、次のうちどれか。

＜表＞

区　　分	業務処理系データベース	意思決定支援系データベース
主な対象ユーザー	（　Ａ　）	（　Ｂ　）
主な利用目的	（　Ｃ　）	（　Ｄ　）
処理への要求、制約	（　Ｅ　）	（　Ｆ　）
主な処理種別	（　Ｇ　）	（　Ｈ　）
蓄積情報の特長	現在のデータを蓄積	過去から現在のデータを蓄積
データ分類	業務処理別	活用目的別
保存期間	（　Ｉ　）	（　Ｊ　）
データのまとめ方	業務別	統合されたデータ

ア．Ａ：業務担当者、管理職　　　Ｂ：調査・分析・企画担当者、経営者
イ．Ｃ：トランザクション処理　　Ｄ：問い合わせ、分析処理

ウ．E：高速レスポンス　　　F：制限時間内での処理終了
エ．G：更新処理主体　　　　H：検索処理主体
オ．I：長期間保存　　　　　J：一定期間経過後消去

解答 ● p.419

データウェアハウス、データマートなどを活用し、企業にとって有効な戦略を検討する手法に関する記述として不適切なものは、次のうちどれか。

ア．蓄積されたデータの加工や分析に使用するツールには、BIツール（Business Intelligenceツール）などの専用ソフトウェアだけでなく、分析内容、分析対象や運用方法によっては、表計算ソフトも活用することができる。

イ．データ分析の過程において、データの要約のレベルを下げて、詳細データを表示していく方法を、ドリルアップという。

ウ．データ分析の途中及び終了後に、集計値の基となった詳細データが必要な場合、詳細データが格納されているデータベースにアクセスし調査できる機能を、ドリルスルーという。

エ．データ項目を縦軸・横軸に指定して2次元の表を作成し、集計値を求める操作を、スライシング（スライス）という。

オ．多次元のデータを2次元の集計表に展開して分析する場合、データのそれぞれの軸（切り口）を自由に入れ替え、集計等の分析をする操作のことを、ダイシング（ダイス）という。

解答 ● p.421

以下に示すリレーショナルデータベース（以下「RDB」という。）のキーに関する記述において、（　　）内に当てはまる語句の組み合わせとして適切

なものは、次のうちどれか。

1．RDBの組（行）を一意に識別できる属性（列）、またはその集合のすべ
ての組み合わせを（　A　）という。
2．RDBの組（行）を一意に識別できる属性（列）、またはどれかが1つで
も欠けると一意性を確保できない属性の集合を（　B　）という。
3．RDBの組（行）を一意に識別するためのいくつかの選択肢のうち、組（行）
の識別子として選択、定義された特定の属性（列）、またはその集合を
（　C　）という。
4．RDBの組（行）を一意に識別できるいくつかの属性（列）、またはその
集合のうち（　C　）以外を（　D　）という。
5．他のRDBを参照し、必要な属性（列）、またはその集合を取得するため
に定義される参照元のRDBの属性（列）、またはその集合を（　E　）と
いう。

ア．A：外部キー　　　　　B：スーパーキー　　C：候補キー
　　D：主キー　　　　　　E：代理キー
イ．A：候補キー　　　　　B：スーパーキー　　C：主キー
　　D：外部キー　　　　　E：代理キー
ウ．A：候補キー　　　　　B：主キー　　　　　C：スーパーキー
　　D：代理キー　　　　　E：外部キー
エ．A：スーパーキー　　　B：候補キー　　　　C：主キー
　　D：代理キー　　　　　E：外部キー
オ．A：スーパーキー　　　B：候補キー　　　　C：外部キー
　　D：主キー　　　　　　E：代理キー

解答 ● p.422

問題
64

以下に示すICタグに関する記述において、適切なものの組み合わせは、次
のうちどれか。

① ICタグを使用すると、非接触でデータを読み取るシステムを構築することができる。

② ICタグには、アクティブタグとパッシブタグなどがあるが、一般に通信距離はパッシブタグのほうが長い。

③ ICタグは、無線を使用するという点では、RFIDタグと共通しているが、情報の更新が可能であるという点では、RFIDタグより優位である。

④ ICタグが広く普及するためのポイントは、大量生産によるコストダウンであると言われている。

ア．①と②

イ．①と③

ウ．①と④

エ．②と③

オ．③と④

解答 ● p.423

B●活用 ＞ 5●データの活用

2●意思決定の支援

問題 65

表情、相手の身体への接触、相手との位置関係、着ている衣服などによるメッセージ交換手段の総称として適切なものは、次のうちどれか。

ア．ノンバーバルコミュニケーション
イ．ウェアラブルコンピュータ
ウ．バーチャルリアリティ
エ．ユビキタスコンピューティング
オ．オーグメンテッドリアリティ

解答●p.425

B●活用 ＞ 5●データの活用

3● マーケティングで使われる指標例

テキスト第2章第5節

POS（Point Of Sales：販売時点情報管理）システムから得られたデータを用いてショッピングバスケット分析を実施した結果、商品Aを購入した顧客が同時に商品Bを購入する傾向が顕著である事実が確認された。

この分析には

① 商品Aを購入した顧客が商品Bを購入する結びつきの強さを示す「信頼度」

② 商品A、Bが同時に購入される出現率を示す「支持度」

③ 商品Aに対する商品Bの結びつきが、マーケティング戦略上、意味ある関連か否かを判断する「リフト値」

の3種類の指標が使用される。

この指標に関する説明として不適切なものは、次のうちどれか。

ア．商品Aを購入した顧客が商品Bを購入する結びつきの信頼度は、「商品A、B両方を購入した顧客数÷商品Aを購入した顧客数」の算式で求められる。

イ．商品A、Bが同時に購入される支持度は、「商品A、B両方を購入した顧客数÷全顧客数」の算式で求められる。

ウ．信頼度は高いが支持度が低い組み合わせは、商品間の関連は認められるが、実際に購入される頻度が低くマーケティング戦略上の重要度は低い。

エ．商品Bの商品Aに対するリフト値は、「（商品A、B両方を購入した顧客数÷商品Aを購入した顧客数）÷（商品Aを購入した顧客数÷全顧客数）」の算式で求められる。

オ．リフト値が「1より大きい」場合は、商品A、B間の関連が強いことを意味する。商品Bの商品Aに対するリフト値が「1以下」の場合、商品Bは単独で高需要と想定され商品Aとの関連は認めない。

解答●p.427

H28前

近年急速に注目を集めている「FinTech」に関する記述として最も適切なものは、次のうちどれか。

ア．FinTechの考え方は、2008年後半の世界金融危機（いわゆる「リーマン・ショック」）をきっかけに生まれたものである。

イ．既存の大手金融機関が、いわゆるベンチャー企業に対抗するために打ち出した新たな概念である。

ウ．日本においては、海外にない高機能ATMの導入や、モバイルシステムを利用した電子マネーの実現などが、これに該当する。

エ．海外では、顔認証技術による決済を可能とすることで、暗証番号やクレジットカードそのものを不要とするための技術が研究されている。

オ．大手コンサル会社の調査によると、全世界での2014年のFinTech関連投資額は前年の10倍近くに増加しており、特に欧州での投資額が全体の半分強を占めている。

解答 ● p.427

C●評価 ＞ 2●評価方法

5●IT投資マネジメント テキスト第3章第2節

EDI（Electronic Data Interchange）を使い、受注データ、購買データ、入荷データ、出荷データ等を企業間で交換する場合、取引データの完全性に関するコントロールの説明として適切なものは、次のうちどれか。

ア．取引が法的に有効であることを企業間で確認するための取引基本契約を結ぶ。

イ．通信プロトコルを決め、交換するデータの種類、項目等について確認する。確認した項目の属性や取り得る値の範囲に関して、受信側における入力値のチェック機能を組み込む。

ウ．障害対応手順に、データにアクセスできる者の限定と、障害対応記録の作成を追加した。

エ．月単位で発信したデータの件数、合計数量、合計金額等を送信先に連絡し、実績データと突き合わせる。

オ．送信側のシステムを変更する場合には、事前に受信側へ連絡し、本番稼働前にシステムテストを実施する。

解答●p.430

以下の図は内部統制とその中のIT統制の関係を表した簡易図である。図中のア～オの説明文で、不適切なものは、次のうちどれか。

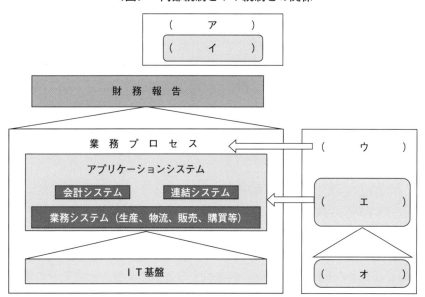

<図> 内部統制とIT統制との関係

ア．全社的な財務方針や組織の構築及び運用に関する統制で、「全社的統制」
である。

イ．連結対象企業を含む企業全体の内部統制が機能するように、ITに関す
る統制を定めたもので「IT全社的統制」である。

ウ．虚偽記載のない財務報告は適切に統制された業務プロセスによって行わ
れる。そのプロセスを定めたものは「業務処理統制」である。

エ．業務プロセスをITで支援している場合に、業務プロセスに関わるアプ
リケーションシステムの処理が統制の対象になる。「IT業務処理統制」で
ある。

オ．アプリケーションシステムを支えているIT基盤（ITシステムの構成や
運用）に対する統制は「IT基盤統制」である。

解答 p.430

C●評価 ＞ 3●モニタリング・コントロール
1●モニタリング・コントロールの意義　テキスト第3章第3節

モニタリング・コントロールの意義と必要性に関する記述として不適切なものは、次のうちどれか。

ア．年度単位の経営計画フォローにマネジメントサイクル手法を活用する場合、四半期、半期等の中間段階において実績を評価し、追加施策等の改善を実施する。

イ．IT導入プロジェクトにおけるモニタリングの意義は、計画されたQ（品質）、C（コスト）、D（納期）を確保することにより、システムの導入・安定稼働を実現することにある。

ウ．IT成熟度のモニタリングとは、現状のIT環境をCOBIT（Control Objectives for Information and related Technology）による成熟度モデル等に当てはめて評価することであり、この結果、身の丈に合った目標設定や対策が立案できる。

エ．成果のモニタリングとは、KPI（Key Performance Indicator）実現のために設定されたKGI（Key Goal Indicator）を逐次モニタリングすることであり、中間段階において目標達成の確度を評価でき、追加改善の必要性を認識できる。

オ．プロジェクトや成果のモニタリングの目標は、業務の有効性・効率性の実現、報告の正確性確保、法規制遵守に資することである。

解答● p.432

大規模な情報システムの場合、ユーザーをサポートするサービスデスク（またはヘルプデスク）では、一定のサービスレベルを確保するために、サービ

スデスク側のスキルの向上施策を実施する。またそれと同時に「問い合わせ」そのものが少なくなる工夫をして、効率を上げることも行われる。以下はデスクの効率を上げる代表的な方法だが、直接的に「問い合わせ」の発生を減らすこととは関係ない項目は、次のうちどれか。

ア．サービスデスクで「問い合わせ」の受付に際して、必ず受付簿（チケット）を発行する。すぐに解決しないときはエスカレーションをして、業務やシステムの専門家に解決を依頼する。

イ．過去に発生した「問い合わせ」が繰り返し問われる場合に備えて、FAQ（Frequently Asked Questions）を作成しておき、それを参照してもらうことで、ユーザー自身で解決してもらう。

ウ．一定期間（例えば月次）の部門別問い合わせ件数と傾向を簡単な表にまとめて公表し、ユーザースキル向上に対する部門間の競争意識を高める。

エ．問い合わせの多い操作や、間違いやすい操作等はピックアップしておき、追加研修やマニュアルに追記する。

オ．ユーザーの問い合わせ内容が、システムの複雑さに起因したり、操作の間違いを誘発する画面遷移であるときは、システムの改良を提案する。

解答 ● p.433

モニタリング・コントロールにおける差異分析及び対応策の立案に関する記述として不適切なものは、次のうちどれか。

ア．事前に評価計画を策定し、評価方針・目標、評価基準、評価技法などを明確にする。

イ．収集・蓄積したデータはパレート図や管理図などQCの分析手法で分析する。

ウ．抽出されたリスクは迅速な解決を促すよう発見した順に対応する。

エ．差異が発見された事象について、日常のプロセスの中で業務を実際に行っている部署の担当者や管理者自らが行う評価活動と、企業内部の独立

　した部門や監査法人等が実施する定期的な評価活動を組み合わせて行う。

オ．差異として特定された事象には好ましくない影響だけでなく、収益機会
　などの好ましい影響が含まれる場合もある。

解答●p.433

3●モニタリング実施方法

テキスト第3章第3節

IT運用サービスの管理指標としてSLAを設定し、SLMによりマネジメントサイクルを回す場合の留意点として最も適切なものは、次のうちどれか。

ア．SLAは、サービス内容、提供範囲、要求水準を利用部門に約束するので、運用部門としては、遂行責任のため必要以上の設備投資や運用サービスになることは許される。

イ．SLA設定によるサービス水準の明確化は、運用部門、利用部門間に共通認識を醸成することから、運用部門側も相応のメリットが期待され、積極的に対応すべきである。

ウ．SLAとして設定すべき項目は、サービス提供時間、システム障害時対応時間、ヘルプデスクサービス時間、オンライン応答時間等、定量的に把握可能な指標のみに限られる。

エ．モニタリングの結果、設定されたSLAレベルを確保できていない場合の暫定対処策は、運用部門の責任において検討・実施する。

オ．SLMは、サービス水準を維持管理する活動であることから、遵守状況の確認、問題点の摘出、改善によるサービス水準の維持・向上は、運用部門が解決すべき課題である。

解答 ●p.435

A社は委託先X社との次期アウトソーシング契約見直しに当たり、SLAを明確にした契約を結びたいと考えた。その場合に考慮すべき事項として不適切なものは、次のうちどれか。

＜A社の情報システム＞
・A社では、情報システム部が、自社の情報システムの企画・設計・開発・運用を担当している。担当役員から、情報システム部員は、情報戦略、企画、調査・分析といった上流工程に専念し、設計・開発・運用・保守工程は、アウトソースするという方針が出され、実行に移されている。
・情報システムの運用及びその業務システムの通常の保守は、4年前に契約期間5年で、開発と運用を受託するベンダーX社にアウトソースした。
・現行契約文書には、月額運用費用と定例報告事項*、双方の役割分担・責任に関する条項はあるが、SLAと呼ばれるようなサービスレベルに関する事項や委託先を監査できるというような条項はない。

＊定例報告事項：受注処理件数、障害件数、アプリケーション保守対応件数、非定型処理依頼件数、夜間バッチ処理時間

ア．運用コスト削減は重要な課題であるが、サービスレベル（品質）とコスト（委託費用）はトレードオフの関係にあるので、SLAの内容は、エンドユーザーの意向確認に加えX社とも事前に十分に協議する。

イ．SLAとして設定する内容は明確に指標化することが望ましいが、X社の責任限界を超える領域には結果の指標でなく対応のプロセスを評価できるように工夫する。

ウ．情報システムの運用状況の可視化のため、X社から受ける報告内容と時期を明確にする。報告内容では、キャパシティ管理やシステムダウンタイムの上限のようなサービス継続性に関する事項、さらにSLAの遵守状況を盛り込む。

エ．SLAの設定は運用品質を継続的に改善することを目的としているので、契約初年度は確実な範囲で実施し、必要に応じて段階的にSLA定義範囲を拡大する。

オ．情報システム部門の活動成果をエンドユーザー及び会社のトップ層に報告するため、委託業務に関わる事項は、網羅的に具体的な数値目標を詳細に設定する。

解答 ●p.435

H29後

社内情報共有システムの利用実態を調査する方法として、必ずしも適切でないものは、次のうちどれか。

ア．システムの重要性を再評価するために利用者ごとの利用時間、使用した機能、出力した帳票などを調べる。

イ．システムの使い勝手だけでなく、マニュアルやサポート体制についてもアンケートを行い、業務システム全体のパフォーマンスを調べる。

ウ．利用者層の拡大を図るために、利用頻度が低い利用者へのアンケート調査から改善点を抽出する。

エ．アンケートやヒアリングの実施後に、関係者に対してレビュー会議を行い、改善案の検討についての方向性を確認する。

オ．利用頻度の高い利用者に対してアンケート調査を行い、利用環境の問題点や利用方法の説明に関する問題点などを把握する。

解答 p.436

1●リスクマネジメント

テキスト第4章第1節

問題 76

H25前

「仕事上の情報を持ち帰り、自宅のパソコンで作業したところ、ウイルスに感染したファイル交換ソフト（ファイル共有ソフト）により、作業した情報が流出した」ということが時々報道されている。これらを踏まえた社内での取り組みに関する記述として最も適切なものは、次のうちどれか。

ア．「自宅への情報の持ち帰り」、「ファイル交換ソフトのインストールされたパソコンでの作業」、「ファイル交換ソフトのウイルス感染」の3条件下で発生することから、発生確率は小さく、リスクは受容レベルなので、リスク保有することを再確認する。

イ．毎年の定例セキュリティ教育により、ファイル交換ソフトの問題を度々説明しており、また、ニュース等から、従業員は皆知っているはずであるが、次回の定例セキュリティ教育でも同じ説明をする。

ウ．仕事上の情報を持ち帰ることが原因になっていることから、「許可を得ない情報の持ち出し禁止」について定めている情報取扱規定を、定例教育資料中の「全社員が理解すべき規定」の一覧の先頭に移す。

エ．全従業員に対して、ファイル交換ソフトを使用しないように協力を依頼する書面を配布するとともに、ファイル交換ソフトのリモート検査ソフトの貸与を1年前に実施したことから、当社のファイル交換ソフト対策はすでに十分であるとした。

オ．流出事例を入手するたびに、次の月の情報セキュリティ推進委員会で事例の詳細を説明し、委員から職場全員に、同様のことが起こらないように注意喚起するよう指示する。

解答●p.438

2●内部統制

問題 **77**

金融商品取引法による内部統制報告制度（いわゆる日本版SOX法）に基づく、評価に関する次の記述のうち、不適切なものを選びなさい。

ア．内部統制が有効に機能していることを確認するために、経営者によって評価が計画され、実施される。実務上、経営者の指揮下で評価を行う部署や機関を設置する場合、その要員は評価の対象となる業務から独立していることが求められる。

イ．内部統制の開示すべき重要な不備とは、内部統制の不備のうち、財務諸表に一定の金額を上回る虚偽記載、または質的に重要な虚偽記載をもたらす可能性が高いものをいう。

ウ．内部統制の整備上の不備とは、内部統制が存在しない、もしくは規定されている内部統制では内部統制の目的を十分に果たすことができない状況を指す。

エ．内部統制の運用上の不備とは、意図したように内部統制が実施されていない、または間違って実施されるケースが多い、あるいは内部統制の実施者が統制内容や目的を正しく理解していないなどの状況を指す。

オ．経営者は、企業の重要な業務の一部を外部に委託している場合、受託会社が実施している委託業務に係る内部統制の有効性を直接評価しなければならない。

解答●p.439

問題 **78**

内部統制の評価及び監査の手順に関する記述として不適切なものは、次のうちどれか。

ア．外部監査人は、提出された「内部統制報告書」により評価妥当性を監査する。

イ．評価責任者は、プロセスの始点から終点までを実施現場における質問、観察、査閲により確認し、内部統制の実在性、正確性、有効性を評価する。

ウ．評価責任者は、当該プロセスの実務担当者による運用状況テスト結果に基づき、内部統制運用状況評価を取りまとめる。

エ．評価責任者は、年度単位に内部統制評価結果を取りまとめた「内部統制報告書」を作成し、経営者は報告を確認して「内部統制の整備」を主張する。

オ．評価責任者は、内部統制が財務報告を適切に作成するための要件（アサーション）を確保しているかをRCM（リスクコントロールマトリックス）等の文書で評価する。

解答 ● p.440

問題 79

H26前

財務諸表の信頼性確保を阻害するリスクを統制するために設定されるコントロールの有効性に関する記述として不適切なものは、次のうちどれか。

ア．情報システムのアクセス権を適切に設定することにより、「架空データ」、「データ記帳漏れ」のリスクがコントロール可能である。

イ．上長による記帳データと証憑元書類の照合、承認行為は「架空データ」、「データ記帳誤り」のリスクに有効なコントロールである。

ウ．情報システムの入力チェック機能設定により「二重データ」、「データ記帳誤り」のリスクがコントロール可能である。

エ．実地棚卸等の帳簿と現品の照合は「架空データ」、「データ記帳誤り」のリスクに有効なコントロールである。

オ．予算／実績対比の行為は「データ記帳誤り」のリスクに有効なコントロール機能と言えるが証明力は弱い。

解答 ● p.441

H28後

内部統制を導入するに当たり活用する「3点セット」による分析手順に関する記述として不適切なものは、次のうちどれか。

ア．分析対象の業務に関連する標準類・帳票を収集、事前検討して、「業務の流れ図」を作成し、これを基に業務担当者にインタビューする。

イ．「業務の流れ図」は、収集した業務標準などに基づいて業務のあるべき姿を記述するものであり、記述後に、あるべき姿と現状とのギャップを分析して、対処が必要な内部統制上のリスクと追加すべきコントロールを選定する。

ウ．「業務の流れ図」の上でリスクがある業務には、リスクのタイプ（架空、漏れ、処理の誤りなど）を明確にして記入する。

エ．「業務記述書」においては、「業務の流れ図」に示された各ステップの業務内容を、「どの部門の」「だれが」「いつ」「どんな資料」により「何々を実施する」などと具体的に記述する。

オ．「リスクコントロールマトリックス」（RCM）を作成して、各々のリスクに対応して行われているコントロール群の内容やコントロールのタイプ（権限分離、照合など）を一覧表にし、コントロールの有無、強弱を可視化して、適正な統制の整備に活用する。

解答 ●p.441

H29前

リスクの評価とリスクへの対応に関する記述として不適切なものは、次のうちどれか。

ア．「リスクの評価」では、例えば発生可能性と影響度からリスクの大きさを算定し、算定したリスクの大きさと組織であらかじめ決めた受容可能水

準とを比較評価する。

イ．「リスクへの対応」では、リスク低減、リスク回避、リスク移転、または リスク受容のどの対応を行うかについて決定する。算定したリスクが受容可能水準以下ならばリスク受容を選択し、現状のリスクを受け入れて追加対策はしないと決めてよい。

ウ．リスク低減を選択した場合、リスクを下げるための対策を追加する。追加した対策によってリスクは下がるが、一般にリスクはゼロにはならない。対策を追加した後に残ったリスクが、受容可能水準以下であればそれでよしとし、依然として受容可能水準を上回っていれば、残ったリスクへの対応を再度検討する。

エ．リスク評価で算定したリスクやリスク低減後に残ったリスクが受容可能水準を上回っていても、追加の対応を取らずにリスク受容することもある。リスクが顕在化した後でも事後対処できる場合や、リスク低減のための対策費用とその効果として想定される金額を考慮すると、対応しないほうが得策というような場合である。

オ．大災害やテロなどを想定すると影響度が甚大で算出したリスクの大きさが組織であらかじめ決めた受容可能水準を上回ってしまうことがあるが、このような場合、発生可能性が低いことを理由に一律的にリスク受容と決定し、現状のリスクを受け入れてよい。

 解答 p.442

問題 82 H28後

「IT統制の例」と「アサーション」との組み合わせとして不適切なものは、次のうちどれか。

IT統制の例		アサーション				
リスク	コントロール	実在性	網羅性	評価の妥当性	権利と義務	期間帰属の適切性
ア	<受注> 正当でない受注が計上される。	システムへの受注入力は、取引先からの注文書を基に、アクセス権限を持つ担当者によってのみ実施している。	○				
イ	<受注> 受注の二重入力、入力漏れが発生する。	定期的に受注入力一覧表を出力し、入力漏れや二重入力がないかどうか、部門責任者がチェックしている。	○	○			
ウ	<出荷> 売上の二重計上、計上漏れが発生する。	出荷確認データから売上データに転送する際、コントロールトータルとして合計金額を設定し、一致していることを確認している。	○				○
エ	<請求> 正当でない請求が行われる。	請求書は、売上データから作成され、適切な責任者によって承認された後に発送している。	○			○	
オ	<回収> 誤った消込みが行われる。	入金データは、経理部門で請求書番号が消し込まれ、回収残リストを作成している。回収残リストは、経理部門と営業部門とによってレビューしている。	○		○		

解答 ●p.443

問題 **83**　H27前

内部統制対応プロジェクトで構築作業の進め方を検討した。進め方の手順として適切なものは、次のうちどれか。

ア．①業務の流れ図及び業務記述書の作成
　　②全体方針の策定
　　③RCMの作成
　　④ギャップ分析してコントロールを追加・変更
　　⑤ウォークスルーで検証し不備を修正
イ．①全体方針の策定
　　②業務の流れ図及び業務記述書の作成
　　③ウォークスルーで検証し不備を修正
　　④RCMの作成
　　⑤ギャップ分析してコントロールを追加・変更
ウ．①全体方針の策定
　　②業務の流れ図及び業務記述書の作成
　　③ギャップ分析してコントロールを追加・変更
　　④RCMの作成
　　⑤ウォークスルーで検証し不備を修正
エ．①全体方針の策定
　　②業務の流れ図及び業務記述書の作成
　　③RCMの作成
　　④ギャップ分析してコントロールを追加・変更
　　⑤ウォークスルーで検証し不備を修正
オ．①業務の流れ図及び業務記述書の作成
　　②全体方針の策定
　　③RCMの作成
　　④ウォークスルーで検証し不備を修正
　　⑤ギャップ分析してコントロールを追加・変更

（注）RCM：リスクコントロールマトリックス

解答 p.444

内部統制におけるITへの対応に関する記述で統制の分類として不適切なものは、次のうちどれか。

ア．連結対象企業全体の内部統制が機能するように定めた全体的な基本方針を周知徹底することは、IT全社的統制ではなく、全社的統制に分類される。

イ．スプレッドシート（Excelなど）で会計処理や財務処理を行う際に、手計算や手操作集計でなく保護及び変更履歴が管理された式を使用して自動集計することは、IT業務処理統制でなく業務処理統制に分類される。

ウ．Web受注やEDI受注のように手作業を介さずに自動化された情報システムによって業務処理を行うことは、IT業務処理統制に分類される。

エ．ITの開発・保守の管理、システム運用の管理、外部委託の管理など、ITシステムの開発・導入・運用にわたる適切な管理をすることは、IT全般統制に分類される。

オ．情報システム及びデータに対する物理的・論理的なアクセスを制限したり、セキュリティ障害を監視・管理したりすることは、IT全般統制に分類される。

解答 p.445

D●対策 ＞ 1●対策の概念

3●情報セキュリティ管理
テキスト第4章第1節

問題
85

情報セキュリティを確保するために組織内のネットワーク及びPC等の情報機器を管理する者が実施すべき内容に関する記述として不適切なものは、次のうちどれか。

ア．ユーザーのネットワークアクセスのパスワード及び共通サーバーアクセスのパスワードは、対象システムに存在する情報の機密性などに応じて1カ月から数カ月程度を有効期限として、所定期間内にユーザーがパスワードを更新し、管理者へ報告することを義務づける。

イ．PCへインストールするソフトウェアについては、ライセンスの必要なものに対するライセンス有無の確認のみを管理対象とする。

ウ．ユーザーには最長でも10分程度で起動するパスワード付きスクリーンセーバーを設定させ、定期的に設定内容を確認する。

エ．ユーザーにはOS、オフィスソフトなどのアップデート状況、ウイルスソフトの定義ファイル更新状況などが適切であることを確認し、その結果を管理者に報告することを義務づける。

オ．ウイルス検知及び駆除関連のソフトウェアをすべてのPCに導入し、定義ファイルの更新を自動化する。

解答●p.447

1●内部統制の構築・管理 テキスト第4章第2節

問題 **86**

H27前

IT業務処理統制とは、業務処理を行うアプリケーションシステムが、あらかじめ承認された業務処理をすべて正確に処理、記録することを確保するために、業務プロセスに組み込まれたITに関わる内部統制である。手作業による業務処理統制とIT業務処理統制の特徴について比較整理した次の表中の空欄に入る文章として適切な組み合わせは、次のうちどれか。

＜表＞

	手作業による業務処理統制	IT業務処理統制
長所	・①　　　　　　　　　 ・例外処理の対応がしやすい。	・②　　　　　　　　　 ・自動化された統制の場合、継続して実施される。
短所	・③　　　　　　　　　 ・IT業務処理統制と比較すると、統制が確実に実施されない可能性がある。	・④　　　　　　　　　 ・処理のロジックが誤っていた場合、間違った統制が繰り返し実施される。

＜空欄に入る文章＞

A．コントロールを回避したり、無視することが難しい。

B．大量の取引、処理への対応が難しい。

C．統制が正しく実施されるためには、プログラムやデータが改ざんされるリスクなどへの統制が必要となる。

D．あらかじめ定義できていない異常を発見できる。

E．複雑な計算や処理の正確性・効率性が高い。

F．非定型の処理、例外処理に対して、柔軟な対応が難しい。

ア．①A　②E　③D　④F
イ．①A　②D　③B　④F
ウ．①D　②A　③F　④B
エ．①D　②A　③B　④C
オ．①E　②F　③D　④C

解答 ● p.448

以下の記述における（　　　）内に入る語句の組み合わせとして適切なものは、次のうちどれか。

システム運用・保守グループを統括する責任者が、配下のチームリーダーに対し品質管理ツール（QC 7つ道具、新QC 7つ道具）の使用について、以下の助言を行った。

［助言1］

特定のシステム障害に対して、影響を及ぼしていると思われる要因を整理するには、（　A　）を使用する。（　A　）を作成した場合に、同じ要因が何度も出現し、要因が複雑に絡み合っていることがある。問題の全容が把握しにくい場合には（　B　）を作成する。（　B　）作成後、矢印の多く出ている要因があれば、根本的で重要な原因であることが多い。

［助言2］

システム障害件数減少を目標とし、チームで取り組む事項を整理するため、メンバーに意見を求めるのは有用である。1人当たり10件以上アイデアを出し、そのアイデアをカードに記入する。カードを取りまとめる際には、（　C　）を使用する。

［助言3］

システム障害を要因別に集計し、件数の多いものから並べ、対処すべき課題の優先順位を決定するには（　D　）を用いる。

ア．A：特性要因図　　　B：連関図

	C：親和図	D：パレート図

イ．A：連関図　　　　　B：特性要因図
　　C：パレート図　　　D：散布図

ウ．A：特性要因図　　　B：連関図
　　C：パレート図　　　D：親和図

エ．A：連関図　　　　　B：特性要因図
　　C：散布図　　　　　D：パレート図

オ．A：連関図　　　　　B：特性要因図
　　C：親和図　　　　　D：散布図

解答●p.449

D●対策　＞　2●対策の管理システムの詳細

2●情報セキュリティ管理

テキスト第4章第2節

問題
88

H28後

情報セキュリティの導入及び運営に関する記述として最も適切なものは、次のうちどれか。

ア．情報セキュリティの基本方針には、目的を始めとして、それに基づいて適用範囲、推進体制などが定められているので、導入の目的を変更しようというとき以外は、見直しや改定を行う必要はない。

イ．情報セキュリティの目的が達成できるのであれば、全社への適用でなく、特定の部門への適用でもよい。ただし、適用範囲外の部門に依存する作業、適用範囲外の者によるアクセスなどに対して適切な管理策を講じなければならない。

ウ．情報セキュリティのリスク分析とリスク対応の決定、管理策の採用という作業は、情報セキュリティの導入時に行う。導入後は、管理策が有効に運用されているかの監視と必要な場合の改善を行うことになる。

エ．情報セキュリティの基準は、多くの管理策（JIS Q 27001では100余）が示されたルールベースのマネジメントシステムであるので、適用範囲に該当する管理策を採用・手順化し、その運用状況を監視して必要に応じて改善していく必要がある。

オ．情報セキュリティの監視は、技術的な方法でのモニターや人による日常的な点検と報告など随時行うものと、内部監査のように定期的に行うものとがある。いずれも、採用された管理策が、規定・手順のとおりに運用されているかの確認だけを行う。

解答●p.451

以下の<事例>における内部監査の報告を受けて、トップマネジメントが情報セキュリティ運営組織に対して指示する内容に関する記述として不適切なものは、次のうちどれか。

<事例>

　A社では情報セキュリティマネジメントシステムを構築し、運用中である。

　セキュリティポリシーは下図のような体系で整備されている。情報セキュリティ基本方針には、事業上の情報セキュリティへの対応方針、情報セキュリティの目標及び達成計画を運営する枠組み、適用範囲、推進体制の構築等のトップマネジメントの表明が書かれている。

　今回、内部監査が実施され、その結果がトップマネジメントに報告されたが、その内容は、ある特定の実施手順について、全被監査部門にわたり不備があったというものであった。

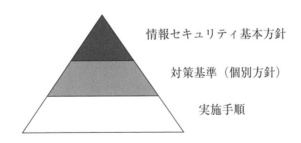

ア．情報セキュリティ基本方針の内容を見直す。

イ．特定の実施手順に書かれた対策が有効かどうか再評価し、場合によっては実施手順の見直しを検討する。

ウ．適用範囲のメンバーに対して、情報セキュリティに関する教育が行われ、実施手順の内容まで周知されているか調査する。

エ．特定の実施手順の再確認と遵守を指示する。

オ．今回、内部監査の対象にならなかった部署における実施手順の運用状況を調査する。

解答 ● p.452

情報セキュリティマネジメントシステムに関する記述として不適切なものは、次のうちどれか。

ア．情報セキュリティマネジメントシステムは、情報のセキュリティリスクに対するリスクアプローチのマネジメントシステムである。

イ．情報セキュリティマネジメントシステムでは、文書・記録の管理、リスクアセスメント、内部監査、是正処置、管理策の実施などについての手順を確立しなければならない。

ウ．リスクアセスメントでは、情報資産を特定し、セキュリティ喪失のリスクを分析・評価し、リスク対応では、受容できないレベルのリスクを受容できるレベルまで低減させるために管理策を選択する。

エ．情報セキュリティの監視・測定・分析・評価については、有効性に対する定常的な点検活動、定期的な内部監査や経営者によるレビューを行わなければならない。

オ．ルールの不遵守、情報の紛失・盗難・流出等のセキュリティ事故、情報システムの障害等のインシデントに対しては、事後策としての当事者の処分の他に、再発を防止するために牽制策の罰則を見直さなければならない。

解答 p.453

D●対策 ＞ 3●対策の管理策の詳細

2●人的資源のセキュリティ

テキスト第4章第3節

問題 **91**

H23後

従業者（社員・職員、役員、協力会社の従事者、臨時雇用者含む）に対する情報セキュリティに関する啓発、教育・訓練、意識向上の活動に関する次の記述のうち、不適切なものを選びなさい。

ア．どのような業務・役割の者にどのような知識・技能が必要かを明確にする。

イ．知識・技能が必要な者に、不足する知識・技能を満たすための教育・訓練を計画して、実施する。

ウ．情報セキュリティ推進体制と指示や通知の方法、従業者による報告義務と報告ルートを、すべての従業者に周知する。

エ．方針、計画、規定・手順、各種手続きや記録についての詳細を説明して理解を得るための研修を、すべての従業者に対して行う。

オ．すべての従業者に対して、方針の重要性、従業者各人の役割を理解させ、セキュリティ意識を高め、各人の主体的な行動を促すための各種活動を継続的に行う。

解答●p.455

D●対策　＞　3●対策の管理策の詳細

3●物理的および環境的セキュリティ

テキスト第4章第3節

情報セキュリティインシデントへの対応に関する記述として適切なものは、次のうちどれか。

ア．知っている会社の知らない者からのメールの添付ファイルでウイルスが検出され、削除された。念のため、そのメールに対して返信操作により、「貴殿のメールでウイルスを検出しました」という内容のメッセージを送信した。

イ．いろいろなWebサイトにアクセスしていたら、急に知らないWebページが繰り返し表示された。その後、パソコンの動作が遅くなり、システムエラーが表示されたので、OSを再起動した。再起動後、覚えのない不達メールが多数届いたので、メールによりシステム管理者に支援を依頼した。

ウ．社内のパソコンがウイルス感染した。LANから切り離して、ウイルススキャンしたがデータやプログラムの破壊が見られたので、ハードディスクの初期化、CD-ROMを用いたOSインストールやアップデート、ウイルス対策やセキュリティ設定を実施した後、LANに接続し、業務用ソフトウェアインストールや必要な設定、データの復旧等を実施した。

エ．パソコンの内蔵ハードディスクが故障した場合、ハードディスクを交換した後に、障害報告書に「障害に対する処置：交換し、OS再インストールし、バックアップからデータを復旧。原因：老朽化と思われる。根本対策：交換で対策済。」と記入して、情報システム管理者の承認を得て、記録として保管した。

オ．金曜日の夕方の懇親会後、深夜に帰宅中に、従業員証兼通門ICカードを紛失していることに気がついた。翌日、飲食した店を見て回ったが、見つからなかった。月曜日の出社時に総務部に紛失届けを提出して、臨時通門ICカードの交付を受けた。

解答 p.456

4●通信およびシステム運用のセキュリティ

テキスト第4章第3節

問題
93

H25前

生体認証に関する記述として不適切なものは、次のうちどれか。

ア．生体データは、成長等に伴う経年変化を除き、基本的に不変で唯一無二であることから、複製や偽造が発覚した場合に、無効化等安全性の回復が難しい。

イ．虹彩認証は、非接触式認証であり、操作の容易性と認識の速さとに特徴があるが、認証精度が指紋や静脈認証に比べて低い。

ウ．生体認証では、指紋の紋様や静脈パターンが、登録したデータとどれくらい似ているかで判別することから、誤認の発生も起こりうる。

エ．生体認証技術を導入する場合、機密性を重視するシステムでは、他人受入率を低く抑えることに重点を置き、利便性を重視するシステムでは、本人拒否率を低く抑えることに重点を置いて、生体認証システムの選定を行う。

オ．生体認証の精度が低い場合、照明、温度・湿度等の外部環境の改善を検討する。

解答●p.457

問題
94

H27前

＜パスワード設定に関する方針＞と、必要となる＜管理策＞の組み合わせとして適切なものは、次のうちどれか。

＜パスワード設定に関する方針＞

　方針1：パスワードの長さは8桁以上とし、できるだけ想像できない文字列とする。

　方針2：パスワードの使い回しはしない。

＜管理策＞

機能A：5回前までのパスワードを登録できないようにする。

機能B：3回以上パスワードを誤ってログインしようとしたIDについてはロックをかけ、ログインできないようにする。

機能C：桁数8桁未満のパスワードを登録できないようにする。

機能D：頭4桁について同一文字を登録できない。かつ、ユーザーIDと同じパスワードを登録できないようにする。

機能E：パスワードの変更は1日1回に制限する。

ア．方針1：機能B、機能C　　方針2：機能A、機能D

イ．方針1：機能C、機能D　　方針2：機能A、機能B

ウ．方針1：機能C、機能D　　方針2：機能A、機能E

エ．方針1：機能D、機能E　　方針2：機能A、機能B

オ．方針1：機能B、機能D　　方針2：機能A、機能E

 解答 p.458

問題
95

H29前

IoT（Internet of Things）に対するサイバー攻撃の脅威に関する記述として不適切なものは、次のうちどれか。

ア．監視カメラでは、インターネットから建屋内外に設置の監視カメラに侵入され、そこを踏み台にして、特定サイトに一斉攻撃が行われる。

イ．スマートフォンで撮影しサイバー空間上に保存した画像が、アクセス権設定の脆弱性を突かれて、流出させられる。

ウ．自動車関連機器では、インターネットから自動車内のネットワークや電子制御機器に侵入され、エンジンやハンドル等が遠隔操作され、車が暴走させられる。

エ．社会インフラに組み込まれた電子機器では、インターネットまたは保守のために用いる媒体経由で、社会インフラとして稼働中の電子機器に侵入

　し機器を誤動作させ、社会インフラの停止や破壊が引き起こされる。

オ．工場内の制御機器では、インターネットまたは保守のために用いる媒体
　経由で、工場内の制御コンピュータに侵入され、生産ラインや工作機械の
　誤動作が引き起こされる。

解答 ● p.459

D●対策 ＞ 4●対策の応用と動向

1● セキュリティ管理の実践
テキスト第4章第4節

問題
96

H28後

コンピュータの故障、ハードウェアディスクの損傷、誤ったデータの削除やファイルの消去、火災、大地震など様々な障害発生時の復旧回復を考慮して有効なバックアップを行う場合の方策として最も適切なものは、次のうちどれか。

ア．RAIDディスク内では、データが自動的に二重に記録されているので、RAIDディスクを使用することが有効なバックアップ対策であるとした。

イ．サーバーの内部ディスクと外付けディスクに対する二重書き（ミラーリング）を採用しているので、二重書きを採用することが有効なバックアップ対策であるとした。

ウ．いったんディスクの内容を外付けディスクにフルバックアップして、その後毎日夜間にディスクの内容を外付けディスクに差分バックアップしているので、これが有効なバックアップ対策であるとした。

エ．週末の休日にディスクの内容を別媒体にフルバックアップして別事業所に保管し、営業日には更新の多いデータベースや重要なデータベース及びファイルについて、毎日差分バックアップを外付けディスクに取得しているので、これが有効なバックアップ対策であるとした。

オ．本社サーバー室のサーバーと、別事業所サーバー室のサーバーとの間で相互に、ファイル／データの更新内容をリアルタイムでリモートコピーしているので、これが有効なバックアップ対策であるとした。

解答●p.461

3●関連する情報セキュリティの基準　　　　テキスト第4章第4節

問題 **97**

H28後

個人情報が記録された媒体（紙、CD-ROM、USBなど）の取り扱いに関する記述として不適切なものは、次のうちどれか。

ア．個人情報を記録した媒体の保管と利用は、施錠できるロッカーや引出しに保管し、利用に際しては台帳管理する。

イ．個人情報の複製は、あらかじめ管理者の許可を得るとともに記録を残す。

ウ．個人情報を含む媒体の識別は、一般の情報と区別できるように媒体にラベル付けをし、また保管するロッカーや引出しには「機密」表示を行う。

エ．個人情報が記録された媒体が不要になった場合は、データが再現できないような方法で破断してから処分する。

オ．個人情報を記録した媒体の社外持ち出しは、上長の許可を得るなど会社で決めた持ち出し手続きに従って行う。

解答●p.462

問題 **98**

H29後

個人情報保護法に基づいて個人情報を取り扱う場合や、プライバシーマーク（Pマーク）の認定を受ける場合における事業者の個人情報の取り扱いに関する記述として不適切なものは、次のうちどれか。

ア．同業種の企業同士が合併したときに、連絡に同意を得ている双方の顧客に対して、「新会社で提供するすべての製品・サービスについての案内を今後送ること」に対する了解を求める電子メールを送った。

イ．顧客情報取得時に明示した書面に「利用目的の範囲内で業務委託先に個人情報を委託することがある」旨の記載を行って作業の一部を委託してい

たが、あらためて公表・通知・同意などを行わずに、委託先の会社を変更した。

ウ．ハードウェアベンダーとの保守業務委託契約書に守秘義務条項があったが、「個人情報」の明記がなかったので、「個人情報保護に関する覚書」を追加締結した。

エ．個人情報の委託に関する契約書類に、セキュリティ要件として「適切な注意・管理のもとで誠意を持って業務を遂行」と「秘密情報・個人情報の守秘義務」を確認したので、契約書に捺印・発注した。

オ．職場で社員が倒れて救急車で病院に入院させたとき、上長は保管していた部下の社員情報を参照して、入院手続を行うとともに家族に連絡し、会社に戻ってから、このことを総務部長に文書で報告した。

解答 ● p.463

 問題 **99**

 H25前

情報セキュリティに関する記述として不適切なものは、次のうちどれか。

ア．JIS Q 27001（ISO/IEC27001）には、情報セキュリティのための計画・運用・監視・改善のISOマネジメントシステムの枠組みが示されている。

イ．JIS Q 27002（ISO/IEC27002、旧名称ISO/IEC17799）には、JIS Q 27001附属書Aで示された管理策に関し、具体的な1,000余りの実施策が例示されている。

ウ．情報セキュリティ基本方針は、経営者の方針を示すものであり、対外的には宣言文になり、組織内部と従事者に対しては、取り組みの原則・指針になる。

エ．情報セキュリティ管理では、資産の機密性・可用性・信頼性を脅かすリスクを分析・評価し、受容できないリスクに対する低減策を採用することにより、情報セキュリティリスクを受容できる水準になるように管理する。

オ．情報セキュリティのための継続的改善のサイクル（計画・運用・監視・改善）の中の監視・改善の活動では、運用の点検と是正処置とが必要であるが、併せてリスクの見直しによる対応の改善等も必要である。

解答 ● p.464

H29前

2017年5月に全面施行となった改正個人情報保護法で変更された特徴的な点に関する記述として不適切なものは、次のうちどれか。

ア．指紋その他身体の特徴をデジタル変換したもの、旅券・基礎年金・運転免許証・住民票コード・個人番号（マイナンバー）・健康保険被保険者証・雇用保険被保険者証の番号などの個人識別符号は個人情報であると明記された。

イ．特定の機微な個人情報（人種、信条、犯罪経歴、病歴、健康などの情報）について「要配慮個人情報」として定め、これらの取得、提供に関する制限が強化された。

ウ．個人データの第三者提供時の双方での記録保持、オプトアウトによる個人データ提供事業の個人情報保護委員会届出義務、匿名加工して提供する場合の加工方法の基準など、提供に関する制限が強化された。

エ．小規模事業者への法の適用除外について、小規模事業者の定義である取り扱う個人データベースの個人データが5,000人分以下から100人分以下に引き下げられた。

オ．不正に利益を得る目的で個人データを提供した場合に対して、その当事者を含む関係者に懲役や罰金の罰則が設けられた。

解答 p.465

ビジネス・キャリア®検定試験
解答・解説編

2● 運用工程の役割

テキスト第1章第1節

問題
1 解答

H27前

正　解　エ

ポイント

・本番システムの変更は、権限ある者の承認に従い実施する必要がある。

・本問は、業務システムの変更及びリリースの管理において、自社、委託先それぞれが留意すべきことを理解しているかを問う問題である。

解　説

ア．適切。システム変更の要求は利用部門とアプリケーションオーナーの権限者の承認が必要である。

イ．適切。変更要求を行った利用者による確認・検証は必須である。

ウ．適切。限られた資源の割り当てのため、優先度を設定し対応する。

エ．不適切。開発と本番へのリリースは分離が必要、また権限者の関与が必要。

オ．適切。変更プロセスの要所各々で、責任者が関与している。

●参考文献

・JIS Q 20000-1：2020 情報技術－サービスマネジメント－第1部：サービスマネジメントシステム要求事項

問題
2 解答

H26後

正　解　ウ

ポイント

・本問は、運用サービス業務を題材にした監査対応の問題である。

・監査対応の設問であるが、一般知識として環境変化対応である点を理解していれば回答可能である。

解 説

ア．適切。ヘルプデスクの利用拡大という環境変化に対してどう対応しているかは十分な重点監査項目に値する。

イ．適切。新しい設備を導入した場合、計画時の目的、ねらいを実現したか（しつつあるか）という点は重点監査項目に値する。

ウ．不適切。監査すべき項目を絞るのではなく、やり方を見直すなどの工夫が必要である。

エ．適切。不適合の頻度が増加しているということは、業務プロセスや手順に不合理が発生している可能性があり、重点監査項目に値する。

オ．適切。是正措置が別途フォローされており、報告もされているということは、重点監査項目から外す根拠になる。

A●運用工程　＞　1●運用工程の概要

 4 ● **管理の対象**　　　　　　　　　　　テキスト第1章第1節

問題 **3** 解答　　　　　　　　　　　　　　　　

正　解　ウ

ポイント

・変更管理とは、情報システムへの変更を正しく、安全かつ効率的に行うために、他の業務からの変更要求を一元管理して、整合性のある変更を可能にすることである。

・本問は、バージョンアップ、アップデートなどの変更に際してのリスクとそれに対する対応についての知識を問う問題である。

解　説

ア．適切。IPA（独立行政法人情報処理推進機構）のJVN（Japan Vulnerability Notes）などで脆弱性情報が公表されると、それを見て脆弱性を知った攻撃者が未対策のシステムを攻撃しようと行動を起こすことがあるので、未対策のものが公表されたら速やかに対策を実施することが必要である。

イ．適切。開発・検査・リリースの権限の分離は必須であるが、小規模な組織、小規模な修正、システムへの影響度が小さい場合は、管理者によって工程の区切りでのレビューと承認、本番運用システムへの修正時のアクセス権使用の承認等の方法を明文化することで、最低限の作業の分離でも許される場合がある。

ウ．不適切。社内サーバーは外部ネットワークから直接アクセスされることがなく外部からの不正アクセスの脅威は少ないとの判断から、このサーバーのOS等基本ソフトウェアについては、障害を起こすバグや改善だけをアップデートして、外部からの不正アクセス防止のアップデートは実施していない可能性がある。

エ．適切。既存システムへの影響のリスクから、リリースの受け入れテストの基準と手順を定め、それに沿ってリリースを実施する。社外にリリース実績がある場合でも、自社環境で固有の影響が存在する可能性もあることから、まず一部の個所に適用して影響がないことを確認後、全体に適用す

るステップをルール化することは適切である。

オ．適切。社内で保有する機器、現に存在する機器、外部に持ち出された機器を管理した上で、その機器上のソフトウェアのバージョンやアップデートを確認することが必要である。

問題 **4** 解答

H27前

正　解　　ウ

ポイント

・リリース管理とは、承認された変更を運用状態に円滑に適用するために、複数の変更を束ねてリリース単位とし、この単位で実際に適用することである。

・本問は、リリース管理としての実施項目に関する理解を問う問題である。

解　説

ア．適切。リリース作業計画立案時には、複数変更時の順序や作業ミスや手戻り防止の確認作業、リリースに失敗した場合の復旧手順まで考慮し、リリース作業のタイムスケジュールを決める。そして、実際の適用前にリリーステストを実施することが重要である。

イ．適切。リリース作業はハードウェアやソフトウェアが中心になるが、それにより運用手順や利用者の操作方法が変わる場合がある。その通知やドキュメント整備が適切に行われているか確認が重要である。

ウ．不適切。開発、追加変更された機能の受け入れ検収は、リリースよりも前に完了していなければならない。したがって、機能の妥当性の検証は、リリース管理の移行テストにおける目的にはならない。

エ．適切。リリースはITサービスの停止を伴うため、複数の変更を1つのリリース単位にまとめることが多い。そのリリース単位の中で変更要件の整合性を確認することは重要である。

オ．適切。リリースするシステムが既存システムやシステム全体の構成要素にどのような影響があるのか、ITコンポーネント間の依存関係を把握の上で行うことは重要である。

5●運用の統制　

 解答　H29後

正　解　ア

ポイント

・システムの導入費用や運用・保守の費用をどのように負担するかについて
は、企業全体の費用負担の方針に基づいて決定することになる。システム
の費用は本社のシステム部門などで一括して負担する方法もあるが、ユー
ザー部門にもあらかじめ定めた方式に基づいて費用を配賦することが多
い。ユーザー部門に費用の負担を求めることで、ユーザー部門にコスト意
識を持たせ効率的な利用に結びつけたり、コスト負担を明確にすることで
コスト削減への取り組みにつなげたりすることが期待できる。

・本問は、費用負担の代表的な方式について、特徴や期待する効果について
の理解を問う問題である。

解　説

ア．適切。一括計上方式は、費用を本社等に一括計上し利用部門ごとの負担
はないため、利用部門に費用を負担しているという意識を持たせることは
できない。そのため利用部門のコスト意識を最も醸成しにくい。

イ．不適切。利用量基準方式では、利用量が増えるほど負担する費用も多く
なるため、他の方式に比べて利用量を抑える方向に働くことが考えられる。
共用のファイルサーバーについて、負担額と利用量の情報を提供すること
で無駄な情報の蓄積を抑止する効果が期待できる。

ウ．不適切。単一基準方式は、情報システムの利用量ではなく、売上高や人
員などを基準に負担を決めるものである。情報システム利用量で負担を決
めるのは、利用量基準方式である。

エ．不適切。分担すべき総コストの精度は、方式で差が出るものではない。
分担すべき総コストは、財務管理の要求する精度で、過去の収支の分析と
需要予測から導き出していく。

オ．不適切。負担額を算出する事務負担が最も少ないのは、費用を分担しな

い一括計上方式である。一方、利用量に関するデータを収集し管理する事務が発生する利用量基準方式は、事務負担が最も大きい。

解答

正　解　オ

ポイント

・適切な財務管理を行うためには、公正な費用配賦方法を理解し、課金を行うことが必要となる。

・各事業部に直接関連づけて把握できないコストが間接費である。間接費を一定のルールで製品や各事業部門に配分していくことを「配賦」といい、配賦のルールを配賦基準と呼ぶ。配賦基準は各企業で決定されるもので、合理性や妥当性を各部門に説明できることが必要となる。

・本問は、間接費の配賦の視点から、運用工程における財務管理に関する知識を問う問題である。

解　説

ア．適切。占有スペースとテナント料、電力等のインフラ費用、清掃費用、その他オフィスにかかる費用は概ね比例することから、占有スペース（面積）は適切な配賦基準の１つである。

イ．適切。会社全体の広告宣伝費用は、売上高（アウトプット）やインプット（投入資源）、使用資本等自社で定めた基準に応じて配賦する。

ウ．適切。利用量とコピー機、プリンタ等にかかる費用は概ね比例することから、利用量は適切な配賦基準の１つである。

エ．適切。会社直属の役員・職員は、各部門の管掌や部門サービスを行うので、総務部門の人件費と同様に扱うのは適切と考えられる。

オ．不適切。情報システムに関わる費用の課金管理とは、利用者に適正に負担させ、併せて利用者ごとの利用量の監視と利用者のコスト意識の向上を目的としている。課金方式は、必ずしも１つに絞る必要はなく、企業全体の費用方針に基づいて、費目グループごとに利用部門の理解を得て決める。この選択肢で例示されている費用については、コンピュータ室の賃貸料とそれ以外では異なる課金方式（配賦基準）が適当と考えることができるこ

とから不適切である。

6● 参考となる基準や資料等

テキスト第1章第1節

問題 **7** 解答

H29前

正 解 ア

ポイント

・変更管理とは、情報システムへの変更を正しく、安全かつ効率的に行うために、変更要求を一元管理して、整合性のある変更を確実に行うことである。システム更新後、ある一定の期間をおいて、変更結果のレビューを行うまでが、一連の作業となる。

・リリース管理とは、承認された変更を運用状態に円滑に適用するために、複数の変更を束ねてリリース単位とし、リリース計画を立て配布・インストールを行う。リリース後の動作確認（運用テスト）までが、一連の作業となる。

・本問は、変更管理とリリース管理の基本的な手順を問う問題である。

解 説

正解は下表となる。

＜変更管理＞	＜リリース管理＞
変更の受付	
変更の審議	
① （変更の承認）	
変更の作成	
	③ （リリースの計画）
	リリースの構築
	リリースのテスト
	リリースの投入計画
	リリースの配布・インストール
	④ （運用テスト）
② （変更のレビュー）	

ア．適切。①〜④ともに正しい。変更管理では、変更審議後の承認、リリース終了後の変更レビューが明記されている。リリース管理では、リリース計画し作業後に動作確認（運用テスト）が行われている。

イ．不適切。①、②、④が正しくない。変更審議後に変更計画立案はタイミングとしては合っているが、変更承認が重要である。変更後テストは変更作成として、リリース前に実施する。構成管理の更新は重要な作業だが、リリース管理の一連の手順には含まれない。

ウ．不適切。②、③が正しくない。構成管理の更新は重要な作業だが、変更管理の最終手順としては、変更後のレビューが適切である。リリース管理ではリリースの計画であり、変更の計画は変更管理での手順である。

エ．不適切。①、④が正しくない。変更審議後に変更計画立案はタイミングとしては合っているが、変更承認が重要である。構成管理の更新は重要な作業だが、リリース管理の一連の手順には含まれない。

オ．不適切。②、③、④が正しくない。変更後テストは変更作成として、リリース前に実施する。リリース管理ではリリースの計画であり、変更の計画は変更管理での手順である。構成管理の更新は重要な作業だが、リリース管理の一連の手順には含まれない。

●参考文献

・ITIL（Information Technology Infrastructure Library）

・JIS Q 20000-1：2020 情報技術 – サービスマネジメント – 第1部：サービスマネジメントシステム要求事項

問題 **8** 解答　　　　　　　　　　　　　H25前

正　解　ウ

ポイント

・本問は、ITILで定義された各種サービスの説明に関する問題である。

・ITILはコンピュータシステムの運用管理の業務プロセスと手法を体系的に整理したガイドラインである。Ｖ2からＶ3は下図のように進化している。ただし現在のITILはＶ4である。

ITILのバージョン２と３の違い

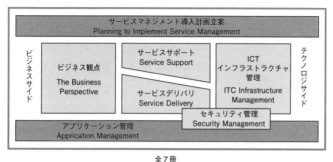

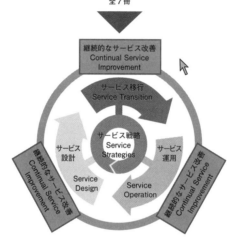

(解 説)

ア．不適切。ハードやソフトの構成と名称などを管理するのは構成管理のプロセスである。

イ．不適切。変更要求に基づく業務プロセスは変更管理である。リリース管理は新しくハードウェア、ソフトウェアを投入する場合に適用するプロセスである。

ウ．適切。要求実現（リクエストフルフィルメント）の説明である。サービスデスクでは各種問い合わせを利用者から受け付けるが、その中の障害や要望以外のルーチン的な要求をその場で対応することもある。これが要求実現である。

エ．不適切。問題管理の説明である。インシデントが発生し、それを受け付

けて内容を把握するまでがインシデント管理の領域である。そのインシデントに対して問題対応をする必要がある場合、問題管理のプロセスに引き継がれる。

オ．不適切。大きな視点では問題管理の説明でも不適切とは言えない。しかし、この選択肢の説明は明らかにインシデント管理と考えるのが最も適切である。

●資料出所

・ITmedia「ITIL V3はV2からどこが変わったか」中 寛之（アクセンチュア株式会社）（ウェブサイト）

A●運用工程 ＞ 2●運用管理（1）

2●IT資源の管理 テキスト第1章第2節

問題 9 解答 H26前

正 解 エ

ポイント

・本問は、コストの最適化の視点から、IT資産管理に関する知識を問う問題である。

解 説

ア．適切。IT資産管理を円滑に行うためのポイントとして、①IT資産の正確・適時な把握、②IT資産の適用方針・手続き・体制の整備、③IT資産の適切な運用管理の3点が挙げられる。

イ．適切。資産管理の対象は、ITサービスを構成するすべての要素であり、ハードウェアやソフトウェアのみならず、設計書やマニュアル、契約書類、保守連絡先、インシデントの記録も管理対象となる。

ウ．適切。経営戦略、ITアーキテクチャに基づく対応が必要である。

エ．不適切。ベンダーを固定すること、コストを固定することは、必ずしもITコストの最適化につながるとは言えない。

オ．適切。IT資産とコストに関する従業員の意識改革は重要である。

問題 10 解答 H26後

正 解 ア

ポイント

・運用管理で実施するプロセスの活動を適切に識別することは、作業手順や責任の所在、作業体制を構築・維持する上で必要となる。

・本問は、ソフトウェア資源の管理で行う活動に関する知識を問う問題である。

解 説

ア．不適切。本番稼働中に発見された問題を解決するために修正をするのは、保守管理における是正保守の活動である。したがって不適切である。

イ．適切。インストールされたソフトウェアの本数を調査したり、台帳などにより管理するのは、ソフトウェア資源管理の活動である。

ウ．適切。ソフトウェア資源ではソフトウェアのバージョンも管理対象であり、バージョンアップのために、利用中のバージョンを確認することはソフトウェア資源管理の活動の１つである。

エ．適切。ライセンスの内容の確認やライセンス証書の管理は契約管理の一環として重要な活動であり、ソフトウェア資源管理の活動の１つである。

オ．適切。社内で認められていないソフトウェアがインストールされていないか監視し、適切な処置を取ることは、ソフトウェア資源を有効に利用できる環境を整備するために必要なことである。特に社内で認められていないソフトウェアのインストールはセキュリティの観点からも重要な問題である。

問題 **11** 解答

H27後

正 解　イ

ポイント

・組織のソフトウェア資産の管理レベルを向上させるには、現状の管理レベル（成熟度）を把握し、また目標とする到達点とその具体的な達成イメージを持ち、改善活動を行うことが必要になる。

・ソフトウェア資産の管理レベルについてはJIS X 0164-1や（一社）IT資産管理評価認定協会（以下「SAMAC」）の資料などを参照することができる。

・設問は、「ソフトウェア資産管理評価規準」（SAMAC）の９つある管理目標とその管理状態をもとにしているが、「ソフトウェア資産管理評価規準」（SAMAC）を知らなくとも、ソフトウェア資産管理と成熟度の考え方を理解していれば正解を導くことができる。なお、達成イメージは、要求される成熟度より高くても、低くても不適切である。

・本問は、組織のソフトウェア資産の管理レベル（成熟度）の向上を視点として、ソフトウェア資産管理に関する知識を問う問題である。

解 説

ア．不適切。管理目標は合致しているが、レベル5（最適化されている段階）の達成イメージ（モデル）である。レベル4の定量的な管理に加え、組織に最適なものとなるよう変更・改善されている。

イ．適切。当該管理目標のレベル4（管理されている段階）のモデルに該当したものである。ライセンスの異動が適時に記録（適時＝仕組みどおり記録）され、妥当性がチェック（＝モニタリング）され、発見された問題は適切に是正される。

ウ．不適切。管理目標は合致しているが、レベル3（定義されている段階）の達成イメージ（モデル）である。組織的に定められた手順に従い記録を実施しているが、定量的な管理（モニタリング）は行われていない。

エ．不適切。同じ管理目標ではあるが、保有ライセンスの異動情報の記録ではなく、保有ライセンスの管理状態の検証についてのレベル5（最適化されている状態）の達成イメージである。

オ．不適切。ハードウェア・ソフトウェアの物理的・論理的な在庫管理（インベントリ管理）が行われ、ハードウェア・ソフトウェアの異動情報を記録する仕組みを持つことを管理目標として、レベル4のイメージを記述したものである。

●参考文献

・一般社団法人IT資産管理評価認定協会「ソフトウェア資産管理評価規準ver.4.0」2013

問題 **12** 解答

正 解　イ

ポイント

・ネットワーク機器は、必要となる機能やスペックを正しく設定し、その機能やスペックを適切に実現できる機器を調達する必要がある。

・可用性の維持・改善を目的とし、Webサーバーの負荷分散機能を持つネットワーク機器はロードバランサーである。Webサーバーの負荷分散にはリバースプロキシを用いる方法などもある。なお、選択肢のスイッチの名

称は、利用用途での分類名を用いている。

・本問は、事例の改善を通じて、ネットワーク資源の管理に関する知識を問う問題である。

解　説

ア．不適切。アクセススイッチは、ユーザーのPCや機器をネットワークに接続するための機器である。リピータハブやL2スイッチを使用するが、通信量の増加や上流のディストリビューションスイッチやコアスイッチとの接続に耐えられるL2スイッチを利用する場合が多い。

イ．適切。ロードバランサーは、可用性維持のためクライアントからサーバーへのリクエストを分散させる機器であり、負荷分散装置とも呼ばれる。Webサーバーの負荷分散に主に利用される。ロードバランサーは、可用性維持のために通信の負荷分散と接続先の死活監視を行う。

ウ．不適切。ディストリビューションスイッチは、多数のアクセススイッチを集約し基幹ネットワークに接続するための機器である。VLAN間転送やQoS（Quality of Service：通信の品質（帯域）保証）の機能を有するL3スイッチを用いる。

エ．不適切。ルーターは、異なるネットワーク間で、ルーティングテーブルを基にIPパケットの転送を行う機器である。LANとLAN（サブネット間の通信）やLANとWAN（インターネットなど通信回線との接続）の接続に利用される。

オ．不適切。WAFは、ファイアウォールとWebサーバーの間に配置し、Webサーバーの脆弱性を狙った攻撃の防御を行う機器である。WAFはWebサーバーへの通信を中継するリバースプロキシとして動作するが、負荷分散を目的として導入されるものではない。

●参考文献

・独立行政法人情報処理推進機構（IPA）編「情報セキュリティ読本　五訂版」実教出版　2018

問題 **13** 解答

正　解　ア

ポイント

・サーバーやネットワーク機器等の電源障害は情報システムの可用性に重要な影響を及ぼす。

・本問は、電源障害に有効なUPSを通じて、施設・設備の管理に関する知識を問う問題である。

解　説

ア．適切。給電方式が常時商用電源方式では、停電時電源を切り替えるときに瞬断が発生する。サーバー機器もごくわずかな瞬停や電圧変動に耐えられるものが多いが、ストレージ装置など電源の瞬断が望ましくない機器については、停電時でも瞬断の発生しない常時インバーター方式のUPSを利用することが望ましい。

イ．不適切。UPSは、停電に対して一定時間電力を供給しながら安全に機器を停止させる時間を確保するために導入されるが、UPSから電源断検出を受信したときに直ちに接続機器をシャットダウンしてしまうと、UPSで給電できるごく短時間の停電にも機器が停止してしまい、UPSの能力を活用できない。

ウ．不適切。停電の復旧時には、停電の原因によっては電源が安定せず、再び停電が発生することがある。UPSは停電中に機器に電力を供給しバッテリーの充電が低下している。復電後バッテリーの充電が十分でない状態で電力供給を開始し、機器が起動した後に再び停電した場合、UPSは期待された電力の供給ができず、機器が異常停止する恐れがある。そのため、UPSにはバッテリーの充電が一定量に達するまでは、給電を行わないよう考慮する必要がある。UPSは、バッテリーの充電状態を給電開始条件に設定できる製品が多いので、UPSの能力と安全な停止に必要な時間を考慮し、適切な設定を行うことが望ましい。

エ．不適切。UPSの主要メーカーでは、急激な電圧の変化でコンセント→バッテリーの切り換えが頻繁に起こり、UPS内部の回路を破損してしまう可能

性があるため、UPSにはレーザープリンタ、コピー機、冷蔵庫、エアコン、電気ヒーターなどの断続的に大電流が流れる機器を接続してはいけないとしている。利用が必須の場合は大容量のUPSにレーザープリンタを接続することは可能ではあるが、必要性を精査し、費用対効果を踏まえ、縮退等の対応手順を整える、自家発電設備を整えるといった対策を講じることになる。このことから不適切である。

オ．不適切。UPSのバッテリーは、利用とともに能力が低下する。特に充電・放電を繰り返す環境では劣化が激しい。そのため設置から一定経過したUPSについて、購入時に実測した電源供給時間を電源供給可能時間とすることは適切ではない。

問題 **14** 解答

正　解　オ

ポイント

・データセンターなどの運営者以外でも自社に機器を置くことは想定されることから、一般企業の情報システム部門でも設備資源管理の知識は必要となる。

・本問は、サーバー等を設置する区画での具体的な管理策を通じて、施設・設備の管理に関する知識を問う問題である。

解　説

ア．適切。純水（霧状）消火器は、通電中のコンセントの火災や精密機器の消火に適している。したがって適切である。

イ．適切。電力供給の瞬断が許容されない機器を接続する無停電電源装置については、常時インバーター方式を使用する。常時商用電源方式やラインインタラクティブ方式では商用電源からバッテリー給電への切り替え時に瞬断の可能性があるため、瞬断の許容されない機器への使用は不向きである。したがって適切である。

ウ．適切。建物の床は、設計上の耐荷重が定められており、この上限を超えて機器等を設置した場合、床が傾いたり、破損したりする原因となる。このため、ラック搭載を設計する場合には、電源容量、エアフロー、配線の

他に搭載重量にも注意が必要であり、あらかじめ施設の運用規則等で明記することは安全な施設管理に有効である。したがって適切である。

エ．適切。認証用データとの照合誤差の許容値は、誤差の許容値が大きいと本人と間違えて他人を受け入れてしまう可能性（他人受入率）が高まり、逆に誤差が小さすぎると本人であるのに拒否されてしまう可能性（本人拒否率）が高まる。入退室管理システムは、なりすまし防止が重要なことから、本人拒否率を低くすることよりも、他人受入率を低くすることを優先する必要がある。したがって他人受入率を低くすることを優先して装置の調整を行うことは適切である。

オ．不適切。防犯カメラの映像は、記録するだけでは不審者の侵入を防止できず、あくまでも侵入があったかを事後に確認できるだけであるが、存在自体に不正な侵入に対する心理的抑止効果が期待できる。そのため侵入防止が目的であれば存在がわかるようにカメラを設置する必要がある。したがって不適切である。

問題 **15** 解答

正 解　エ

ポイント

・本問は、携帯端末の普及、通信速度の改善により急速に普及している無線LANの特徴と導入に関する基本知識を問う問題である。

解 説

ア．適切。配線が不要であることのメリットが大きい。

イ．適切。建屋の壁構造によっては、無線が遮断されて通信しにくい場所が出ることもあるので、配慮して設置、利用する必要がある。

ウ．適切。個人の携帯端末を接続し利用する可能性が増えることから、個人利用に対するルール化が必要である。

エ．不適切。無線LAN特有のセキュリティ対策として、接続機器の制限、通信の暗号化が必要であるが、SSIDは無線LANにおけるアクセスポイントの識別子であり、暗号化にはWPA2などの利用が必要である。

オ．適切。アクセスポイント経由のコンピュータ通信はインフラストラク

チャモード、コンピュータ同士の直接通信は、アドホックモードと呼ばれる。

●参考文献

・総務省「安心して無線LANを利用するために」2004年4月26日（ウェブサイト）

 解答

H29後

正　解　イ

ポイント

・本問は、ネットワーク等機器の能力向上のための更改に当たっての変更管理手続きのあり方について問う問題である。

解　説

ア．不適切。ベンダーの営業から受領したメリット中心の資料だけでなく、それを自組織で評価した結果（性能なら理論値だけでなく、自組織環境における想定実力値など）や、想定されるリスク、課題、スケジュール、導入・運用コストなども含めるべきである。

イ．適切。IT機器の改善サイクルは短期なので、ある程度経過した見積りに対して再見積りを行うのは適切である。

ウ．不適切。年度計画・予算化の際の経営者の稟議では費用対効果が主眼になるが、変更会議承認では変更に伴う影響などリスク面が重視され、審査項目が異なる。作業方法や日程、影響に対する対応策などの情報の追加が必要になる。経営者の稟議を得ているのだから有無を言わず承認しろとの圧力と受け取れる言動をするのは好ましくない。

エ．不適切。組織ごとに業務内容が異なるので、リスクを想定して事前検証を行うべきである。

オ．不適切。日曜日の変更で失敗した場合に翌日月曜日の業務へ影響がないか、内々で決めた希望月にこだわらずに他の月の土曜日を実施日とし日曜日を予備日とすることができないのか、などリスクを想定した慎重な検討が必要である。

問題
17 解答

正　解　ア

ポイント

・情報システムはライフサイクルに応じた様々な費用が必要となる。費用は、導入時の費用だけでなく、情報システムのライフサイクル全体でのトータルコスト（TCO：Total Cost of Ownership）の視点で適正な支出となるよう管理する必要がある。情報システムのライフサイクルの多くは運用工程であり、運用工程での費用をいかに適切にするかがTCOでは重要となる。

・運用工程では、情報システムの構成要素のハードウェアやソフトウェアの保守や更新にかかる費用の適正化について注視されるが、自社で運用する情報システムでは、オペレータの費用やデータセンターの電気、水道などインフラにかかる費用についても、適切な費用になるよう注意が必要である。

・本問は、自社運用で注意が必要となるインフラの費用のうち、電力（節電）に注目した費用の適正化施策について問う問題である。

解　説

ア．不適切。データセンターで消費される電力のうちIT機器で消費される電力は約半分であり、残りは空調や照明など電気設備で消費しているとも言われる。IT機器の停止は容易ではないことが多いことから、空調や照明など電気設備の対策を合わせて検討することが必要である。

イ．適切。一般的なサーバーでは、電源をコンセントに挿しただけの状態で待機電力が必要となるため、サーバーの電源をスイッチ押下・シャットダウンコマンドなどで停止させる場合、電源をコンセントから抜く、あるいは給電停止機能付き電源コンセントの活用による相応の対応を行うことで待機電力を抑制し、節電することができる。

ウ．適切。サーバー等の機器は、機器内が高温になると熱暴走などの異常動作を起こしたり、製品寿命が短くなったりするリスクがある。そのためサーバー等の機器を設置する区画は空調設備により温度を一定に保っている。

そのため空調にかかる電力消費は大きいため、機器を搭載するラックの配置などレイアウトを適切にするなどの工夫を行い、空調機から出る冷気の流れを改善して、冷却効率を上げる必要がある。

エ．適切。機器の外気吸入部分やファンの排気部分のフィルタがほこりにより目詰まりを起こすと、筐体が熱くなり空調機器の負荷を高めたり、ファンが高回転で回り続けることで機器の消費電力を上げたりすることがある。たくさんの機器が設置されているデータセンターでは、1台のわずかの熱や電力消費が、大きな負担となる。そのためフィルタなどの吸排気部分の清掃は、節電として適切な対応である。

オ．適切。サーバーのBIOSやOSには、アイドル状態での消費電力を削減したり、プロセッサに搭載された複数のコアのうちできるだけ少ない数のコアに処理を集中させ残りのコアを保留（一時停止）状態にして消費電力を抑制する機能が備わっているものがある。これらの省電力機能を利用することにより節電することができる。

●参考文献
・特定非営利活動法人日本データセンター協会「データセンターにおける節電対策マニュアル改訂版」2012

1 ●ITサービスの提供　　　　　　　　　テキスト第1章第3節

問題 **18** 解答　　　　　　　　　　　　　　　H28後

正　解　　ウ

ポイント

・情報システムの運用に当たっては、運用の課題を把握し適切な対策を評価・選択できることが必要となる。

・対策の評価・選択に当たっては、社内に蓄積された知見だけでなくシステム管理基準（経済産業省）やITIL（Information Technology Infrastructure Library）、JIS Q 20000（サービスマネジメントシステム要求事項）など外部の知見を適切に参照することも有効である。

・本問は、運用管理業務の改善の視点から、運用管理に関する理解を問う問題である。

解　説

ア．適切。＜事例＞では、各チームの担当者はユーザーからの問い合わせに対応しながら日々の運用業務を遂行しているため、臨時の対応が発生した場合には必要なリソースを確保できないことを問題点として挙げている。そのため、サービスデスクを設置することによって、運用担当者は運用業務に専念し、適切な処置が行われることが期待できる。

イ．適切。＜事例＞では、障害が発生すると、問い合わせ対応と障害対応に追われてしまい、暫定的な処置で対応した結果、処置が一部分にとどまるなど適切でないことも多いことを問題点として挙げている。そのため、インシデント管理を実施し迅速な障害の復旧と、根本的な問題の解決を分けることで、サービス停止による影響を最小限に抑えることや、根本的な原因が解決されて同様の障害の再発防止につながることが期待できる。

ウ．不適切。＜事例＞では、変更管理に関して問題が発生していないことから、変更管理の改善は＜事例＞の問題に対しては直接改善につながらない。また、内容についても「すべてCABの承認を得ること」としているが、変更案件の規模などによって、変更諮問委員会の決定を待たずに実施でき

るような工夫がないと、業務に支障をきたすことが考えられる。ITILでも、あらかじめ変更要求を変更のインパクトや規模などにより分類し、それぞれの分類に適した対応を定めることを記載している。これらの理由から不適切である。

エ．適切。＜事例＞では、処置が一部分にとどまるなど適切でないことも多いことを問題点として挙げている。構成管理情報を正しく管理することで、対策の対象を適切に把握することができ、対処漏れの防止が期待できる。

オ．適切。SLAに盛り込まれた指標をモニタリングし、定期的にユーザー部門とその達成状況を確認することで改善策の効果や課題を評価し、さらなる改善につなげることができる。

問題 **19** 解答

H29前

正　解　ウ

ポイント

・情報システムを自社運用する場合、自社要員の不足、技術水準の不足、ピーク時の作業能力の不足などの問題に対応するために運用管理を行うオペレータについて外部に作業を委託したり、運用管理業務そのものを外部へ全面委託したりする。保守作業についても、製造元や販売会社に委託をする場合がある。

・外部委託に当たっては、委託先に対して、運用スケジュールや運用手順書などにより委託内容を明確化する必要がある。また、受託者の作業の資格や経験、セキュリティに対する対応などの遂行能力について、あらかじめ評価基準を定め、評価することが必要である。

・委託先の評価については、調達（選定時）だけでなく、委託期間中も定期的に報告を受け、運用状況を評価し、SLAや委託仕様、さらには委託条件の見直しを継続的に行うことが必要である。

・本問は、運用管理や保守管理における外部委託に関する知識を問う問題である。

解　説

ア．適切。保守業務の属人化は深刻な問題である。特に外部人材の場合は一

般的にリスクがより高くなりやすい。コストを犠牲にしても、社内の技術者と担当領域を意識的にオーバーラップさせることは適切な対応である。

イ．適切。委託開始後、時間の経過とともに運用担当者のモラル低下は仕事の性質上起こりやすい。工夫をして刺激を与えたり、目標を持たせたりする必要がある。

ウ．不適切。情報システムの運用・管理を社外に全面外部委託（フルアウトソース）すると短期的にはコスト効率がよい場合でも、運用のノウハウが社内に蓄積されないことで委託先の変更をしにくくなるベンダーロックインに陥りやすい。そのため、長期的にはコスト効率はかえって悪くなるリスクも高い。情報システムが企業戦略と一体化しつつある中では、自社の戦略立案に難をきたす可能性もある。上記ベンダーロックインのデメリット等も経営を含めて議論を尽くす必要があり、委託先が大手ベンダーであることを理由にこれらリスクを受け入れることは適切とは言えない。

エ．適切。ヘルプデスク業務は、PDCAがその対応能力の成長に寄与する。したがって組織的な体制とツールとリーダーの能力が成否のカギを握る。

オ．適切。全国的に展開している企業では、クライアントPCの管理は作業負荷、コストともに大きい。そこで、購入に合わせてインストール、若干のユーザー研修、ソフトバージョンアップ、故障時の取り換え等を全国的にサービス網を展開している企業に外部委託することも多い。外部に委託することでサービスレベルが低下しないように、ユーザーアンケート調査を実施し評価・フィードバックを行うなどして緊張関係を維持する工夫が必要となる。

2●オペレーションの管理　テキスト第1章第3節

問題 20 解答　H29前

正　解　エ

ポイント

・金融商品取引法による内部統制報告制度における内部統制の基本的要素の1つである「ITへの対応」における「ITの利用及び統制」では、情報システムに関する統制を有効なものにするために、「有効性及び効率性」、「準拠性」、「信頼性」、「可用性」、「機密性」についてITの統制目標を設定し、目標の達成に必要な活動を行うことが求められる。アクセス管理もこれら統制目標達成に必要な活動である。

・本問は、金融商品取引法による内部統制報告制度に基づく内部統制活動として行われるアクセス管理の具体的な管理策について理解を問う問題である。

解　説

ア．適切。パスワードなど秘密認証情報の初期化などの手続きでは、なりすましなど利用者本人以外からの申請ではなく正規の手続きに定められた申請者によるものであることを確認することが必要である。＜事例＞では、パスワードを忘れた利用者がシステム運用担当者に直接電話して再割り当てを依頼していることが確認されていることから、申請者の本人確認を行うことが、改善策として適切である。

イ．適切。利用者の登録や削除は、正規の利用者からの申請であっても、登録内容の妥当性について管理者等による承認が必要である。＜事例＞では、システム運用担当者が、パスワードを忘れた利用者から直接電話により再割り当てを受け付けていることが確認されていることから、運用担当者が、システムの実務管理者の許可を得た申請であることを確認することは、改善策として適切である。

ウ．適切。利用者の登録は、職務上利用する権限を有する者に限定する必要がある。＜事例＞では、すでに退職した社員のユーザーIDを使わせてい

たことが確認されていることから、利用者が別の組織に異動したり、組織から離れたりした場合、その部門は速やかに登録の変更または抹消の申請をすることは、改善策として適切である。

エ．不適切。利用者の登録内容を定期的に点検し、不適切な登録内容を点検し訂正することは、利用者の登録内容を適切なものをするために有効である。一定期間利用のないユーザー IDについても、一時的利用者や退職者等の登録抹消漏れの可能性が疑われるため、確認・対処することは適切な対応である。しかし、＜事例＞にある一定期間利用実績のないユーザーIDを抹消するには、あらかじめ定めた手続きに従い実施する必要がある。選択肢エでは、運用部門が一定期間利用実績のない利用者のIDを発見したときは速やかに抹消するとしていて、管理者等の承認を受けるなど必要な手続きが欠落していることから、改善策として不適切である。

オ．適切。利用者と利用者自身の行動とを対応づけするために、原則として一意な利用者IDを付与し、業務上・運用上の理由で必要な場合に限って、正式な手続きによって特別に付与する必要がある。＜事例＞では、グループIDを利用している部署があることが確認されていることから、原則としてグループIDの使用は認めないとすることは、改善策として適切である。

●参考文献
・経済産業省「情報セキュリティ管理基準（平成28年改正版）」2016

問題 **21** 解答 H28後

正　解　ウ

ポイント

・情報システムを自社で運用するためには、サーバーやネットワーク、機器を設置するための施設・設備とともに、それらIT資源を運用・管理する体制（人員）が必要となる。

・オペレータは、運用手順書等に基づき、これらIT資源の操作や監視、点検を行う要員である。情報システムを24時間常時サービス提供する場合、

サービスの提供に必要な体制（人員）を用意する必要がある。

・オペレータの作業は、バッチ処理の実行や処理結果の確認、処理障害時の対応、テープ媒体などの交換、印刷処理時の用紙のセットやトナーなど消耗品の補充・交換、機器の稼働状況の点検など多岐にわたる。処理実行や処理結果の点検など障害に直接結びつくものであり、作業品質の向上のために処理の管理や作業環境の整備が必要となる。またオペレータの費用は大きな負担となるため、効率化が必要となる。このようなオペレータの作業の品質向上や効率化のために、無人化について検討されることがある。

・本問は、マシン室（コンピュータ）におけるオペレータの作業品質向上や効率化の視点から、施設・設備の管理に関する理解を問う問題である。

(解　説)

ア．適切。無人化に当たっては、処理だけでなく体制や連絡方法についても合わせて見直すことが必要になる。

イ．適切。無人化のためには、ジョブの自動運行が必要となる。簡易な処理ならばOSの用意するスケジューリングツールで実装できるが、エラー制御などを細かく行うためには、専用のツールを導入することが必要になる。

ウ．不適切。無人化をするためには、自動化ツールの利用など実行環境や運用手順、ジョブの組み立ての見直しとともに、処理仕様の見直しなど処理そのものの変更を含めた運用設計の見直しが必要となる。処理の変更にはリスクを伴うことから慎重になりがちであるが、処理の変更も視野に入れた運用設計の見直しを行わないと、無人化へ移行した後に、正しく処理が行えない、異常が発見できないといった担当者による対応が必要な事態が発生するリスクを招きかねない。

エ．適切。プログラムの異常終了を検知することで、異常終了時に自動再スタートをさせるなどの例外処理の実行につなげることが可能となる。オペレータによる介入をなくすことは無人化に有効である。

オ．適切。繰り返し同一アラートが発生する場合に、アラートの発生原因を特定し対策を取ることで、障害を未然に防止し、休日・夜間の緊急対応を軽減することが期待できることから、無人化のための施策として有効である。

3●キャパシティ管理

テキスト第1章第3節

問題
22 解答

R1前

正　解　ウ

ポイント

・キャパシティ管理は、量・能力について、需要、資源、コストを最適にするよう管理する活動である。情報システムの運用に外部のサービスを利用する場合には、委託者と受託者で互いの役割を認識し、責任を果たす必要がある。

・本問は、情報システムの運用工程で、クラウドサービスなどの外部のITサービスを利用する場合のキャパシティ管理について、委託者と受託者（サービス提供者）の役割に関する知識を問う問題である。

解　説

ア．適切。要件の変更は契約途中においても発生し得るが、その場合、SLAや契約の変更の要否を含め要件変更の影響について受託者と委託者で確認を行い、対応について合意する必要がある。委託者は受託者任せでなく、委託業務を適切に管理する必要がある。

イ．適切。外部に運用を委託した情報システムの資源の見直しについて、委託者は受託者任せにせず、委託者自ら現状や事業の要求を把握・分析し、必要に応じて社内の技術部門や契約部門など社内の関係部門とも連携し見直しの妥当性やリスクを検討することが必要となる。

ウ．不適切。ホスティングサービスは、サービス提供者がサーバー機能を提供するサービスである。提供を受ける資源の容量、能力などサービスの内容は、事業の需要や予算などを基に委託者が決定する必要がある。

エ．適切。運用業務の委託では、問題点や課題などについて委託者と受託者の双方で認識を合わせる必要がある。そのため、受託者は委託者に対して、SLAの達成状況や資源の利用状況、能力（性能）の状況について会議等で定期的に報告を行う必要がある。

オ．適切。キャパシティ管理を適切に管理するためには、モニタリング・分

371

析・チューニング（改善の計画）、実装の管理サイクルを継続的に実施する必要がある。分析やチューニングでは、現在の利用状況に加えて利用者の需要や予算などの制約等を把握する必要があり、利用部門（エンドユーザー）の参画が必要である。

 解答

正 解 ウ

ポイント

・情報システムをSLAの要求を満たして稼働させるためには、業務が要求する処理の量や負荷に対応する能力を提供できるハードウェアやソフトウェアの量や能力・性能を、適切な費用で充足させる必要がある。

・キャパシティ管理は、必要とする量（需要）を把握し、現在の状況を把握し、過不足に対して構成要素の容量や性能を改善することで、需要と供給の最適化と性能・要求とコストの最適化を実現する活動である。

・本問は、キャパシティ管理の目的や役割、対象に関する理解度を問う問題である。

解 説

ア．不適切。ディスクやメモリーの利用率などの監視は、監視結果を記録することより、記録を活用しキャパシティ不足・過多から発生する不具合を未然に防ぐことを目的として行うことが重要である。

イ．不適切。キャパシティ計画は、IT資源の需要予測を行うだけでなく、ITサービスが実装すべき処理能力を計画することが必要である。

ウ．適切。Webシステムの応答時間を計測・監視することは、サービスキャパシティ管理の活動として、SLA（Service Level Agreement）の目標値の達成状況を確認するために実施される。

エ．不適切。パソコンなど機器の価格の低廉化に伴い過剰性能の機器を調達しがちであるが、キャパシティ計画を活用し、IT資源を過不足なく準備することが肝要である。過剰な投資は、資源の稼働率を下げ、適切なコストでの運用の妨げとなる。

オ．不適切。オペレーションなどITサービスを支えるには人的リソースが

必要であり、キャパシティ管理の対象である。

A●運用工程　＞　3●運用管理（2）

5●サービスレベル管理

テキスト第1章第3節

問題
24 解答

H28前

正　解　エ

ポイント

・本問は、バランススコアカードの概念、KGI（KPI）の理解を問う問題である。

・バランススコアカードは、企業の経営活動において経営目標を設定し、それに対する効率的、効果的な経営活動を行うための4つの視点（財務の視点、顧客の視点、内部業務プロセスの視点、学習と成長の視点）で戦略マップを作成する。4つの視点をベースにバランスよく時間の概念も取り入れているのが特徴である。

解　説

ア．適切。バランススコアカード戦略マップ作成では、ビジョンや戦略の設定をすることがまず最初である。バランススコアカードの説明の適否を問う問題なので、ビジョンや戦略の記述内容については問わない。

イ．適切。戦略マップの説明をしているので適切である。

ウ．適切。視点は必ずしも「財務の視点」、「顧客の視点」、「内部業務プロセスの視点」、「学習と成長の視点」に限定されているわけではない。4つの視点が最も一般的であり、この戦略マップは適切である。

エ．不適切。矢印の方向は下位視点の戦略が上位の視点の手段であることを示す。

オ．適切。「（生産計画システム構築の）開発完遂」は計測可能な評価指標とは言えず再検討すべきである。

正 解　エ

ポイント
- 本問は、SLAの運用（SLM）に関する理解度を問う問題である。
- ITの運用業務では、SLAの各項目がモニタリング指標として使われていることが多い。そしてSLAの実行を管理する（SLM）ためにPDCAサイクル（作成、実行、評価、見直し）を実施する。

解 説

ア．適切。予定された作業項目の確認というのは、定期的に実施する必要があり、「定例会議」が適当である。

イ．適切。障害や問題発生の再発防止策の検討は適宜実施する必要がある。したがって「定例会議」または緊急時は臨時会議等で討議すべきであり、「定例会議」で取り上げることは適当である。

ウ．適切。課題事項などはできるだけ早めに検討する必要がある。「定例会議」で取り扱うのが適当である。

エ．不適切。サービス内容の評価やサービス内容の変更はある一定期間の実績をみて検討する必要があるので、半年ごとの「評価会議」が適当である。また契約更改等も実績を考慮した上で契約に先立って「評価会議」で検討すべきテーマである。

オ．適切。サービス内容のモニタリングは常に必要でかつ定期的に関係者に報告する必要がある。したがって「定例会議」が適当である。

●参考文献
- 独立行政法人情報処理推進機構（IPA）「情報システムに係る政府調達へのSLA導入ガイドライン」2004

問題
26 解答

正　解　エ

ポイント

・本問は、ホスティングサービスを利用するときのSLAの評価や改善に関する問題である。

解　説

ア．適切。サービスレベルの向上意欲を持たせるために、ペナルティとインセンティブを効果的に利用することは適切である。

イ．適切。高いサービスレベルが達成された場合はインセンティブとして報奨金をサービス提供者に支払うことは不適切ではない。しかしこの場合の支払い対象は組織として行うことが肝要である。

ウ．適切。契約先を即時に変更することは高リスクであり、現実的ではない。まずペナルティなどで提供者に改善行動を促し、サービス水準を高めるよう仕向けることが得策である。

エ．不適切。リソース余剰の判断はピーク時で考えるべきである。また、早急に変更を考えるよりも契約期間全体を通じて必要性を検討すべきである。

オ．適切。業務への影響や緊急性等の重要性に基づいて必要な措置を講じることは適切である。

●参考文献

・独立行政法人情報処理推進機構（IPA）「情報システムに係る政府調達へのSLA導入ガイドライン」2004

6●費用の管理　

問題 **27** 解答　

正　解　ア

ポイント

・本問は、情報システムの投資や経費の評価等に用いるTCO（総保有コスト）に関する知識を問う問題である。
・TCOの構成要素には、ハード・ソフト導入費用、システム運用管理部門（情報システム部門）の費用、利用部門（エンドユーザー部門）の費用の他に、障害対応に係るコストなど間接的な費用がある。なお、TCOは障害対応による機会損失についても評価目的に応じて対象となる。

解　説

ア．適切。TCOには、障害対応に係るコストや障害対応による機会損失など間接的な費用も含む。システムの障害（停止、誤動作等）による機会損失に伴う逸失利益（得ることができなくなった利益）についても、予想される逸失利益とそれを回避するために必要なTCOの増加のバランスを評価する場合などでは評価対象に加える必要がある。

イ．不適切。TCOには、利用者が同僚にシステムの操作を教えるコストも含む。したがって、システムの使いやすさ、ヘルプディスク、FAQの充実などもTCOの低減に有効な検討事項となる。

ウ．不適切。TCOは、Total Cost of Ownershipの略であり、システムのライフサイクル全般での総保有コストのことである。

エ．不適切。システムの開発や運用・保守は、業務の独自性や品質要求などを勘案しながら外部委託も選択肢の1つとしてコストの比較を行うことで、コストの削減を図ることが必要である。

オ．不適切。一般的には運用保守工程がシステムのライフサイクルの中で最も長く、多くの費用が発生する。システムの投資効果の評価は、構築面だけでなく、運用保守工程を含めて総合的に評価し、対策を行うことが必要である。

●参考文献

・一般社団法人日本情報システム・ユーザー協会「TCOの試算とその最適化」（TCO研究部会報告書　平成11年3月）

問題 28 解答　　　　　　　　　　　　　　　　　　　H29前

正　解　イ

ポイント

・コンピュータシステムの導入、維持・管理など購入から廃棄までにかかる総費用のことをTCOと呼ぶ。

・本問は、TCOを視点として、コストの最適化に関する知識を問う問題である。

解　説

・TCO（総保有コスト）は、導入費用と運用・保守・維持・管理など、システムを利用するのに必要な費用のすべてを合算したものであり、システム投資を行う場合の意思決定や運用時の無駄な経費を抑制するために使われる指標である。構築後、運用に入ってからのヘルプデスクのための人件費、セキュリティの維持費用などの定常的な費用や、ハードウェアの更新やソフトウェアの修正・改造といった費用も含まれる。また、利用部門において、操作を教えるなどの教育に係る費用もこれに含まれる。

ア．不適切。TCOはシステムを利用するのに必要な費用のすべてを合算したものであり、システム投資を行う場合の意思決定や運用時の無駄な経費を抑制するために使われる指標である。したがって不適切である。

イ．適切。TCOには、ハードウェアやソフトウェアの購入費といった直接的な費用の他に、システムダウンやパフォーマンス低下による業務上の損失も含まれる。

ウ．不適切。ハードウェアの更新時に新しい機器がシステムの稼働前提の古いOSに対応しない場合や、新しいOSが現行の機器では動作保証されない場合などでは、システムの更新費用や更新時期の調整のために仮想化が利用されるが、現行の機器で仮想化を行ってもコスト面で仮想環境を利用することの恩恵はない。また、保守切れのOSをそのまま使い続けることは、

セキュリティや障害時の対策など運用・保守工程で多くのリソースを費やすリスクが高く、将来的なコスト増加になる可能性がある。そのためシステムの対応に多くの費用がかかったとしても、安易な延命は大きな損害や負担増になるリスクが大きい。これらのことから不適切である。

エ．不適切。間接コストを活動単位に分割して個々の活動ごとの基準を用い算出する計算方法はABC（活動原価計算）であり、ABCを分析しコスト改善を行うのはABM（Activity Based Management：活動基準原価管理）である。TCOでの間接費の算出方法は必ずしもABCで行うものではないことから不適切である。

オ．不適切。基幹系システムは長期的に使用され、適応保守など改修も多く実施される。フリーウェアは長期間の安定した保守や、利用方法やOSバージョンアップへの対応などの支援が期待できないものも多いため、長期的な運用コストや、問題発生時の対応コストを勘案すると、安易にコスト削減が期待できると考えることはできない。採用に当たっては慎重に情報を収集、評価することが必要である。

8●インシデントの管理 テキスト第1章第3節

問題 29 解答

正　解 エ

ポイント

・障害が発生したときは、業務処理やサービスレベルを迅速に回復させ、利用者の業務への影響を最小限に抑えることが必要となる。根本原因の調査や対策については、問題管理として切り分ける。

・本問は、障害の管理に関する理解度を問う問題である。

解　説

ア．不適切。利用者は事後に発生した事象を伝えてきているにすぎない。また、障害の中で正しく事象を伝えられないことも多い。したがって管理者は、連絡された局所的な内容だけでなく、システムを俯瞰し、事象や状況を再確認し、正しく全体の状況を把握し対応を決める必要がある。

イ．不適切。緊急時の対応は通常の連絡・承認経路では対応が遅滞する恐れがあることから、あらかじめ障害の状況に応じた対応手順を用意し、これに従い対応を行う。

ウ．不適切。障害の対応は措置の緊急度、影響の大きさから優先度を決定する。また、障害はイベント管理など運用管理作業の中で発見されるものもあり、障害の発生順に対応を図るのは不適切である。

エ．適切。「ハインリッヒの法則」とは、1件の重大事故の背景には29件の軽微な事故があり、さらにその背景には300件の異常が存在するというものである。重大な事故につながる可能性のあるヒヤリハット事例の共有・分析を行うことで、原因傾向を詳細に把握することや、情報の共有による意識づけが可能となり、重大な事故の予防につながる。

オ．不適切。インシデント管理は、サービスの復旧を一義的な目的とし、問題管理は発生した障害の根本原因を究明し、恒久的な対応策を実施することを目的としている。問題管理はサービスに直接影響しないものを扱うものではない。

問題 **30** 解答

正　解　エ

ポイント

・情報システムが様々な業務を支え、経営に影響を与えるようになっていることから、情報システム障害から迅速かつ適切に復旧が行われないと業務や経営に大きな影響を与えかねない。

・本問は、障害に対する事前の対策や管理の視点から、障害対策についての理解を問う問題である。

解　説

ア．不適切。すべてを同列のリスクと考え対応策とリカバリプランを検討していては、限られた資源の中で優先して対応すべきものについて適時に対策ができずにリスクが顕在化し、事業に重大なダメージを受けてしまいかねない。リスクアセスメントを実施し優先順位付けした対策を行うことが重要となる。

イ．不適切。サービス提供者にとって顧客メリットは重要だが、SLAと切り離すと際限のないサービスを追い求めることになる可能性がある。サービス回復時間など障害管理の達成目標をSLAとしてサービス提供者と利用者で事前に合意することで、サービス全体としては、過剰な負荷による資源不足や質の低下を防ぐことが期待できる。

ウ．不適切。ミッションクリティカルなシステムでは、DR（Disaster Recovery）への対応としてミラーサイトの設置も行われているが、地震対策には遠隔地のデータセンターやクラウドサービスの活用などいろいろな対策があり、個々の企業の事業継続に必要な選択をすべきである。

エ．適切。システム障害の復旧計画や手順の作成だけでは有効ではなく、計画や手順の有効性を確認するとともに、計画や手順が確実に実行されるための教育・訓練が重要である。

オ．不適切。「フェールセーフ」の説明である。「フールプルーフ」は、単純なミスやエラーによってシステムが機能不良とならないような設計あるいは誤操作ができないような設計のことをいう。

問題
31 解答

正解 ア

ポイント

・障害発生時のデータベースの復旧に関する理解度を問う。

・トランザクション処理システムはACIDによりデータベースの一貫性を保つ。障害発生時には原子性により、トランザクションに含まれるタスクがすべて実行されるか、あるいはまったく実行されないことを保証する。つまり、障害発生時に処理が完了（コミット発行）しているものは完了とし、完了していない（コミットされていない）ものは処理開始時（トランザクションの開始時）の状態にする。

・トランザクション処理はコミットにより完了するが、このときDBMS（データベース管理システム）は、ログをディスクに記録し、データベースへの反映はコミットによりメモリー上のバッファにいったん記録し、一定間隔ごと（チェックポイント）にまとめてディスク（データベース）に反映する。

・データベースの障害後の復帰時に、チェックポイント後にコミットされたトランザクションは、メモリー上に記録されただけでディスクにはまだ更新が反映されていないため、ログを使用して障害発生直前の状態まで前進復帰（ロールフォワード）を行う。また障害発生時にコミットされていないトランザクションは、ACID特性の原子性に基づき更新前ログを使用して後退復帰（ロールバック）でトランザクション開始時点の状態に戻す。

・本問は、障害復旧に必要な、適切なリストア方法に関する理解を問う問題である。

解説

更新前ログは更新前のイメージを保存したもの。更新後ログはトランザクションコミットの際に更新後イメージを保存したものである。したがってA〜Dは次のとおりとなり、正解はアとなる。

「トランザクション処理が何らかの理由で異常終了した場合には、（A：更新前）ログを利用して（B：ロールバック）処理を行い、トランザクション処

理開始前の状態に回復する。一方、サーバーのディスク障害等によりデータベース内容の全部または一部が失われた場合には、バックアップファイルからデータをリストアし、（Ｃ：更新後）ログを利用して（Ｄ：ロールフォワード）処理を行うことで障害前の状態に回復する。」

1●保守の活動の概要

問題 32 解答

正　解　ウ

ポイント

・保守が必要となる要因を大まかに分類すると、障害の発生前に行う予防保守と、障害の発生後に行う事後保守に大別できる。

・予防保守は、障害の発生前に障害の発生リスクを低減するために、環境の変化や時間の経過、状態の変化に対して仕様どおりの機能を維持するよう点検・修繕を行う。

・本問は、ハードウェアの予防保守への理解を問う問題である。

解　説

ア．適切。予防保守は、障害発生のリスクを軽減するために障害の発生前に行われるもので、定期的な保守や日常の点検を行う作業であり、予防保守の正しい説明である。

イ．適切。状態監視保守は、ハードウェアの稼働状況や特性値を見て、障害に至る可能性の高い異常があった場合に行う保守であり、選択肢イは状態監視保守の正しい説明である。

ウ．不適切。緊急保守と予防保守は目的が異なる作業である。予防保守が障害を未然に防止するためのものであるのに対し、緊急保守は突発的な故障時や性能が大幅に劣化したときに、システムの機能やサービスを回復させるために実施される保守である。

エ．適切。機器等を稼働させるためには、電力や空調が必要である。コンピュータ室は外部と遮断された空間に設けられることが多く、熱がこもりやすい。空調が停止していると、機器の発熱によって機器が熱による異常をきたし停止に至る。したがって電源や空調の可用性も踏まえた施設・設備の保守が必要になる。

オ．適切。保守は限られた時間の中で、適切な対応を行うことが求められる。作業中に発生する事象には、過去の事例を参考にすることで原因や対応を

特定できることも多い。したがって、煩雑な保守作業であっても作業の記録は毎回詳しく記録する必要がある。

正解 イ

ポイント

- ソフトウェア保守の業務内容はJIS X 0161で①利用開始後に発生した問題を解決するために講じる「是正保守」、②障害を引き起こす原因になり得る問題を見つけ出して直す「予防保守」、③利用環境の変化に合わせてソフトウェアを修正する「適応保守」、④性能や保守性を向上させるためにソフトウェアを改良する「完全化保守」に分類している。

- 外部委託には、「請負契約」と「派遣契約」がある。請負契約には「作業請負」と「一括請負」があり、作業請負には「委任」「準委任」がある。

- 「準委任」は、法律行為以外の業務（作業）について善管注意義務の責任をもって受託する。「一括請負」は、作業の完了に責任を持ち、受託者側に指揮命令権がある。指揮命令権は、「派遣」では派遣先にあり、「一括請負」「準委任」は受託者側にある。

- 本問は、ソフトウェアの保守形態及び保守作業の外部委託形態に関する知識を問う問題である。

  ＊2017年の民法改正（2020年4月施行）で、本問（平成29（2017）年出題）に関して次の点が変更となった。これらは任意規定であって、当事者が契約によって改正前の民法と同じ条件を維持することも可能である。

  - 改正により「瑕疵」の規定はなくなり、「契約の内容に適合しないもの」（契約不適合）に改められた。契約不適合は債務不履行責任であり、これまでの解除や損害賠償に加え、追完請求、代金減額請求も買い手（委託側）に認められる。瑕疵担保責任は、目的物が引き渡されてから1年以内に権利を行使する必要があったが、契約不適合責任は「契約不適合を知ったときから1年」に通知をすればよい（引き渡しから契約不適合を知るまでの期間は消滅時効一般の10年間）。

  - 「準委任」は、法律行為以外の業務（作業）について善管注意義務の責任をもっ

て履行するいわゆる履行割合型の契約形態に加え、準委任契約でも成果に対
して報酬を支払うとするいわゆる成果完成型の契約形態が明文化された。

（ 解　説 ）

①の設問のポイントにより下記のとおりとなる。

Ａ：適応、Ｂ：準委任、Ｃ：一括請負、Ｄ：瑕疵担保責任

したがって正解は、イである。

2●IT資源の種類ごとの特徴

テキスト第1章第4節

問題 **34** 解答

H28前

正 解 エ

ポイント

・ソフトウェアの保守区分には、「是正保守」、「予防保守」、「適応保守」、「完全化保守」の4つがある。「適応保守」は、組織改編や関係法令改正への対応など、環境変化に対応してソフトウェアを使い続けるために行う改良である。なお「適応保守」は、ハードウェア保守の分類にはない。

・本問は、保守の区分や特徴に関する知識を問う問題である。

解 説

ア．不適切。ハードウェアの予防保守に関する注意点である。

イ．不適切。ハードウェアの予防保守における対応の工夫についての記述である。

ウ．不適切。消耗品、予備品という記述からハードウェアの予防保守に関する記述である。

エ．適切。アプリケーションソフトウェアの仕様に影響を及ぼす法令について把握し、法令の改正があった場合には施行や事務発生の時期までに改修を行う必要がある。そこで、関係する法令を一覧にするなどして整理し、定期的に改正状況について点検することで、時機を逸することなく対応できるようにすることが必要である。

オ．不適切。保守効率の改良であり、完全化保守についての記述である。

問題 **35** 解答

H30後

正 解 イ

ポイント

・ハードウェア、ソフトウェアの保守は、保守契約の内容を精査し、情報シ

ステムが必要とする適切な条件やオプションを選択する必要がある。

・本問は、ハードウェア、ソフトウェアの保守契約に関する知識を問う問題である。

解　説

ア．不適切。スポット保守とは、メーカー等と定期保守契約を締結せず、機器の故障など保守サービスが必要となったときに保守をメーカー等に依頼することである。通常の保守契約より一般的に費用は安いが、採用に当たっては選択肢のように設置場所だけで判断するべきではなく、対象のハードウェアの故障率や許容される停止時間などの保守要件と、費用などを評価して、保守契約や契約のオプションを選択する必要がある。

イ．適切。保守契約は、対象の機器に対する保守要件と機器の信頼性などの性能・品質を踏まえ、メーカーの提示する契約内容、費用対効果などをもとに必要性を評価して保守契約を締結するべきかを判断する必要がある。費用の削減という命題に対しては、保守要件や機器の性能・品質、費用対効果を評価し保守契約を締結しないという判断も必要となる。

ウ．不適切。保守契約は、契約時期に「利用開始時のみ保守契約可能」、「利用開始後に保守契約を結ぶ場合には追加費用が必要」など制限があるものが多い。そのため、利用開始までに保守契約の有無を精査して可用性や機密性の確保が必要であれば保守契約を締結する必要がある。

エ．不適切。保守作業では、保守対象の機器・ソフトが取り扱うデータに対してアクセスできる状態になる場合や、機器が格納するデータや障害の原因となったデータを外部に持ち出すことが必要になる場合がある。これら保守作業についてもセキュリティの確保は必要である。迅速な保守対応を妨げないようにするためには、あらかじめ保守契約や秘密保持契約（NDA）で委託先と秘密保持に関する取り決めを行っておくと同時に、保守作業における情報の取り扱い手順を定めておくことが必要となる。

オ．不適切。ハードディスクのように稼働保証時間の定められているものは、稼働保証時間を経過した場合には故障率が上がり必要な信頼性が得られなくなる恐れがある。そのため稼働保証時間が超過した後ではなく、稼働保証時間に到達する前に交換など対処を行う必要がある。

正 解 エ

ポイント

・保守の区分は、作業計画や体制の整備において必要となる知識である。

・ソフトウェアの修正は、「ソフトウェアの訂正」、「ソフトウェアの改良」に分けられる。さらに、「ソフトウェアの訂正」は「是正保守」と「予防保守」に、「ソフトウェアの改良」は「適応保守」と「完全化保守」に分けられる。

・本問は、ソフトウェアの保守管理を適切に行うために必要な、ソフトウェア保守に関する理解を問う問題である。

解 説

Aは「適応保守」（本番稼働中の環境変化に対応するために改良する）の例である。

Bは「完全化保守」（性能の向上や保守性の向上を目的に改良する）の例である。

Cは「是正保守」（本番稼働中に発見された問題を解決するために行う訂正）の例である。

Dは「予防保守」（潜在的な問題を解決するために訂正する）の例である。

Eは「完全化保守」（性能の向上や保守性の向上を目的に改良する）の例である。

よってエが適切となる。

1●情報の収集と活用　　　　　　　　　　　　　　　　　テキスト第2章第1節

問題 **37** 解答　　　　　　　　　　　　　　　　　　　　　　

正　解　イ

ポイント

・あらゆる情報が氾濫している現代社会においては、大量の情報の波にのまれて、本来の情報活用の目的を見失ってしまうことのないように、各プロセスにおける留意点をしっかりと押さえておく必要がある。

・本問は、情報活用のプロセスについて基本を理解しているかを問う問題である。

解　説

それぞれの行為は、

　　a－紙の資料をバインダーに綴じる。　　　　　　　　　　⇒④蓄積

　　b－アンケート用紙を作成し、お客様に記入を依頼する。　⇒②収集

　　c－1年間アクセスされなかった資料を廃棄する。　　　　⇒③整理

　　d－手書きの資料をスキャンしてデジタル化する。　　　　⇒⑤加工

　　となる。

ア．不適切。「③整理」には、「分類」、「廃棄」という2つの内容が含まれる。紙をバインダーに綴じる行為は、「③整理」ではなく「④蓄積」に該当する。

イ．適切。a－④蓄積、b－②収集、c－③整理、d－⑤加工の組み合わせであり、この選択肢が適切である。

ウ．不適切。「②収集」には、各種刊行物の収集や、商用データベースからの収集などが含まれる。アンケート等で自ら情報収集するのも、これに該当する。

エ．不適切。1年間アクセスされなかった資料を廃棄する行為は「①情報源の選定」ではなく、「③整理」である。

オ．不適切。アンケート用紙を作成し、お客様に記入を依頼する行為は、「①情報源の選定」ではなく、「②収集」である。

問題 **38** 解答

正　解　オ

ポイント

・本問は、「情報」や「データ」、「知識」という情報処理に係る基本用語について、日常よりその違いを意識して使用しているかどうかを問う問題である。

解　説

ア．不適切。JIS X 0001-1994情報処理用語 – 基本用語における「情報」の定義。

イ．不適切。「日本大百科全書（ニッポニカ）」における「知識（knowledge）」の内容。

ウ．不適切。飯塚健氏らによる「知識」の定義。参考文献[1]のp.1参照。

エ．不適切。「電子通信用語辞典」における「情報」の定義。

オ．適切。JIS X 0001-1994情報処理用語 – 基本用語における「データ」の定義。

●参考文献

・JIS X 0001-1994情報処理用語 – 基本用語

・「日本大百科全書（ニッポニカ）」小学館

・情報科学技術協会編、原田智子他著「情報検索の基礎知識　新訂2版」社団法人情報科学技術協会　2011[1]

・電子通信学会編「電子通信用語辞典」コロナ社　1984

・電子情報通信学会編「改訂 電子情報通信用語辞典」コロナ社　1999

・「概説情報論～情報とは何か～」の12回シリーズの2回目「情報の定義（2002年12月号）」

・コトバンク

問題 **39** 解答

正　解　ウ

ポイント

・本問は、組織内や組織間で文書やデータを共有するときに、文書やデータの管理者に必要となる知識を問う問題である。

解　説

ア．不適切。もともとはJIS X 0208規格外の文字を「機種依存文字」と呼んでおり、半角カタカナはこれには該当しないので、機種依存文字ではない。なお、現在では、上記規格外の文字というよりも、パソコンの種類や環境（OS）に依存し、異なる環境で表示させた場合に、文字化けや機器の誤作動を引き起こす可能性のある文字のことを指すことが多く、機種というよりもOS環境に依存するものなので、「環境依存文字」と言われることもある。例えば、Windowsの場合は、「①」のような囲み数字や、「Ⅳ」などのローマ数字が機種依存文字（環境依存文字）である。半角カタカナは機種依存文字ではないが、環境によっては文字化けすることがあるので、できるだけ使わないほうがよい。

イ．不適切。ファイルには、メタデータ（データに関連する情報）としてデータの作成日時や作成者のユーザー名、データ形式、タイトル、注釈などが保持されている。ただし、更新の都度利用者の氏名が設定されるわけではない。メタデータは、PDFファイルなど別のファイル形式に変換した場合にも引き継がれるため注意が必要である。Microsoft Wordでは、「ドキュメントの検査」機能で、メタデータや非表示項目、注釈などの有無について確認することができる。

ウ．適切。有料のサービスであれば通常はバックアップのサービスもついてくるが、事故で消失してしまうリスクはゼロではないので、重要なデータは自身でバックアップを取っておくほうがよい。金銭で補償されても、失ったデータは返ってこない。

エ．不適切。Excel2016などでは、機密保護の方法として、暗号化とパスワード設定は区分されており、ファイルの暗号化を用いると、他のユーザーは

開けなくなると説明されている。バージョンやソフトによっても異なるが、まったく同じものということではない。

オ．不適切。Excel2016では、OneDriveやSharePointオンラインのライブラリなどに格納したものは、共同編集が可能である。

●参考文献
・BIGLOBE会員サポートページ「機種依存文字とは何ですか？（Windows）」（ウェブサイト）
・Microsoft Officeサポートページ「Excelファイルを保護する」（ウェブサイト）
・Microsoft Officeサポートページ「Excelブックの共同編集を使用して同時に共同作業を行う」

1●要素技術　テキスト第2章第2節

問題 **40** 解答　　　　　　　　　　　　H28後

正　解　オ

ポイント

・本問は、画像、音声記録における圧縮技術の理解を問う問題である。

・マルチメディアには動画、画像、音声などがあり、標準化が進んでいる。マルチメディアはデータ量が非常に大きくなるので、伝送の効率化を行うため圧縮技術が用いられることが多い。圧縮には、圧縮したデータを元に戻す際に、完全に元に戻すことが可能な「可逆圧縮」と、元に完全に戻すことができず劣化してしまう「非可逆圧縮」がある。

解　説

ア．適切。一般的な音楽で利用されるMP3は、非可逆圧縮であり圧縮率を重視している。人間の耳は10kHz以上の高音や100kHz以下の低音はかなりの音圧でないと聞き取れない。これらの聞き取れない情報をカットすることで、データ量を小さくすることが可能となる。また、大きな音が聞こえている場合、小さい音は聞こえないのでカットすることができる。このように耳の特性を生かして符号化が行われている。

イ．適切。TIFF（Tagged Image File Format）：原則的には非圧縮形式の保存となる（規格上は複数の形式で圧縮も可能であるが、ソフトによっては利用できなかったり、利用できても再編集で問題が発生するなどの問題があり、非圧縮形式で利用されることが多い）。BMP（Windows Bitmap）：非圧縮形式の保存方法である。

ウ．適切。サンプリング周波数は、1秒当たり何万分割して音を採取するかを示す。大きければ大きいほど分割数は増え、滑らかな音となり音質は向上する。ビットレートは、分割されたデータにどれだけの容量を与えるかを示す。大きければ大きいほど、音の細かさや大小などが細かく表現され音質は向上する。

エ．適切。ロスレス圧縮は、元のデジタル波形データを1ビットの違いもな

く再現できる圧縮方式のことで、可逆圧縮ともいう。音声用途のロスレス圧縮の中で、標準化団体が規定したフォーマットには、DVD-Audioが採用したMLP（Meridian Lossless Packing）や、MPEG標準規格として策定中のMPEG-4 ALSがある。音声向けロスレス圧縮の圧縮率は、標本化周波数や音楽のジャンルにもよるが、例えばMPEG-4 ALSであれば15 〜 70％ほどになる。

オ．不適切。人の色覚は、輝度には敏感で色差には比較的鈍感であるため、「色成分」を間引く方式がとられる。

●参考文献
・ウイングアーク 1 st株式会社「データのじかん：WAVやMP3やFLACなどいろいろあるけどどう違う？ 音楽ファイルのフォーマットを徹底研究」（ウェブサイト）
・日経xTEC「NE用語：ロスレス圧縮」（ウェブサイト）

2●統合技術
テキスト第2章第2節

問題 **41** 解答

H29前

正　解　ウ

ポイント

・本問は、動画や音声の配信に関する知識と理解を問う問題である。

解　説

ア．不適切。「プログレッシブダウンロード」は、HTTPプロトコルによる
　　転送が可能であるため、一般的なWebサーバーで配信が可能で、別途サー
　　バーを必要としない。

イ．不適切。ユーザーに動画映像を随時提供するためには、あらかじめ動画
　　ファイルをサーバーにアップロードしておく必要があり、その方法として
　　適しているのは、「オンデマンド配信」である。

ウ．適切。「オンデマンド配信」では、あらかじめ動画ファイル（ストリー
　　ミングメディア）を作成し、それをサーバーにアップロードしておく。ユー
　　ザーが見たいときに見たいものだけをサーバーにアクセスしてその映像コ
　　ンテンツを引き出して自由に再生することができる。ユーザーの要求に応
　　じて、時間に関係なく頭から再生することができるので、ビデオライブラ
　　リーなどに適している。

エ．不適切。「ライブ配信」とは、映像を事前に作成するのではなく、順次
　　撮影しながらストリーム配信する方法であり、繰り返し提供する可能性の
　　ある動画には不向きである。

オ．不適切。「ストリーミング配信」は映像を受信しながら再生するため
　　CPUの負担が大きくなり、なるべく高機能なCPUを必要とする。

●参考文献

・総務省調べ（平成17年9月末現在）全国のブロードバンド普及状況

・総務省「平成30年通信利用動向調査」（令和元年5月31日公表）

・「オンデマンド配信とは」（ウェブサイト）

・「ネット動画の配信方式：ストリーミングとプログレッシブダウンロードとは？」（ウェブサイト）

問題 **42** 解答

H28後

正解　エ

ポイント

・マルチメディアは、文字、音声、画像など複数の要素によって構成されている。それぞれを作成した後で最終的にシステムに記録し、1つのコンテンツとして統合することを、オーサリングといい、オーサリングを行う際に使用するソフトウェアのことをオーサリングツールと呼んでいる。

・本問は、マルチメディア統合技術の要であるオーサリングツールに関する基本的知識を問う問題である。

解説

ア．該当する。DVDオーサリングツールの説明である。

イ．該当する。FLASHオーサリングツールの説明である。なお、FLASHには、オーサリングツールで編集するFLAファイルと、FLAファイルから書き出されたSWFファイルがある。

ウ．該当する。Webオーサリングツールと呼ばれるオーサリングツールの一種である。

エ．該当しない。PHPファイルは「Hypertext Preprocessor」の略。PHPはWeb系のプログラムを作るときによく使われるオープンソースの汎用スクリプト言語であるが、中身はテキストファイルなので、通常のテキストエディターで編集可能である。いわゆる「オーサリングツール」とは、文字や画像、音声、動画などの要素を組み合わせて1つのソフトウェアやコンテンツ作品を組み立てるものであり、通常、テキストエディターはオーサリングツールには分類されない。

オ．該当する。例えば、「Google Web Designer」はHTML5を使ったWebコンテンツを簡単に作成できるオーサリングツールである。

●参考文献

・IT用語辞典e-Words
・マイナビニュース「クリエイティブ初心者のためのFlash講座」（ウェブサイト）

3●Web技術

 解答

正 解 イ

ポイント

・本問は、XMLに関する基本知識を有しているかを確認する問題である。

解 説

ア．不適切。マークアップ（Markup）とは、もともと「文書に印を付ける」という意味のmark upであり、そこからコンピュータ用語として"markup"という名詞が生まれている。マークアップは、タグ（またはトークン）と呼ばれているコードを利用してあらゆるデータの構造、視覚的外観、意味（XMLの場合）を定義する過程のことである。

イ．適切。HTMLの場合、タグがデータの外観を定義する。見出しをここに置くとか、段落がここで始まるなど。一方、XMLの場合、タグはデータの構造と意味を定義する。

ウ．不適切。XMLの基本データ単位は要素であり、開始タグと終了タグをペアで定義することは正しいが、終了タグの表現は＜/book＞のように"/"を用いる。

エ．不適切。アルファベット、数字の他に、ハイフン、アンダーバーなどは使用できる。また、エンコード指定をすれば、シフトJISなどの全角文字も使用可能である。

オ．不適切。XMLではアルファベットの大文字、小文字は区別される。

●参考文献

・IBM developerWorks「第1回 PHPでのXMLを15分で学ぶ」（ウェブサイト）
・Microsoft Officeサポートページ「初めてのXML」

正解 イ

ポイント

・本問は、ホームページを作成する際に必要な知識として、Webサイトを構成するファイルの特性や位置の制約等について問う問題である。

・ホームページを作成するソフトは、Webサイトを作成するためのソフトウェアである。HTML言語がわからなくても、比較的簡単にホームページを作成し、Web上に公開することができる。

解 説

ア．適切。HTMLやCSSファイルなどのWebサイトの設計に関わるテキストファイルは、テキストエディタで編集できる。

イ．不適切。別ディレクトリにファイルを置いても参照可能である。

ウ．適切。WordPressのようなCMSは自社サーバーであっても導入して外部向けに運用できる。

エ．適切。レスポンシブWebデザインの手法によって、同一のHTMLをCSSの機能によってPC、タブレット、スマートフォンに合わせて表示を変えることができる。

オ．適切。HTML形式に保存することができる。

●参考文献

・Wikipedia「レスポンシブウェブデザイン」（ウェブサイト）

1 ●Web

問題 **45** 解答

正　解　エ

ポイント

・本問は、Webサイトを構築するための手法の理解を問う問題である。

・Webサイトを構築するには、CSSのようなWebサイトをデザインするための技術、SEOのようなWebサイトを顧客に認知させるための技術、RSSのような継続的な読者を獲得するための技術などが必要となる。

解　説

ア．適切。CSSはCascading Style Sheetの略で、Webページの書式やレイアウトを定義する言語である。

イ．適切。SEOはSearch Engine Optimizationの略で、検索エンジン最適化と訳す。サーチエンジンの検索結果のページの表示順上位にWebサイトを載せるための技術やサービスのことである。

ウ．適切。RSSはRDF Site Summaryの略で、Webサイトの更新情報、見出し、要約を記述するフォーマットのことで、RSSリーダーにより多数のWebサイトの更新情報を統一的な方法で効率的に把握できる。

エ．不適切。NASはNetwork Attached Storageの略で、ネットワークに直接接続し、コンピュータなどからネットワークを通じてアクセスできる外部記憶装置である。

オ．適切。CMSはContent Management Systemの略で、HTML等の専門知識がなくても、Webページを簡単に作成・変更したり、管理・保存できるソフトウェアのことである。パッケージ型以外にASP（SaaS）型サービスとしても提供されている。

●参考文献

・IT用語辞典e-Words

2● 検索 テキスト第2章第3節

問題 **46** 解答　H29後

正　解　ウ

ポイント

・本問は、SEO、SEO対策に関する知識を問う問題である。

・Webサイトの集客は、検索エンジンによる検索結果で決まることが多い。そのためWebサイトの運営者は、検索エンジンを意識して、検索順位アップ・上位表示のための対策を行うことが重要となる。また検索行動によってサイトにたどり着いたユーザーは、目的が明確である場合が多いため、一般的にモチベーションが高く、成果につながりやすい傾向があると言われている。そのためWebプロモーションの非常に重要なターゲットとなる。SEO対策は、検索結果でWebサイトがより多く露出されるために行う一連の取り組みのことを指す。

解　説

ア．適切。SEO対策によりWebサイトの集客数が増加し、自社のビジネスに貢献する。

イ．適切。サイトを改善することで検索にヒットしやすくなり、SEOの評価が高まる。

ウ．不適切。ブラックハットSEOとは、検索エンジンの評価ロジックの意図に反して（システムの穴を突くやり方で）、検索エンジンを欺いて価値のあるサイトと見せかけるやり方である。スパムサイトとして認定され、検索結果から完全に除外されるペナルティが科せられる可能性がある。

エ．適切。有益なコンテンツは外部から数多く参照されるため、検索結果のランキングが向上する。

オ．適切。コンテンツの内容とともに、わかりやすさ、簡潔さ等も重要となる。

●参考文献

・ナイル株式会社「SEO（検索エンジン最適化）とは」（ウェブサイト）

3●eメール（電子メール）
テキスト第2章第3節

問題
47 解答
H29後

正　解　オ

ポイント

・本問は、Eメール利用上の注意点に関する理解を問う問題である。

・迷惑メールには、一般的にはスパムメールとフィッシングメールがある。スパムメールは、いわゆる無断の広告メールで、マルウェア（不正かつ有害に動作させる意図で作成された悪意のあるソフトウェアや悪質なコード）が添付されているケースもあるので注意が必要である。フィッシングメールは、銀行やクレジットカードなどの名前を騙って、本物そっくりのメールでフィッシングサイトに誘導するメール詐欺である。

・チェーンメールは、メール本文中に、『誰かに回して』、『○○人に転送するように』などと書かれているメールで、内容に信憑性がある・ないにかかわらず、チェーンメールと呼ばれ、転送しないことが推奨されている。

・メーリングリストから届いたメールには「Reply-To」ヘッダーにメーリングリストのアドレスが指定され、単純に返信するとメーリングリスト宛てになるので注意が必要である。

解　説

ア．不適切。B→Yのみ適切。以外は不適切。

イ．不適切。すべて不適切。

ウ．不適切。C→Xのみ適切。以外は不適切。

エ．不適切。A→Zのみ適切。以外は不適切。

オ．適切。すべて適切。

4●クラウドサービス

テキスト第2章第3節

解答

H27前

正　解　オ

ポイント

・SaaSの特徴について理解しているかどうかを問う問題である。

解　説

ア．不適切。A、Bとも不適切である。

　　A：前半は正しいが、利用者の基本操作に関する自社内のヘルプ対応は必要である。

　　B：SaaSで提供されるサービスを利用する場合でも、自社内の業務分析や業務設計・見直しは必要である。

イ．不適切。Aが不適切である。

ウ．不適切。B、Dとも不適切である。

　　D：SaaSの利用に合ったSLAは結ぶほうがよい。

エ．不適切。Dが不適切である。

オ．適切。C、Eとも正しい。

●参考文献

・経済産業省「SaaS向けSLAガイドライン」2008

解答

H27前

正　解　ウ

ポイント

・経営を取り巻く環境の急速な変化に対応するために、物理的な資源や機能を仮想化しサービスとして利用することが普及してきている。仮想化の技術も様々な分野、目的で活用されている。資源を必要なところに必要なだ

け利用することで、効率的な資源の活用を目的とした活用や、動的な実装を可能とすることで可用性対策に活用されている。

・本問は、サーバーの仮想化の特徴を通じて、仮想化技術についての理解度を問う問題である。

（ 解　説 ）

ア．適切。仮想化技術によりサーバーに用いるディスク（記録媒体）の機能を仮想化することで、容量の割り当てを動的に変更することが技術的に可能となり、拡張性は高まる。

イ．適切。仮想化技術によりサーバー機能を仮想化することで、1台の物理的なサーバーに複数のサーバー機能を実装することが可能となる。これにより、情報システムごとに物理的なサーバー機器の台数の削減が可能となる。物理的な台数を削減することで、物理的なサーバーを搭載するラックや設置スペースなどの削減が期待できる。

ウ．不適切。仮想化技術は、仮想化する要素（機能）自体を高速化する目的のものではない。仮想化ソフトを介することで、ディスクのI/O（ディスクに対するデータの入力あるいは出力）など性能が劣化する場合もある。

エ．適切。仮想化技術によりサーバー機能を仮想化することで、物理的なリソースを複数の仮想環境で共有し利用できるため、IT資源を有効活用することが可能となる。

オ．適切。仮想サーバーを稼働させている物理サーバーのハードディスク全体のバックアップを取得することで、仮想サーバーもバックアップされる。また、仮想サーバーは、仮想サーバー単体でバックアップを取得することが可能である。複数の仮想サーバーを1台の物理サーバーで稼働させている場合でも、仮想サーバーごとに任意の時点でバックアップが可能である。

5●ソーシャルメディア　　　　　　　　　　　テキスト第2章第3節

問題 50 解答　　　　　　　　　　　　　　　　　H27後

正　解　　イ

ポイント

・インターネットやスマートフォンなどのモバイル端末の普及により、ソーシャルメディアは多くの人々に利用されるようになり、重要なコミュニケーションツールとなっている。

・本問は、ソーシャルメディアを通じた顧客コミュニケーションについての理解を問う問題である。

解　説

ア．適切。製品情報やイベントの案内だけでなく、ユーザーからのサービス要求やインシデント報告、製品に関する問い合わせへの応答などのサービスデスク機能にFacebookやTwitterなどを利用する企業もある。

イ．不適切。設定内容により照会できる情報は異なるが、基本的には基本情報は照会可能である。ただし、利用者が公開を許可していない場合は名前を参照できないなど制約はある。

ウ．適切。自分以外に誰をフォローしているかを確認することで、興味のある対象を類推することが可能である。

エ．適切。SNSのような対面ではない顧客対応では、文章表現や応答のタイミングも企業の評価やイメージに影響を及ぼす。そのため、対応者の顔が見え親近感を得られるように、表現や応答のタイミングを適切なものにすることに注意が必要となる。

オ．適切。SNSの運用において、企業として統一感のある対応を図るとともに、炎上や風評被害といった問題発生のリスクを軽減するとともに、問題発生に際して迅速に対応し被害を最小限に抑えるためには、SNSの運用方針を作成し、研修などを通じてSNS運用担当者に方針の徹底を図り、社内で共有することが有効である。SNSの運用方針には、企業としての情報発信の考え方や顧客とのコミュニケーションの指針に加え、炎上や風評被害

などが発生した場合の対応方針などを記載する。

6●グループウェア

テキスト第2章第3節

問題
51 解答

H26前

正　解　ア

ポイント

・本問は、グループウェア導入に関する理解を問う問題である。

・グループウェアは、企業など組織内のコンピュータネットワークを活用した情報共有のためのシステムソフトウェアである。ネットワークに接続されたコンピュータ（のユーザー）同士で情報の交換や共有、またスケジュール管理等、業務で利用される様々な機能をサポートすることで、業務の効率化を目指す。

解　説

ア．適切。企業において人事異動や組織改正は日常化しており、セキュリティを考慮した上で社内人事情報システムと連携できれば、タイムリーかつ効率的に対応できる。

イ．不適切。従業員の個人情報の収集は、本人からの直接収取が原則であり、あらかじめその利用目的を公表している場合を除き、その目的を特定して、事前に従業員に示すことが必要である。メールのモニタリングは社内メール運用規定等に掲載する必要がある。

ウ．不適切。セキュリティ面を十分配慮して、外廻りの営業部員に携帯端末を持たせてグループウェアの機能を利用させることは、直行直帰等営業業務の効率化にもつながるので検討の余地がある。

エ．不適切。導入運用面だけでなく、利用面から判断することが必要。同じメーカーのソフトであれば、既存のメールの中で運用でき、特別な導入教育も少なくて済むことが期待できる。

オ．不適切。グループIDは、作業者がIDを使いまわすことになり、システム上決裁者を特定できず責任があいまいになる、パスワード管理が難しいという弊害がある。利用者ごとにIDを準備することが基本であり、必要なら決裁代理人機能のある製品導入等の検討をすべきである。

●参考文献

・独立行政法人情報処理推進機構（IPA）「大企業・中堅企業の情報システムのセキュリティ対策ガイドライン」

・個人情報保護委員会（PPC）「個人情報の保護に関する法律についてのガイドライン」

・個人情報保護委員会（PPC）「個人情報保護法ハンドブック」

・独立行政法人情報処理推進機構（IPA）「クラウドサービス安全利用のすすめ」

 問題 **52** 解答

正　解　オ

ポイント

・グループウェアとクラウドサービスについての理解を問う問題である。

解　説

ア．適切。例として、クラウドサービスを利用した国民の個人情報を取り扱うシステムが官公庁の施策としてすでに導入されており、グループウェアだからといってクラウドサービスが選択できない理由とはならない。

イ．適切。例として、Microsoft Office365では、Web会議機能が提供されている。

ウ．適切。例として、Microsoft Office365では、利用機能に応じてプランを選択可能であり、プラン変更もできる。

エ．適切。メール以外の機能については、社外スタッフへ提供するための機能が用意されているサービスがある。例えば、大容量ファイルを複数企業間でデータ共有するようなドキュメント管理機能などである。

オ．不適切。運用面などに関して自社のルールを定めるなどの対策が必要である。

7●EC：Electronic Commerce ［テキスト第2章第3節］

 解答

正 解 イ

ポイント

・本問は、ポータルサイトに関する理解を問う問題である。

・ポータルサイト（Portal Site）のポータルには「玄関」や「入り口」という意味があり、インターネットにアクセスするときの入り口となるWebサイトとして利用されている。

解 説

ア．適切。企業内のポータルサイトは社内ポータル（企業内ポータル）と呼ばれる。

イ．不適切。SEOは、検索エンジン最適化（検索結果でより上位に現れるように施す手法）を意味する。ポータルサイトの評価尺度は、提供機能の豊富さ、広告収入の多寡など多岐にわたる。

ウ．適切。ポータルサイトが提供するサービスに関する記述である。

エ．適切。ポータルサイトの収入源に関する記述である。

オ．適切。地域振興を目的とし、地域サービスに特化した市民ポータルサイトに関する記述である。

8●企業間連携　　　　　　　　テキスト第2章第3節

問題 **54** 解答　　　　　　　　　　H27前

正　解　イ

ポイント

・本問は、ECの代表的な形態に関する知識を問う問題である。

・電子的な手段を介して行う商取引であるEC（E-Commerce：電子商取引）は、取引形態として、EDIとECサイトがある。EDI（Electronic Data Interchange：電子交換）は、受発注・出荷・請求・支払などの各種取引データを、通信回線を通じて企業間でやり取りする電子商取引の仕組みのことである。電話やFAXを利用する商取引に比べると、情報伝達のスピードや事務処理効率に優れており、比較的低価格で導入できることから、流通業を中心に大企業から中小企業まで幅広い層に導入が進んでいる。

・ECサイトは、自社の商品（広義では他社の商品）やサービスを、インターネット上に置いた独自運営のWebサイトで販売するサイトのことである。

解　説

ア．適切。企業が自社の技術情報等を公開して取引に役立てる方式で、オープンECと呼ばれることがある。

イ．不適切。システムを共同利用するだけで、商取引に無関係の場合はECに該当しない。

ウ．適切。企業間で受発注を連携する典型的なECである。

エ．適切。電子入札はECの事例である。

オ．適切。流通BMS（流通ビジネスメッセージ標準の略）は消費財の流通事業者（メーカー、卸、小売り）間でのEDIの標準仕様である。

●参考文献

・瀬戸口達也・万仲　豊・勝亦眞人「企業間連携システムソリューション」（「東芝レビュー」Vol.55 No.4 2000）東芝

・中小企業庁「平成28年度経営力向上・IT基盤整備支援事業（次世代企業間データ連携

調査事業）調査報告書」

・IT用語辞典e-Word

問題 **55** 解答 H29前

正 解　ウ

ポイント

・本問は、EDIシステムのメリットに関する知識を問う問題である。

・EDIは、企業間電子商取引（B to B）に含まれ、企業間でやりとりするデータを電子化し、標準的な書式に統一して、ネットワークを介して交換する仕組みである。

解 説

ア．適切。EDIは、取引先とのパートナーシップの強化、流通サプライチェーンの連携強化の効果がある。

イ．適切。従来は、国税関係帳簿書類は紙で保存することが原則であったが、1998年以降は電子帳簿保存法によって、EDIに関しては「システム上で作成された国税関係帳簿書類を電子データで保存することが可能」となった。さらに2022年1月より電子帳簿保存法が改定され、EDIのような電子取引で発行・受領したものに関しては、電子データで保存することが義務付けられ、守らない場合は罰則があるので注意が必要である。

ウ．不適切。「多量少頻度発注、物流の大口化」ではなく、「少量多頻度発注、物流の小口化」が適切である。

エ．適切。EDIは、経費削減の効果がある。

オ．適切。EDIは、顧客満足度の向上、機会損失の減少の効果がある。

●参考文献

・Extelligence「電子帳簿保存法におけるEDIの位置付け」（ウェブサイト）

・メイクリープス株式会社「電子帳簿保存法の罰則とは？」（ウェブサイト）

1●文書作成ソフトウェア

問題 **56** 解答

正　解　ウ

ポイント

・本問は、文書作成ソフトの利用に関する知識を問う問題である。

・文書作成ソフトは一般に「ワープロソフト」と言われているものである。文書入力だけでなく、文字等の修飾、表や画像の入力、文書の体裁（スタイル）の選択などが可能であり、ビジネスで必須のソフトウェアとなっている。

解　説

ア．適切。PDFへの変換を行うことで、異なるOSや異なるソフトウェア構成であってもレイアウトを保持した表示が行える。

イ．適切。箇条書きやアウトライン機能を利用することで、文書作成の時点から記載内容のバランスを検討できる。

ウ．不適切。コメント機能は文書作成中の指示や修正の確認に有用である。また任意のタイミングで修正内容をすべて反映して変更履歴を削除できるため、必要に応じて古い情報は削除できる。

エ．適切。文書の雛形としてテンプレートを利用することで必要項目の入力作業に集中できる。

オ．適切。軽量マークアップ言語であるマークダウンを使うことでプレーンテキストをXHTML（HTML）、組版ソフトLaTeX、パワーポイントなど種々の形式に変換することができる。その際、テキストの強調、リスト化、見出しなどを適切に処理してくれる。LaTeX形式に変換する場合、LaTeXが利用するパッケージが数式やグラフを簡単に描画してくれるため数式やデータに関する記述を行っておけばよい。

●参考文献

・Wikipedia「Markdown」

B●活用 ＞ 4●ビジネスツールの活用

2●表計算ソフトウェア テキスト第2章第4節

 解答

正　解　　ア

ポイント

・本問は、表計算の利用形態に関する知識を問う問題である。

・表計算ソフトは、計算、グラフ作成、データベース、印刷、マクロなど豊富な機能を持ったビジネスツールであり、ビジネスの場で非常によく活用されている。

解　説

ア．不適切。文書作成ソフト側の「グラフ貼り付け」オプション選択により、単なる画像とするか元の表計算ソフトのグラフと連動（リンク）するかの指定が可能である。

イ．適切。データの入力規則の設定を行うことで誤入力を防ぐことができる。

ウ．適切。ファイルの共有設定をすることにより複数ユーザー間の更新を可能とする。

エ．適切。OLE機能等による表計算ソフトの帳票作成用ソフトの簡易版的活用事例である。

オ．適切。表計算ソフトには、CSV形式のデータを取り込む機能があるため、他のソフトのデータを表形式にして、活用することが可能である。

B●活用 ＞ 4●ビジネスツールの活用

3● プレゼンテーションソフトウェア
テキスト第2章第4節

 問題 58 解答

正 解 ウ

ポイント

・本問は、プレゼンテーションソフトの基本機能に関する基礎知識を問う問題である。

・プレゼンテーションソフトは、文字や数値、画像などを用いて簡単にプレゼンテーションができるような、スライドや配布資料を作成するためのソフトウェアである。

解 説

ア．適切。アウトライン機能を使って構造的に下書きができる。

イ．適切。デザインテンプレートは自作できる。

ウ．不適切。テキスト、画像、図形、表などのオブジェクトに対し、オブジェクト1つにアニメーションは複数設定することができる。

エ．適切。ハイパーリンクの設定はURL、ファイル、スライド内の移動先、電子メールアドレスなどが行える。

オ．適切。出力時にページをコンマやハイフンで表記することで、任意のページを印刷できる。

●参考文献

・Microsoft Officeサポートページ「1つのオブジェクトに複数のアニメーション効果を適用する」

正　解　ウ

ポイント

・本問は、動画通信システムの利用に関する基本的な知識を問う問題である。

・動画通信システムの利用形態には、以下のようなものがある。

　○専門機器が必要となるテレビ会議システム

　○スマートフォン／タブレット端末から接続ができ、出先や移動中も会議に参加可能なWeb会議システム

　○インターネットを利用し、いつでも、どこからでも学習ができるe-Learning

解　説

ア．適切。テレビ会議システムはWebベースで実現されるため、OSによる制約は受けない。

イ．適切。グローバルIPアドレスの管理情報から国名の把握が可能であるため、国内にのみ再生を限定することができる。

ウ．不適切。再生回数だけで個人の学習効果を管理することは困難であるが、視聴したことを確認するためのテストの実施やアクセスログなどから一定の状況を確認できる。

エ．適切。DRMを実現する仕組みには様々なものがあり、その機構はコンテンツの形式や利用形態によって異なるが、ユーザーが特定の再生ソフトウェア（iTunesなど）を使い、暗号化されたコンテンツを復号しながら再生する方式が一般的である。この再生ソフトウェアが暗号化に使われている鍵（キー）を管理（保持またはダウンロード）するため、利用期間の限定が可能になる。

オ．適切。SkypeなどのWeb会議システムを利用した語学スクールがすでに存在している。

●参考文献

・LiveOn「Web会議とテレビ会議の違いをプロが徹底比較！」（ウェブサイト）

・メディアイメージ「DRM（デジタル著作権保護)」（ウェブサイト）

1●統計
テキスト第2章第5節

問題 **60** 解答
H26前

正　解　イ

ポイント

・本問は、ABC分析に関する知識を問う問題である。

・ABC分析は、パレートの法則を利用し、例えば主要な2割の種類のもので全体の8割の価値を占めるというような考えで、重要な2割をA群、次の3割をB群、残りの5割をC群として扱い、管理にかける手間を重要なものに集中することを可能にする分析方法である。ABC分析ではパレート図を用いる。パレート図はQC（Quality Control）で利用される図で、クレームや不良の件数、損失額などを部品別や状況別に多いものから並べて棒グラフで示し、その累積を折れ線グラフで示すものである。

・出題されているABC分析の正誤判定は以下である。

　a．正しい。上位700品目は総品目数の10％であり、この範囲の消費金額は210,000千円なので、消費金額全体の70％（210,000千円÷300,000千円）を占める。

　b．誤り。消費金額の下位4,900品目は、上位から数えた約2,100点（品目数の割合30％）の累計を全体から差し引くことにより、消費金額全体の10％（100－90）を占め、その金額は30,000千円（300,000－270,000）になる。

　c．誤り。Zチャートは、横軸に月（例：1～12月）、縦軸に金額（例：売上高）を取り、①過去12カ月の合計値、②1月からの値の累計値、③各月の値の3つを示すチャートである。グラフがZの形となるので、Zチャートと言われ、業績の傾向を判断するのに利用される。

　d．誤り。ヒストグラムは、数量化できる要因や特製のデータについて、そのデータが存在する範囲をいくつかの区間に分け、その区間に含まれるデータの度数に比例する面積を持つ柱を並べた図であり、ばらつきを持った数多くのデータの全体の姿（分布）、形を見やすく表すことがで

きるものである。

　e．正しい。表Aはパレート図で分析するのに適しており、今回の目的に
　　も合致する。

解　説

ア．不適切。aは正しい。dは誤り。

イ．適切。aとeは両方正しい。

ウ．不適切。bとdは両方誤り。

エ．不適切。bは誤り。eは正しい。

オ．不適切。aは正しい。cは誤り。

問題 61 解答　　　　　　　　　　　　　　　　　　　　　H28後

正　解　　オ

ポイント

・本問は、意思決定支援系データベースと業務処理系データベースの相違点
　を問う問題である。

・データウェアハウスは、直訳すると「データの倉庫」である。企業等にお
　ける日々の経営活動の中で発生する全社的なデータ、基幹系システムの
　データなどを蓄積・整備し、意思決定に役立つ情報として活用できるよう
　な統合的データベースシステム環境をデータウェアハウスと呼ぶ。データ
　ウェアハウスの父と呼ばれるビル・インモン（William H. Inmon）氏は「意
　思決定のために、目的別ごとに編成され、統合化された時系列で、更新処
　理をしないデータの集まり」としてデータウェアハウスを定義し、その利
　用を提唱した。

解　説

・業務処理系データベースと意思決定支援系データベースの相違点をまとめ
　ると、次の表のようになる。

区　　　分	業務処理系データベース	意思決定支援系データベース
主な対象ユーザー	業務担当者、管理職	調査・分析・企画担当者、経営者
主な利用目的	トランザクション処理	問い合わせ、分析処理
処理への要求、制約	高速レスポンス	制限時間内での処理終了
主な処理種別	更新処理主体	検索処理主体
蓄積情報の特長	現在のデータを蓄積	過去から現在のデータを蓄積
データ分類	業務処理別	活用目的別
保存期間	長期間保存	長期間保存
データのまとめ方	業務別	統合されたデータ

ア．適切。業務担当者がBIツール（Business Intelligenceツール）でDWH（データウェアハウス）を利用することがあるが、「主な利用者」としては「調査・分析・企画担当者、経営者」である。ゆえに「主な利用者」としては、業務処理系データベースは「業務担当者、管理職」、意思決定支援系データベースは「調査・分析・企画担当者、経営者」である。

イ．適切。「主な利用目的」としては、業務処理系データベースは「トランザクション処理」、意思決定支援系データベースは「問い合わせ、分析処理」である。

ウ．適切。「処理への要求、制約」としては、業務処理系データベースは「高速レスポンス」、意思決定支援系データベースは「制限時間内での処理終了」である。

エ．適切。「主な処理種別」としては、業務処理系データベースは「更新処理主体」、意思決定支援系データベースは「検索処理主体」である。

オ．不適切。「保存期間」としては、業務処理系データベースは「長期間保存」で正しいが、意思決定支援系データベースは過去の実績データを分析し、各種戦略の検討に活用するため、「一定期間経過後消去」ではなく、「長期間保存」が正しい。

●参考文献

・W.H.インモン「初めてのデータウェアハウス構築」インターナショナルトムソンパブリッシングジャパン　1995
・BOXIL「データウェアハウス（DWH）とは：定義・データベース（DB）との違い」（ウェブサイト）

問題
62 解答

正 解　イ

ポイント

・本問は、多次元データ分析OLAPの基本用語を問う問題である。

・データウェアハウスは情報分析を支援するシステム全体（データの蓄積、データ加工のためのインフラ）を指し、大きくは次の2つから構成される。分析に適した形に再編集されたデータを集めた「データベース」と、そのデータを集計し、表・グラフ化などの加工をする「分析ツール」である。

・データベースの中には、企業のあらゆる事実データが入る。つまり、物やサービスが提供されるまでのすべてのデータであり、販売、仕入、在庫をはじめとし、経営、マーケティング、物流、財務、経理、原価などのデータである。

解　説

ア．適切。例えばMicrosoft Excelでは、ピボットテーブルやアドオンを使うことで、多次元分析など戦略検討に必要なデータ分析を行うことができる。ただし、運用面の制約（多数での運用、処理の手間、処理スピードなど）やデータソースの複雑さ（元のデータの種類）などのためBIツールでなければ実現できないこともある。

イ．不適切。ドリルアップではなくドリルダウンが正しい。ドリルアップは、データ分析の過程において、データの要約レベルを上げて、より大きな範囲でデータを表示していく方法をいう。

ウ．適切。「ドリルスルー」として正しい説明である。

エ．適切。「スライシング」として正しい説明である。

オ．適切。「ダイシング」として正しい説明である。

●参考文献

・日本オラクル「はじめてのビジネスインテリジェンス」（ウェブサイト）

正 解 エ

ポイント

・本問は、RDBの基礎的知識を問う問題である。

・各括弧に対応するキーの名前と解説を以下に記載する。

A. スーパーキー（Super Key）である。スーパーキーが既約である場合、すなわち冗長性がない場合、そのスーパーキーは候補キーでもある。スーパーキーには行を一意に特定するために必要でない属性が含まれる場合がある。

B. 候補キー（Candidate Key）である。候補キーは、表を一意に特定でき、かつ候補キーである属性集合から1つでも属性を除いた部分集合では、行を一意に特定できない。なお、1つの表に候補キーは1つとは限らない。

C. 主キー（Primary Key）である。候補キーの中から選んだその1つを主キーという。

D. 代理キーである。候補キーのうち、主キーに選ばれなかったキーを代理キーという。

E. 外部キーである。

解 説

ア. 不適切。すべて誤り。

イ. 不適切。Cは正しい。A、B、D、Eは誤り。

ウ. 不適切。D、Eは正しい。A、B、Cは誤り。

エ. 適切。すべて正しい。

オ. 不適切。A、Bは正しい。C、D、Eが誤り。

●参考文献

・ネットワークとデータベース（ITEC）

問題 **64** 解答

正 解 ウ

ポイント

・本問は、ICタグに関する知識を問う問題である。

・ICタグは、小型のICチップと、無線でリーダー（読み取り装置）と通信するアンテナを組み込んだ荷札（タグ）のことで、無線ID（RFID）とも呼ばれる。商品に添付することによって、スーパーやコンビニのレジでカゴに入れたまま一度に精算することが可能になり、書店やレコード店での万引き対策にも有効である。従来のバーコードに比べて10倍以上の情報を記録できるだけでなく、添付後の書き込みができることから、生産者による生産・商品情報に加えて、流通の各段階で入庫・出庫情報などを追加することによって、輸送・在庫管理の効率化と、生産から流通に至る商品履歴の追跡（トレーサビリティー）も可能にする。

・今後本格的に普及させるためには、大幅なコスト削減や規格の統一、個人情報保護対策などが必要となると言われている。

解 説

① 正しい。

② 誤り。ICタグには、自ら電源を持つタイプ（アクティブタグ）とアンテナで電波（電磁波）を受けてICを駆動させるタイプ（パッシブタグ）があり、通信距離が長いのは電池を内蔵するアクティブタグである。なお、他にはセミアクティブタグもある。

③ 誤り。ICタグはRFIDタグの一種であり、どちらも読み取り専用タイプと更新可能なタイプがあるので、どちらかが優位ということはない。

④ 正しい。

以上から、解答は以下のとおりとなる。

ア．不適切。①は正しい。②は誤り。

イ．不適切。①は正しい。③は誤り。

ウ．適切。①と④は両方正しい。

エ．不適切。②と③は両方誤り。

オ．不適切。③は誤り。④は正しい。

●参考文献

・コトバンク
・「知恵蔵」朝日新聞社　2007
・「日本大百科全書（ニッポニカ）」小学館

2●意思決定の支援

問題 **65** 解答 　　　　　　　　　　　　　　　　　H29後

正　解　　ア

ポイント

・本問は、実世界インターフェースや非言語のインターフェースに関する知識を問う問題である。

・ヒューマンインターフェースの研究で話題となっている実世界インターフェースは、マウスやキーボードなどを使わず、手にした物や端末などを移動させたり、日常的な動作をしたりすることによって、コンピュータの存在を意識せずにコンピュータを操作したり、何らかのサービスを受けたりするインターフェースのことである。

カメラを備えた自動販売機の前に立つと、顔認識技術により性別や年齢を割り出し、おすすめの商品を紹介するデジタルサイネージ付きの自動販売機や、スマートフォン同士を軽く振る動作をすることによって電話番号やメールアドレスを交換できるアプリケーションソフトなどがある。

解　説

ア．適切。ノンバーバルコミュニケーション（nonverbal communication）とは、話しぶりやジェスチャーといった、言葉以外の手段によるコミュニケーション（メッセージ交換）のことである。ノンバーバルなメッセージのことをノンバーバル言語といい、身体動作や、対人接触、身体、衣服などに関する要素が含まれる。

イ．不適切。ウェアラブルコンピュータ（wearable computer）とは、文字どおり衣服を着るかのように身につけてしまうことのできるコンピュータのことである。

ウ．不適切。バーチャルリアリティ（virtual reality）とは、「三次元の空間性」、「実時間の相互作用性」、「自己投射性」の3つの要件を持ったバーチャルな環境を作り出す技術のことである。

エ．不適切。ユビキタスコンピューティング（ubiquitous computing）とは、

そこにコンピュータがあるとは感じさせないようにしながらコンピュータを至るところに設置し、日常の現実世界での活動を支援しようとする考え方のことである（米国Xerox社、M.Weiser）。

オ．不適切。オーグメンテッドリアリティ（augmented reality）とは、実世界にコンピュータの情報を重ねて提示することによって、実世界をよりコンピュータに近づける、あるいは実世界を増強・拡張することによって、実世界での作業を支援しようとする考え方である。

●参考文献

・岡田謙一 他「IT Text　ヒューマンコンピュータインタラクション 改訂2版」オーム社　2016

・コトバンク（「実世界インターフェース」）

B●活用 ＞ 5●データの活用

3●マーケティングで使われる指標例 テキスト第2章第5節

問題 **66** 解答 H26後

正解 エ

ポイント

・本問は、ショッピングバスケット分析の基本的知識を問う問題である。

解説

ア．適切。商品Aを購入した人のうち、どれくらいの人が商品Bを購入したかを示す「信頼度」についての適切な説明である。

イ．適切。全顧客のうち、どれくらいの人が商品Aと商品Bを一緒に買っているかを示す「支持度」についての適切な説明である。

ウ．適切。信頼度と支持度に関する適切な説明である。

エ．不適切。「(商品A、B両方を購入した顧客数÷商品Aを購入した顧客数)÷(商品Bを購入した顧客数÷全顧客数)」が正解である。リフト値は、「商品Bを購入すると、どれだけ商品Aも購入しやすいか」を表すもので、「信頼度/期待信頼度」で計算される。

オ．適切。リフト値についての適切な説明である。

●参考文献

・Musubuライブラリ「バスケット分析で顧客の購買行動を把握するには？　基本の考え方を紹介」(ウェブサイト)

問題 **67** 解答 H28前

正解 エ

ポイント

・本問は、最近のトレンドワードの1つである「FinTech」について、正確な知識を有しているかどうかを問う問題である。

・「フィンテック（FinTech）」は、金融を意味する「ファイナンス（Finance）」
と、技術を意味する「テクノロジー（Technology）」を組み合わせた造語
である。「ICTを駆使した革新的(innovative)、あるいは破壊的(disruptive)
な金融商品・サービスの潮流」といったくらいの意味で利用されている。
ユーザー体験を軸に考えると、FinTechには以下の領域がある。

　○お金を管理する：家計をオンライン化して管理するなど。

　○お金を増やす：投資を人工知能が自動で行うなど。

　○お金を集める：ネット上でお金を借りるなど。

　○お金を送る：個人間で送金をするなど。

　○お金を交換する：BitCoinの取引を行うなど。

　○お金を調べる：世界の企業の財務状況を調べるなど。

解　説

ア．不適切。経済産業省の第1回「産業・金融・IT融合に関する研究会
（FinTech研究会）」で報告された資料（株式会社ドリームインキュベータ
「"FinTech" 勃興の歴史と、日本市場への示唆」）によると、FinTechは
1995年頃から長年にわたって幅広い領域で変革を起こしている。「Finance
×Technology」というテーマは、決して一時的な流行ではなく、金融業
界のあり方を変えていく動きが近年加速しているだけ、と言われている。
リーマン・ショックは、FinTech関連企業が多く生まれたきっかけの1つ
であるが、FinTechそのものは1995年以前から存在する考え方である。

イ．不適切。FinTechとは、FinanceとTechnologyを組み合わせた造語で、
スマートデバイスやビッグデータ分析、人工知能（AI）などを活用した
金融サービスを指すと言われている。主に、米国シリコンバレーにおいて
ITベンチャー企業が新たな金融サービスの開発に取り組んだ動きが事の
始まりとされており、そうしたベンチャー企業は「FinTech企業」とも呼
ばれている（ITmediaエンタープライズ「『金融×IT』は融合かバトルか？
──FinTechの行方」における定義）。

ウ．不適切。ATMや電子マネーは要素の1つではあるが、既存の金融機関
の枠組みの中の話であり、FinTechの事例として適切とは言えない。

エ．適切。2016年1月に実施されたセミナー（「BINET倶楽部セミナー」）
において、金融庁総務企画局企画課企画官（当時）の神田潤一氏が紹介し
た事例が、中国のアリババが2015年3月にドイツのIT見本市「CeBIT」

で発表した顔認証決済技術「Smile to Pay」で、この技術により利用者は現金もクレジットカードも暗証番号もなしに、「顔パス」で買い物ができる。

オ．不適切。アクセンチュアが2015年4月23日に発表した調査の結果によると、金融機関が競合差別化などの目的でITなどテクノロジー分野に投資する「金融テクノロジー」（Fintech）の2014年の投資規模が前年比3倍の122億ドルに上ることがわかった。2013年は40億5,000万ドルだった。地域別で投資規模が最も大きいのは60億ドル近くを占める米国だが、伸び率では欧州が215％増の14億8,000万ドルとなった。

●参考文献

・広野 萌「ここらで世界一わかりやすく「FinTechとは何か」を説明しよう。」

・富士通総研「フィンテック（Fintech）とは」

・ITmediaエンタープライズ「『金融×IT』は融合かバトルか？──FinTechの行方」

・ITmediaエンタープライズ「金融業界のテクノロジー投資は1年で3倍に──欧州で顕著な伸び」

・経済産業省第1回「産業・金融・IT融合に関する研究会（FinTech研究会）」資料「"FinTech"勃興の歴史と、日本市場への示唆」2015年10月6日、株式会社ドリームインキュベータ

・@IT「金融庁はFinTech革命にどう向き合うのか？──新たな決済サービス、キャッシュマネジメントサービス、電子記録債権、XML電文、国際ローバリュー送金、そして規制改正」（「FinTech」をテーマに2016年1月20日に開催された「BINET倶楽部セミナー」の要約）

・アクセンチュア「2015年における日本でのフィンテック投資は堅調に推移、アジア・パシフィック地域における投資額は前年比4倍以上に急増の見通し」

（以上、いずれもウェブサイト）

5●IT投資マネジメント

テキスト第3章第2節

問題 **68** 解答

H25前

正　解　エ

ポイント

・本問は、IT業務処理の視点で、EDIデータの交換の統制を問う問題である。

・財務報告の信頼性を確保するためのITの統制は、会計上の取引記録の正当性、完全性及び正確性を確保するために実施される。完全性とは、記録した取引に漏れ、重複がないことをいう。

解　説

ア．不適切。正当性の根拠となる説明である。正当性とは取引が組織の意思や意図に沿って承認され行われていることをいう。

イ．不適切。正確性の根拠となる説明である。正確性とは発生した取引が財務や科目分類などの主要データとして正しく記録されることをいう。取引の正確性のコントロールである。

ウ．不適切。正当性の根拠となる説明である。

エ．適切。完全性の根拠となる説明である。完全性とは記録した取引のデータに漏洩や重複がないことをいう。

オ．不適切。正確性の根拠となる説明である。

●参考文献

・経済産業省「システム管理基準　追補版（財務報告に係るIT統制ガイダンス）」

問題 **69** 解答

H29前

正　解　オ

ポイント

・本問は、全社の内部統制とIT化の関係を理解しているかを問う問題であ

る。

・内部統制を実施する上で、IT化対応は統制も自動化されているという意味で重要である。

解 説

ア．適切。全社的統制とは、経営者の内部統制に関する意気込みのような宣言に当たる部分で、まず冒頭に登場するものである。

イ．適切。IT全社的統制は、全社的統制を受けて関連会社も含めた連結会計に支障をきたさないように統制を定めたものである。

ウ．適切。業務処理統制が、正確な財務報告につながる実質的な統制になる。正確な処理がなされるような仕組みと手順が決められる。

エ．適切。業務処理統制をうけて業務処理の中でITによって自動化されている部分の統制について定めてある。

オ．不適切。「IT全般統制」と呼ばれている。業務処理統制を有効に機能させる環境を実現するための統制活動である。

解答・解説編

C●評価　＞　3●モニタリング・コントロール

1●モニタリング・コントロールの意義 テキスト第3章第3節

 解答

正　解　エ

ポイント

・モニタリング・コントロールは、組織力を発揮させるための効率的な管理手法として一般的なマネジメントシステムであるPDCA（計画、実行、チェック、改善）のチェックと改善に相当するもので、①プロジェクトのモニタリング、②成熟度のモニタリング、③成果のモニタリングなどがある。

・本問は、モニタリング・コントロールの意義と必要性に関する基本的な知識を問う問題である。

解　説

ア．適切。組織の目標達成のためには、マネジメントサイクルPDCAのうち、Checkのための評価指標設定とその評価、そして評価に基づく対応施策Actionが重要である。

イ．適切。IT導入ではQ（品質）、C（コスト）、D（納期）を守るためのモニタリング・コントロールがプロジェクト管理そのものである。

ウ．適切。身の丈に合った目標設定をするためには、COBIT等を活用し、現在のレベルを確認した上、適切な目標を定めることが好ましい。

エ．不適切。KGI（重要目標達成指標）とKPI（重要業績評価指標）が逆である。KPIが日々のモニタリング・コントロールでは重要な指標となる。

オ．適切。成果のモニタリングは業績評価・業積目標の達成に注力しがちだが、報告が信頼できるものであること、法規制を遵守していることも重要である。

432

問題 71 解答

正解 ア

ポイント

・本問は、サービスデスク業務におけるサービスレベル向上のためのSLM活動に関する問題である。

・情報システムの活用場面では、サービスデスクのモニタリングからはいろいろな情報が得られる。有効な活用方法を知っておく必要がある。

解説

ア．正解。紛らわしいが、エスカレーション方式は、デスクの効率向上には役立つが、問い合わせ数は減らない。

イ．不正解。FAQによりユーザー自身が問題解決をするので、問い合わせ件数を減少させることができる。

ウ．不正解。部門（職場）の競争意識を利用する。職場内で質問と答えを公表することは効果的なユーザーのスキル向上策である。

エ．不正解。利用者のITリテラシーが向上し、「問い合わせ」を減少させる効果がある。

オ．不正解。システム構築側に対する変更要求は、利用者が効果的にシステムを活用するための改善行動であり、一般的には「問い合わせ」を減少させ、高度利用につながる。

問題 72 解答

正解 ウ

ポイント

・例えば、経営戦略フェーズでのモニタリング・コントロールとは、戦略実行の状況と達成目標を計測及び比較（モニタリング）し、その差異に対して適切な対応策を実行する（コントロール）ことにより、経営環境の変化に対応しようとする活動をいう。

・モニタリング・コントロールの進め方としては、第一に、モニタリング・コントロールの対象を設定し、次にモニタリング・コントロールの実施を行うことになるが、その実施は、①目標明確化と周知徹底、②状況把握、③差異分析、④リスクに対する対応策・防止策の立案と報告、の手順で進める。

・本問は、モニタリング・コントロールにおける事前の計画や戦略に応じた分析についての理解を問う問題である。

（解 説）

ア．適切。効率的かつ効果的な差異分析のためには評価計画が必要である。

イ．適切。QC分析手法による分析が活用できる。

ウ．不適切。リスクの度合いを評価して優先順位を決定し、優先度の高いものを優先する。

エ．適切。継続的評価と定期的評価を併用して分析を深める必要がある。

オ．適切。プラスの機会を及ぼす差異（影響）の存在もあり得る。この場合は、それ（機会）を生かすための対応も必要となる。

●参考文献

・特定非営利活動法人 ITコーディネータ協会「ITコーディネータ（ITC）　プロセスガイドライン Ver. 2.0)」

・JIS Q 31000：2010 リスクマネジメント－原則及び指針

・JIS Q 0073：2010 リスクマネジメント－用語

3● モニタリング実施方法

問題 73　解答
H28前

正　解　イ

ポイント

・本問は、SLA設定、SLM実施に関する理解、特に利用部門側の役割の理解を問う問題である。

解　説

ア．不適切。SLA合意に際しては運用部門、利用部門双方が一定の稼働条件、負荷を前提として通常の努力で達成可能な水準が設定される。

イ．適切。利用部門には費用合理性確保、運用部門には責任範囲明確化のメリットがある。

ウ．不適切。エスカレーション手順やSLAの前提となる稼働条件等もSLAに盛り込むべき項目であり、定量的な指標以外も必要である。

エ．不適切。異常発生時対応はあらかじめ運用部門、利用部門間で取り決められるべきである。また、取り決めで解決できない事態に対しても双方が協力し対処すべきである。

オ．不適切。運用部門、利用部門双方が適切なコミュニケーションを図りつつ問題点の認識、改善策の検討、改善活動の進捗を推進すべきであり、運用部門のみの責任ではない。

問題 74　解答

正　解　オ

ポイント

・本問は、アウトソーシング契約を締結する場合に、SLAの導入を想定した問題である。

・運用の品質向上のために、従来はあまり明確にしていなかったSLAについ

て、契約文書で取り決めておく必要性を認識してもらう。

・自社に適した指標を、サービスの品質とコストとのバランスを考慮して、取り決める必要性と重要性を理解しているかを確認する。

解 説

ア．適切。SLA設定に当たり、コストも考慮すべきなので、サービスレベルの内容は利用者の利便性だけで決定すべきではない。

イ．適切。SLAは指標化した形式ばかりではなく定性的な表現でもよい。責任限界を超えるということは、A社側の協力なしではX社のSLAの達成が難しい状況をいう。

ウ．適切。委託業務の内容に合わせ設定し、サービス向上に役立てることは、SLAの趣旨に沿っている。

エ．適切。SLAは継続的な改善が必要である。

オ．不適切。SLAは、ITサービスの品質向上のために設定するもので、網羅的に詳細に設定するものではない。SLAのPDCAが必要以上に実作業に負担をかけないように工夫することも大事である。

●参考文献

・特定非営利活動法人it SMF JAPAN「ITILテキスト」

・一般社団法人電子情報技術産業協会「SLAガイドライン」

問題 **75** 解答　　　　　　　　　　　　　　H29後

正 解　オ

ポイント

・本問は、システムの利用実態調査において、調査対象や調査方法によって把握できる内容が異なることを理解しているかを問う問題である。

解 説

ア．適切。利用者ごとの利用時間、使用した機能、出力帳票などを調べると利用実態が把握でき、有効性を評価できる。

イ．適切。システムを取り巻く環境に存在する問題についても調査する必要がある。

ウ．適切。利用頻度が高くない利用者の不満点を把握することが利用状況の
　　改善につながる場合が多い。

エ．適切。改善案の検討に際し、規定の改定や費用の発生など想定される懸
　　案について確認を取る必要がある。

オ．不適切。利用頻度が高い利用者への調査だけでは、問題点を明確化する
　　には不十分であり、必ずしも適切ではない。

1●リスクマネジメント　　　　　　　　　　　　テキスト第4章第1節

問題
76 解答　　　　　　　　　　　　　　　　　　H25前

正　解　オ

ポイント

・本問は、繰り返される情報セキュリティ違反事故に対する未然防止に有効
な対策について問う問題である。

解　説

ア．不適切。リスクが現実のものとなった場合の影響の大きさの考慮が必要
である。発生確率だけで判断してはならない。

イ．不適切。意識の向上は持続しないので繰り返す必要があるが、同じ説明
を毎年のように繰り返しても、効果が少ない。

ウ．不適切。情報取扱規定を先頭に移したことで、社員に情報取扱規定をよ
く読んでもらえたとしても、これだけに頼るのでは不十分である。「許可
を得ない持ち出し」がWinny等による流出報道で多く見られ、持ち出し禁
止ルールを守らせることの難しさがうかがえ、しっかり強調しないと牽制
にならない。

エ．不適切。Winny等による流出事例の中に、検査後に再度本人または家族
がWinny等をインストールするケースが複数あり、1回の検査では安心で
きない。

オ．適切。原因となった違反や失敗の事例を全員によく周知し、類似の違反
や失敗を起こさないように、原因の除去を徹底することが、有効な未然防
止策になる。

●参考文献

・独立行政法人情報処理推進機構（IPA）セキュリティセンター「Winnyによる情報漏
えいを防止するために」2017年9月5日（ウェブサイト）

2●内部統制

問題 77 解答

正　解　オ

ポイント

・内部統制には会社法と金融商品取引法とで下表のような違いがある。

	金融商品取引法の内部統制	会社法の内部統制
対象企業	上場企業と連結子会社	資本金5億円以上または負債200億円以上の会社
目的	有価証券報告書への記載事項の信頼性の確保	事業活動全般の業務の適正化
評価方法	経営者が内部統制の有効性を評価し、会計士等が監査	内部統制を実現するための仕組みの方針決定の義務づけ
根拠法等	金融庁の「実施基準」	法務省の「会社法施行規則」
罰則規定	内部報告書の未提出、虚偽記載に対し、日本版SOX法を含む法律により規定	なし

＊SOX法：Sarbanes-Oxley act

・本問は、金融商品取引法による内部統制の評価についての理解を問う問題である。

解　説

ア．適切。金融商品取引法の内部統制は、有価証券報告書への記載事項の信頼性を確保することが目的で、経営者が内部統制の記載事項を評価し、会計士等が監査する。独立的評価とするため、独立した部門が行う。

イ．適切。内部統制の不備を「重要な欠陥」と「不備」の2つに簡素化し、一定金額を上回る虚偽記載、または、質的な虚偽記載をもたらす可能性の高いものを「重要な欠陥」として開示する。

ウ．適切。内部統制の不備には「整備上の不備」と「運用上の不備」があり、内部統制が存在しなかったり、規定されていても内部統制の目的を十分に

果たすことができない状況を整備上の不備という。

エ．適切。整備段階で意図したように内部統制が運用されていなかったり、運用上の誤りが多い、内部統制実施者が統制内容や目的を正しく理解していない状況を運用上の不備という。

オ．不適切。委託業務結果の報告書と基礎資料の整合性を検証するとともに、委託業務の結果について、一部の項目を企業内で実施して検証・評価する方法（サンプリングによる検証）や、受託会社によって内部統制を評価した結果を入手して判断する方法も考えられる。

● 参考文献
・金融庁企業会計審議会「財務報告に係る内部統制の評価及び監査に関する実施基準」2019年12月13日（ウェブサイト）

 解答

正 解 ウ

ポイント
・本問は、内部統制評価と外部監査の関係についての理解を問う問題である。

解 説

ア．適切。外部監査人は内部統制評価結果である「内部統制報告書」を監査する。

イ．適切。内部統制評価責任者は、「内部統制整備状況」を評価する。

ウ．不適切。運用状況テストは当該プロセス担当者以外の第三者の実施が望ましい。

エ．適切。内部統制評価責任者は、「内部統制報告書」の作成責任者であり、経営者に統制状況を正確に報告する。

オ．適切。財務報告が適切に作成されているか評価する文書として、RCM（リスクコントロールマトリックス）は有効な文書である。

問題 **79** 解答

正　解　ア

ポイント

・本問は、内部統制における一般的なコントロール処理の理解を問う問題である。

解　説

ア．不適切。アクセス権を適切に設定しても「データの漏れ」は発見不可能である。また兼務などにより職務分離が実現されない場合は「架空データ」の発見もできない。

イ．適切。上長の承認行為により統制される。

ウ．適切。アプリケーションプログラムのチェック機能により統制の自動化を図る（IT業務処理統制、ITAC：IT Application Control）。

エ．適切。業務運用上のミスやアプリケーションプログラムの潜在的な不備を発見するのに、実地棚卸は有効である。

オ．適切。本来、予実管理はデータ記帳ミスやプログラムの処理ミスを発見するためのものではないため、リスクコントロール機能としての効果は薄い。

問題 **80** 解答

正　解　イ

ポイント

・内部統制を導入するに当たり活用する文書「業務の流れ図」、「業務記述書」、「リスクコントロールマトリックス（RCM）」を3点セットと呼ぶ。

・本問は、3点セットによる内部統制分析方法の理解を問う問題である。

解　説

ア．適切。リスクが内在する業務と他業務との関連を見える化するために、現状業務の流れの図式化は、事前調査の手順として重要である。

イ．不適切。「業務の流れ図」は現状の内部統制状況をそのまま表現しなければならない。業務標準へ適合させるための変更や追加のコントロールを採用するかどうかは、その後にリスクや影響を分析・評価した結果で判断する。

ウ．適切。1業務での処理ミスが後続の業務に影響を与えていく。元となる業務のリスクを明確にすることで対策につながる。リスクのタイプとして典型的なものは、架空計上、計上漏れ、計上日間違い、科目間違いなどがある。

エ．適切。個々の業務内容を記述することで、リスク発生要因が発見できたり、重複や無駄が明らかになり、業務改善にもつながる。

オ．適切。リスクコントロールマトリックスは、業務の流れ図で明らかにしたリスクやリスクを軽減するための予防策、統制上の要点を業務ごとに一覧表にし、共通認識を得ることができる。

問題 **81** 解答 H29前

正 解 オ

ポイント

・本問は、リスクの評価の結果に対するリスク対応の選択についての適切な考え方を問う問題である。

解 説

ア．適切。リスク評価は一般的に「発生可能性」と「影響度の大きさ」でリスク算定を行い、リスク対策の費用や時間等一定の基準で優先順位をつける。

イ．適切。リスク対応は一般的に「回避」、「低減」、「移転」の現実的なリスク対策実施後の残存リスクが「受容」可能水準以下ならば、一定のリスク対策完了とみなす。

ウ．適切。リスク低減は一般的に、リスクの発生可能性を下げること、発生時の影響を小さくすることが主であり残存リスクで効果度合いを評価する。

エ．適切。受容可能水準を超えるリスクを受容する際の判断基準の一例である。

オ．不適切。発生可能性が低いことを理由に一律的にリスク受容と決定するのではなく、ある程度有効なリスク低減を試みて、その上で残ったリスクを受容するようにすべきである。例えば、バックアップを遠隔地に保管する対策を追加し、万一の場合に別の場所にオフィスを確保してそこで復旧を行えるようにするなどの対策が考えられる。

問題 82 解答

正 解　ウ

ポイント

・内部統制におけるアサーションとは、財務報告が適切であることを論理立てて整理するために必要な概念で、経営者の主張であり、監査時の要点でもある。

　①実在性：おのおのの取引が実際に存在すること

　②網羅性：すべての取引が漏れなく記録されていること

　③評価の妥当性：資産や負債を会計基準に沿った適切な金額で会計帳簿に記録していること

　④権利と義務：計上されている資産の権利及び負債の義務が企業に帰属していること

　⑤期間帰属の適切性：取引を適切な金額で記録し、収益や費用を適切な期間に計上していること

　⑥表示の妥当性：取引を適切に表示していること

・本問は、アサーションの意味を正しく理解しているかを問う問題である。

解 説

ア．適切。正当な受注だけの入力は、実在性に該当する。

イ．適切。二重入力や入力漏れ防止は、実在性と網羅性に該当する。

ウ．不適切。合計金額による二重計上、計上漏れ防止は、網羅性に該当する。

エ．適切。正当な請求は、実在性及び権利と義務に該当する。

オ．適切。入金の請求書との照合や経理と営業とのレビューは、実在性及び評価の妥当性に該当する。

●参考文献

・経済産業省「システム管理基準 追捕版（財務報告に係るIT統制ガイダンス）」2007年
　3月30日（ウェブサイト）

問題 **83** 解答　　　　　　　　　　　　　　　　　　　　　　　　　H27前

正　解　エ

ポイント

・一般的に内部統制プロジェクトでは、基本計画として、方針・手順・体制
　を決め、全社的統制の有効性を確認した上で、対象とする事業拠点と重要
　ビジネスプロセスを決定する。

・その対象範囲について、文書化／評価を行う。

　1）3点セット（業務の流れ図、業務記述書、リスクコントロールマトリッ
　　　クス（RCM））を作成する。

　2）この3点セットの作成を通じて、適切なリスクコントロール方法を検
　　　討する。

　3）ウォークスルーでそのリスクコントロールが適切か、運用方式が現実
　　　的か、検証する。

　4）不備に対しては、コントロールを追加・変更する。

　5）回避できないリスクの場合、プロセスの改善や、必要に応じて情報シ
　　　ステムの改善など適切な改善を行う。

・構築した内部統制の稼働後は、モニタリング及び定期的な監査を実施する。

・本問は、内部統制の構築作業の進め方（特に、文書化／評価）の手順を問
　う問題である。

解　説

以下が正しい手順である。

Step 1：全体方針の策定

Step 2：業務の流れ図及び業務記述書の作成

Step 3：リスクコントロールマトリックス（RCM）の作成

Step 4：ギャップ分析してコントロールを追加・変更

Step 5：ウォークスルーで検証し不備を修正

ア．不適切。①、②が誤り。全体方針の策定は最初に行う。他の手順は正しい。

イ．不適切。③ウォークスルーで検証し不備を修正するのは最後の手順である。

ウ．不適切。④RCMは３点セットの１つであり、業務の流れ図、業務記述書と合わせて作成する。③ギャップ分析してコントロール追加変更はその後に行う。

エ．適切。全体方針策定、３点セット作成、コントロール追加変更、ウォークスルーと正しい流れである。

オ．不適切。②、④が誤り。全体方針の策定を最初に行い、ウォークスルーは最後に行う。

問題 **84** 解答

H27前

正　解　イ

ポイント

・本問は、内部統制における全社的統制、業務処理統制、及びITへの対応としてのIT全社的統制、IT業務処理統制、IT全般統制についての基本的な理解を問う問題である。

解　説

ア．適切。IT全社的統制とは、連結対象企業全体の"ITに関する内部統制"が機能するように定めた方針や手続き等をいう。全社的統制は、全社的な財務方針、組織の構築及び運用等に関する統制で、IT全社的統制を含んでいる。

イ．不適切。手計算などで集計した結果を他の者がチェックする等の統制は業務処理統制に該当するが、あらかじめ設計し、式を文書等で管理し、他の者に式を検証してもらい、承認を受け、式を変更できないように保護を設定するなど、改ざんやエラーに対する処置を組み込んだ式は、自動化された情報システムによる業務処理に該当するので、IT業務処理統制に該当する。

ウ．適切。IT業務処理統制とは、販売管理や会計業務においてアプリケーションシステムを活用し、承認された取引が正確に処理・記録されるようにITによって統制された状態のことをいう。

エ．適切。IT全般統制とは、業務処理統制を有効に機能させる環境を実現させるための統制をいい、ITの開発・保守に係る管理、システムの運用・管理、内外からのアクセス管理等のシステムの安全性確保、外部委託に関する契約管理を指す。

オ．適切。本選択肢は、IT全般統制の内外からのアクセス管理等のシステムの安全性確保に関して記述したものである。

●参考文献

・経済産業省「システム管理基準 追補版（財務報告に係るIT統制ガイダンス）」2007年3月30日

D●対策 > 1●対策の概念

3●情報セキュリティ管理

問題

85 解答

正 解 イ

ポイント

・情報セキュリティ対策には、技術的な対策と運用面での対策の両方が必要である。技術的な対策には、ファイアウォール強化、コンピュータウイルス感染防止、ネットワークのアクセス制御、侵入検知システムの導入などがある。

・本問は、情報セキュリティ確保の運用面での基本的対策の理解を問う問題である。

解 説

ア．適切。パスワードの変更とその実施状況の管理が必要である。

イ．不適切。サポート停止等による脆弱性、フリーソフト等の安全性について疑義あるソフトの導入を回避する必要性がある。

ウ．適切。離席時対策とその実施状況の確認が必要である。

エ．適切。OSやオフィスソフトのアップデート等の確認はPC管理の基本である。

オ．適切。ウイルス対策をすべてのPC等に適用することはPC管理の基本である。

1●内部統制の構築・管理　　テキスト第4章第2節

問題

86 解答　　H27前

正　解　エ

ポイント

・業務処理統制を手作業で行う場合とITを活用する場合とで、それぞれ長所短所がある。手作業には柔軟性があるが、大量処理や正確性／継続性に問題がある。IT活用では、複雑な処理を正確に行えるが、柔軟性はなく、プログラムやデータの改ざん対策が重要である。

・本問は、IT業務処理統制の特徴を理解しているかを問う問題である。

解　説

・手作業による業務処理統制の長所は、D（定義できていない異常の検知）

・IT業務処理統制の長所は、A（コントロールの回避・無視が困難）とE（複雑な計算や処理の正確性）

・手作業による業務処理統制の短所は、B（大量の処理や対応が困難）

・IT業務処理統制の短所は、C（プログラムやデータの改ざん対策が必要）とF（非定型・例外処理の柔軟な対応が困難）

以上の組み合わせにより

ア．不適切。（①と③が不適切）

イ．不適切。（①と②が不適切）

ウ．不適切。（③と④が不適切）

エ．適切。

オ．不適切。（①、②、③が不適切）

●参考文献

・小池聖一・パウロ／楠 正彦／簾野純一／本木賢太郎「経営者のためのITガバナンスの実務」中央経済社　2011

448

問題 **87** 解答

正 解 ア

ポイント

・品質管理（QC：Quality Control）では、収集したデータを分析し、品質を維持・改善するための活動を行う。数値的なデータについては定量的に分析し、問題点の把握、原因の把握、効果の確認を行う。また、数値にするには難しいような特性や要因といった特性情報や文字情報について定性的に分析し問題の方向性を見出し、品質の維持・改善を行う。

・数値的なデータについては統計的に分析する手法として、QC 7つ道具がある。QC 7つ道具には、パレート図、ヒストグラム、散布図、特性要因図、チェックシート、グラフ、管理図がある。

・特性情報や文字情報について問題の方向性を見出すための手法として、新QC 7つ道具があり、親和図法、連関図法、系統図法、マトリックス図法、アローダイアグラム、PDPC法、マトリックスデータ解析法である。

・本問は、IT資源の品質管理におけるQC 7つ道具、新QC 7つ道具の利用についての理解度を問う問題である。

解 説

A：「特性要因図」は問題の特性（結果）に対して、影響を及ぼす要因との関連を整理し、体系的にまとめた図で「フィッシュボーン図」とも呼ばれる。

B：「連関図」は要因が複雑に絡み合っている場合に問題の全容を把握するため作成する。矢印の多く出ている要因は他の要因との関連が強く、根本的な要因の可能性がある。

C：「親和図」は混沌としているアイデア、意見、問題点を整理するために用いる。作図するにはまず、アイデアなどを簡潔に表現し、カードに記述する。全体を眺め、親和性のあるカードを集め、本質的な問題点を発見する。

D：「パレート図」は事前に問題点を原因別に分類・集計しておき、度数が大きいものから順に左から並べ作成する。対処すべき問題の優先度が一目

でわかる。

　なお、「散布図」は分析対象の２種類のデータをグラフ上に点で描いていくことで、これらのデータに相関関係の有無を表現する図のことである。したがって、アが適切である。

●参考文献

・石原勝吉他「やさしいQC七つ道具－現場力を伸ばすために」日本規格協会　1980

・新QC七つ道具研究会編「やさしい新QC七つ道具－TQC推進のための」日科技連　1984

2●情報セキュリティ管理　　　　　テキスト第4章第2節

問題 **88** 解答　　　　　　　　　　　　　　　　　　H28後

正　解　イ

ポイント

・情報セキュリティを確保し、維持するためには、①取り組みに関する基本方針や行動規範を明確にする「情報セキュリティポリシー」、②外部環境や内部環境の変化に対して、随時、情報セキュリティの管理方法や管理体制を見直し、継続的に改善する「情報セキュリティ管理」、③それらをどのように管理するかの基準とする「情報セキュリティ基準」が必要である。

・本問は、情報セキュリティポリシー、情報セキュリティ管理、情報セキュリティ基準についての実践的な理解を問う問題である。

解　説

ア．不適切。適用範囲の組織変更、人事異動、声明者の変更などでも、基本方針の内容の修正が発生するので、見直しや改定は必要である。

イ．適切。適用範囲外の部門に依存する作業は"社内委託"として、外部委託の場合の管理策などを準用する。適用範囲外の者によるアクセスについては、第三者に対する管理策等を準用する。これらの施策を行うことで、目的とする事業とその部門だけを適用範囲とすることができる。

ウ．不適切。導入後も、変化が想定されるときは適宜、それ以外では定期的に、情報資産、リスク、影響を見直し、必要であれば対策を見直すことが必要である。

エ．不適切。リスクベースのマネジメントシステムである。情報資産のリスク低減が必要と決めて低減策を選択する場合の参考として100余のベストプラクティスとしての管理策が示されている。適用範囲の情報資産に該当する管理策であっても、リスクが高くなく低減の必要がなければ、採用しなくてもよい。

オ．不適切。情報資産の変動、新たなリスク、管理策の規定・手順の不備、事件事故やその予兆、情報セキュリティ事象などの検出も必要である。内

部監査では、改善すべき点の摘出も必要である。

● 参考文献

・JIS Q 27001：2014 情報技術－セキュリティ技術－情報セキュリティマネジメントシステム－要求事項

 問題 **89** 解答　　　　　　　　　　　　　　　　　　H29前

正 解　　ア

ポイント

・情報セキュリティポリシーは、図のように3層構造で表され、「情報セキュリティ基本方針」で、情報セキュリティに関する組織の取り組み姿勢及び組織全体に関わる運用を規定する。「対策基準」は、基本方針の内容を受けて具体的なルールを記述する。「実施手順」は、情報セキュリティポリシーや情報セキュリティ対策基準に記載された事項を、日常の個々の場面に応じてどのように具体化するかという行動の取り方を規定したものである。

・本問は、情報セキュリティポリシーについての基本的な知識を問う問題である。

解 説

ア．不適切。トップマネジメントの表明の見直しは、一般に事業上の要求や組織の変化などがあったときに行う。内部監査のこのような不備指摘によってすぐに見直すことはない。内部監査のこのような不備指摘に対しては、まず実施手順などの仕組みに問題がないかどうかを検討する。

イ．適切。実施しにくいとか、効果に疑問を持っている等の原因も考えられる。

ウ．適切。対策の重要性が理解されていない等の原因も考えられる。

エ．適切。手順が理解されていない等の原因も考えられる。

オ．適切。監査サンプリングを増やすことで確実な評価結果が得られる。

問題 **90** 解答

正　解　オ

ポイント

・情報セキュリティマネジメントシステムとは、ISMSと略され、情報システムに被害や影響を及ぼす脅威に対して適切にリスクアセスメントを実施し、企業における総合的な情報セキュリティを確保する仕組みである。

・本問は、JIS Q 27001で定められた情報セキュリティマネジメントシステムの考え方の重要な点を理解しているかを問う問題である。

解　説

ア．適切。情報セキュリティ（機密性・完全性・可用性）の喪失の影響をリスクアセスメントして、重大性に合わせて予防策を講じるリスクマネジメントシステムである。品質マネジメントシステムをプロセスアプローチと呼ぶことに相対してリスクアプローチと呼ぶ。

イ．適切。一般のISOマネジメントシステムで要求される手順（文書・記録の管理[*1]、内部監査、是正処置）の確立[*2]の他に、リスクアセスメントについての手順書の作成が必須である。

　＊1：JIS Q 27001：2006年版までは「文書」と「記録」に分類されていたが、2014年版では区別されずに「文書化した情報」で統一された。

　＊2：JIS Q 27001：2006年版までは手順の文書化が要求されていたが、2014年版では文書化の要求はなくなった。なお、予防処置の要求もなくなった。

ウ．適切。リスクアセスメントの一般的な手法を説明している。

エ．適切。マネジメントシステムに求められている一般的な監視を説明している。

オ．不適切。必罰主義による牽制だけでは情報セキュリティインシデントは防止できない。牽制策以外の人的対策、組織的対策、技術的対策、物理的対策も含めて見直し、バランスよく改善する必要がある。

●参考文献

・JIS Q 27001：2014 情報技術－セキュリティ技術－情報セキュリティマネジメントシス

2●人的資源のセキュリティ　テキスト第4章第3節

問題 91 解答　　　　　　　　　　　　　　　H23後

正　解　エ

ポイント

・情報セキュリティとは、情報資産を安全に管理し、適切に利用できるように運用することである。その情報資産をどのように守るかの運用面では、①組織的セキュリティ、②人的セキュリティ、③技術的セキュリティ、④物理的セキュリティ、に分けて考える。

・本問は、人的セキュリティ対策として、セキュリティ従業者の業務や役割に応じて必要な啓発、教育・訓練、意識向上の活動についての理解を問う問題である。

解　説

ア．適切。業務・役割に必要な知識・技能を明確に定義する。

イ．適切。業務・役割に必要な知識・技能は満たすようにする。

ウ．適切。推進体制と従業者とのコミュニケーション方法の周知が必要である。

エ．不適切。従業者の業務や役割に応じて必要な知識・技能の教育・訓練は必要だが、すべての従業者に規定等のすべてを詳細に理解させる必要はない。

オ．適切。情報セキュリティの文化を社内に根付かせるための活動を継続的に行う必要がある。

●参考文献

・JIS Q 27001：2014 情報技術−セキュリティ技術−情報セキュリティマネジメントシステム−要求事項

・JIS Q 9001：2015 品質マネジメントシステム−要求事項

3● 物理的および環境的セキュリティ テキスト第4章第3節

 問題 92 解答 H28前

正 解 ウ

ポイント

・情報セキュリティインシデントとは、外的要因、内的要因にかかわらず、情報セキュリティに関する事故や攻撃などの総称である。DOS攻撃やコンピュータへの不正アクセス、Winnyや外部へのデータ持ち出しによる情報漏洩などの他に、天災や設備不良によるものも含めると、セキュリティインシデントは日常的に発生している。

・本問は、情報セキュリティインシデントに対する適切な対応方法についての理解を問う問題である。

解 説

ア．不適切。なりすましメールの可能性がある不審メールに返信してはいけない。

イ．不適切。ウイルス感染の疑いがある現象の場合、まずパソコンからLANケーブルを抜き、その後の連絡は電話等で行う。

ウ．適切。選択肢の状況では、再インストールが必要で、その際LAN接続によって再度攻撃に遭ってウイルスに感染することがあるので、このようにLANに接続する前にOSインストールやアップデート、ウイルス対策やセキュリティ設定の実施を行うことが適切である。

エ．不適切。根本対策「交換で対策済」は、原因「老朽化」への根本対策（再発防止策）になっていない。会社内で長年使用しているパソコンやハードディスクに対しての交換計画の策定等が求められる。

オ．不適切。気づいた時点で、上司と入退管理担当へ届出し、紛失した通門ICカードの無効化を速やかに実施する。公共の場での紛失が想定される場合は警察にも紛失届けをする。

4●通信およびシステム運用のセキュリティ　テキスト第4章第3節

問題
93 解答

正　解　イ

ポイント

・生体認証は、指紋や顔、網膜パターン（虹彩）、静脈、掌紋、声紋などを用いて本人認証を行う。生体認証も万能ではなく、その強みと弱みを認識した上で採用・運用しなければならない。

・本問は、利用者認証で用いられる生体認証を適切に利用するための知識を問う問題である。

解　説

ア．適切。例えば生体情報の1つである指紋について、ユーザー認証のために登録されている指紋が複製・偽造されたり、不正アクセスで指紋情報が不正取得されるなどして、本人になりすまして不正利用されるリスクや被害に対して、パスワードのように指紋を変更することで不正に利用された生体情報を無効にすることはできない。

イ．不適切。眼球の黒目部分には、瞳孔の拡大や縮小のための筋肉から成る虹彩（アイリス）と呼ばれる環状の部分があり、筋肉には細かい皺がある。この皺のパターンをカメラで撮影することにより認証を行うのが虹彩認証である。虹彩認証は、指紋や静脈認証に比べて他人受入率が低く精度が高い。

ウ．適切。生体情報の登録が定められた方法で正しく行われなかった場合や、体調や周囲の温度や湿度、明るさなどの影響、薬品などにより指紋が薄い場合など、センサーからの入力情報に問題がある場合には、誤って他人を受け入れる可能性や、誤って本人を拒否する可能性がある。

エ．適切。誤って本人を拒否する確率を、本人拒否率と呼び、誤って他人を受け入れる確率を、他人受入率と呼ぶ。生体認証においては、システムの目的に応じて、セキュリティと利便性の兼ね合いで適切な閾値の設定を行う必要がある。

オ．適切。生体認証システムの運用において、認証の精度が低い場合には、生体情報の入力場所の照明を明るくする、ブラインドで直射日光を防ぐ、温度・湿度を調整するなど外部環境を改善することで認証の精度を上げることができる場合がある。

●参考文献

・独立行政法人情報処理推進機構（IPA）「生体認証導入・運用のためのガイドライン」2009

問題 **94** 解答

H27前

正解 ウ

ポイント

・パスワードは、本人のみが知り得る認証要素として、ユーザー IDやメールアドレスと組み合わせて本人認証に利用される。しかし、パスワードの管理が適切でないと、本人のみが知っているという認証要素の条件を満たすことができなくなる。そのため、適切にパスワードを管理することが必要になる。

・本問は、パスワード管理に関する理解を問う問題である。

解説

方針１は、パスワードの強度（推測や類推のしにくさ）に関する方針である。方針２は、利用者のパスワードの管理に関する方針である。

管理策の機能Ａから機能Ｅが、この方針１、方針２のいずれの方針に対する管理策かを考える。

・機能Ａ：同じパスワードを連続して使用することを抑止するので方針２のための管理策となる。

・機能Ｂ：不正アクセス防止の観点で必要な機能ではあるが、方針１、方針２の管理策ではない。

・機能Ｃ：8文字という長さの方針に対応する機能であり、方針１のパスワードの強度に関するための機能である。

・機能Ｄ：強度の低い簡易な文字の制限をする機能であり、方針１のパスワー

ドの強度に関するための機能である。

・機能Ｅ：一度異なるパスワードに変更し再び以前のパスワードに戻すなど、以前と同じパスワードを使い続けることを抑止することが期待できることから、方針２の管理策となる。

したがって、方針１は機能Ｃと機能Ｄとなり、方針２は機能Ａと機能Ｅとなる。

 解答

正 解 イ

ポイント

・IoT（Internet of Things）が社会インフラとして普及が進むに伴い、これらの脆弱性に対するサイバー攻撃事例が発生している。経済産業省・IPAのIoTに対するサイバーセキュリティのガイドラインでは、社会への重大な影響につながりかねないとして、事業者がIoTに接続する電子機器の選定、導入・設置を行うに当たっては、想定される脅威に対して対策を行うことが求められている。

・本問は、IoTに対するサイバー攻撃の脅威についての基本的な理解を問う問題である。

解 説

ア．適切。監視カメラをネットワーク経由で遠隔・集中監視する際に、適切なパスワード設定を行わずにネットワーク接続すると、インターネット経由で悪意ある者に侵入され、悪用される。IoTに対するサイバーセキュリティのガイドラインでは、監視カメラの選定時のセキュリティ機能の確認、設置時のネットワーク設定において、事業者は適切な対策を講じなければならないとしている。

イ．不適切。サイバー空間は誰でもアクセスが可能な場所なので、データを保存する際にはそのフォルダやデータに対するアクセス権やパスワードを適切に設定する必要がある。しかし、IoTに対するサイバーセキュリティのガイドラインでは、これは一般的に事業者が電子機器の選定、導入・設置時に考慮して対処すべき脅威に含められていない。

ウ．適切。自動車内のネットワークやネットワーク接続された各種制御機器やそれら機器の保守ツールなどの脆弱性を突いて、不正侵入されて制御を乗っ取られると、不正操作される。IoTに対するサイバーセキュリティのガイドラインでは、車の開発において、ネットワーク、接続する制御機器、保守システムの設計時または接続構成を決める際に、これら脆弱性をなくすように開発者は適切な対策を講じなければならないとしている。

エ．適切。交通、気象、電力、山河、上下水道などの監視やトラフィック制御を行う制御機器やそのネットワーク、それらの保守ツールなどの脆弱性を突いて、不正侵入されて制御を乗っ取られると、制御機器や通信を不正操作される。IoTに対するサイバーセキュリティのガイドラインでは、制御機器、これらの通信や保守ツールの導入検討時または接続構成を決める際、さらには設置時の設定では、これら脆弱性がないように事業者は適切な対策を講じなければならないとしている。

オ．適切。工場内の生産ラインや工作機械の制御コンピュータ及びこれらをつなぐネットワークや保守システムなどの脆弱性を突いて、不正侵入されて制御を乗っ取られると、不正操作される。IoTに対するサイバーセキュリティのガイドラインでは、生産ライン、工作機械、保守システム、ネットワークなどの導入の検討、接続構成決定、設置・接続の際に、これら脆弱性をなくすように事業者は適切な対策を講じなければならないとしている。

●参考文献
・独立行政法人情報処理推進機構（IPA）セキュリティセンター「制御システムセキュリティの推進施策に関する調査報告書」2010年5月（ウェブサイト）
・独立行政法人情報処理推進機構（IPA）セキュリティセンター「IoT時代のつながる脅威とリスク、その対策について～つながる世界の安全・安心に向けたSECの取組み～」（CTEATECブースプレゼン　2015年10月9日）（ウェブサイト）
・IoT推進コンソーシアム、総務省、経済産業省「IoT セキュリティガイドライン ver 1.0」2016年7月（ウェブサイト）

1 ● セキュリティ管理の実践

問題 96 解答

正　解　エ

ポイント

・バックアップ取得は事業継続計画の要であり、リスクの想定とリスクに備えたバックアップ方法を選択することが重要である。

・本問は、事業継続のためのバックアップのやり方についての知識を問う問題である。

解　説

ア、イ．不適切。二重書きは、誤ったデータの削除やファイルの消去に対する対策にならない。火災、大地震では二重書きの両方のメディア／装置が被害に遭うことがあり得る。

ウ．不適切。毎日の差分バックアップは、故障、損傷や誤ったデータの削除やファイルの消去に対する対策にはなるが、火災、大地震などでは両方共喪失することがあるのでこれの対策にはならない。

エ．適切。休日のフルバックアップと毎日の差分バックアップは、誤ったデータの削除やファイルの消去時の復旧に役立つ。差分バックアップを採取しないデータベースに対する誤ったデータの削除やファイルの消去時は、更新が少ないので手作業で復旧できる。ただし、火災・大地震でデータベースと差分バックアップの両方が喪失した場合、最悪手作業による1週間分のデータの修復が必要になる。しかし、他の対策に比べて現実的な対応であり、受容できる対策と言える。

オ．不適切。本社と別事業所での相互リモートバックアップは、火災・大地震時の復旧には役立つが、誤ったデータの削除やファイルの消去に対する対策にはならない。

3●関連する情報セキュリティの基準 テキスト第4章第4節

問題
97 解答 H28後

正　解　ウ

ポイント

・情報セキュリティの3大要素は、機密性・完全性・可用性である。

　機密性：アクセスを許可された者だけが情報にアクセスできること

　完全性：情報及び処理方法が正確であること及び完全であること

　可用性：許可された利用者が必要なときに情報資産にアクセスできること

・本問は、特に機密性が高い個人情報の取り扱いに関する知識を問う問題である。

解　説

ア．適切。許可された業務利用だけが行われるように保管管理する必要がある。

イ．適切。複製には原本と同様の管理が求められるので、複製そのものを厳密に管理する必要がある。

ウ．不適切。機密情報のありかを業務上必要な者以外に知らせることは避けなければならない。

エ．適切。データが再現されないように確実な方法を採用する必要がある。

オ．適切。持ち出す必要性と媒体紛失や情報漏洩を防止するための安全策が取られているかの確認が必要である。

●参考文献

・一般社団法人情報サービス産業協会「個人情報保護ハンドブック」2019

・独立行政法人情報処理推進機構（IPA）「組織における内部不正防止ガイドライン」（ウェブサイト）

問題 **98** 解答

正　解　エ

ポイント

・個人情報保護法、プライバシーマーク（Ｐマーク、JIS Q 15001規格に基づいていると認定された個人情報保護マネジメントシステム）は、情報システムの運用において、特別な対応を要求している。

・本問は、これらの法や規格に沿った対応を行うための知識を備えているかを問う問題である。

解　説

ア．適切。合併によってそれぞれの従来の利用目的に限定した範囲での利用が新会社に継承される。ダイレクトメールなどの対象となる製品・サービスが増えるので、通知して了解を得ることが望ましい。

イ．適切。個人情報保護法上は公表・通知・同意等は要求されていないが、プライバシーマークでは「委託する旨」を通知しておくことが要求されている。どこにどのような作業を委託するかの詳細を通知することまでは要求されていない。

ウ．適切。一般の「機密情報」という表現には「公表されている個人情報」は含まれないし、個人情報には「個人の権利の保護」という側面の保護が追加されている。

エ．不適切。個人情報保護法でもプライバシーマーク規格でも委託先の監督が要求されていて、具体的には、「個人情報の保護に関する法律についてのガイドライン（通則編）」にて、許可外複写禁止、担当以外のアクセス禁止、個人情報の管理状況や事故の報告義務、監査の受査義務などを契約書等で合意することが求められている。ガイドラインに沿って選択肢で示した２つの項目だけではなく、必要な対策を講じないと、法や規格の要求を満たしたことにならない。

オ．適切。個人情報保護法でもプライバシーマークでも、「法令に基づく場合」、「生命・身体・財産の保護、公衆衛生のためで本人の同意を得ることが困難なとき」、「国の機関・地方公共団体等の事務に協力する場合で本人

の同意を得ることで事務遂行に支障があるとき」などの場合は、同意を得ずに提供できるとの例外事項が定められている。本人の同意を得ないで提供する場合、社内では個人情報保護管理者の承認を得て、記録を残すようにするとよい。

●参考文献
・個人情報の保護に関する法律
・個人情報保護委員会（PPC）「個人情報の保護に関する法律についてのガイドライン（通則編）」2016
・JIS Q 15001：2017　個人情報保護マネジメントシステム－要求事項

解答　H25前

正　解　エ

ポイント
・本問は、セキュリティ管理、セキュリティポリシー、セキュリティ基準についての理解を問う問題である。

解　説
ア．適切。計画・運用・監視・改善はPDCAに当たり、ISOマネジメントシステムの基本的な枠組みそのものである。
イ．適切。附属書Aで示された133の管理策の具体的な実施例が1,000余り、JIS Q 27002に示されている。
ウ．適切。基本方針では、声明・目的・情報セキュリティポリシーの位置づけ・用語の定義・対象範囲・情報セキュリティマネジメント体制・準拠性・罰則等を規定する。
エ．不適切。情報セキュリティの3大要素は、機密性・可用性・信頼性ではなく、機密性・可用性・完全性である。
オ．適切。情報セキュリティ管理では、環境変化に応じて、随時リスク見直しを行い、継続的な対応の改善が重要である。

●参考文献

・JIS Q 27001：2014 情報技術－セキュリティ技術－情報セキュリティマネジメントシステム－要求事項
・JIS Q 27002：2014 情報技術－セキュリティ技術－情報セキュリティ管理策の実践のための規範

 問題 **100** 解答

正 解 エ

ポイント

・本問は、2017年5月全面施行となった改正個人情報保護法での変更内容で、事業上影響の大きい事項についての理解を問う問題である。

解 説

ア．適切。個人情報保護法第2条第1項第2号、第2条第2項に以下の定めあり。

「第2条第1項第2号　個人識別符号が含まれるもの」

「第2条第2項　この法律において「個人識別符号」とは、次の各号のいずれかに該当する文字、番号、記号その他の符号のうち、政令で定めるものをいう。

1　特定の個人の身体の一部の特徴を電子計算機の用に供するために変換した文字、番号、記号その他の符号であって、当該特定の個人を識別することができるもの

2　個人に提供される役務の利用若しくは個人に販売される商品の購入に関し割り当てられ、又は個人に発行されるカードその他の書類に記載され、若しくは電磁的方式により記録された文字、番号、記号その他の符号であって、その利用者若しくは購入者又は発行を受ける者ごとに異なるものとなるように割り当てられ、又は記載され、若しくは記録されることにより、特定の利用者若しくは購入者又は発行を受ける者を識別することができるもの」

イ．適切。個人情報保護法第2条第3項、第17条第2項に以下の定めあり。

「第2条第3項　この法律において「要配慮個人情報」とは、本人の人種、信条、社会的身分、病歴、犯罪の経歴、犯罪により害を被った事実その他

本人に対する不当な差別、偏見その他の不利益が生じないようにその取扱いに特に配慮を要するものとして政令で定める記述等が含まれる個人情報をいう。」

「第17条第2項　個人情報取扱事業者は、次に掲げる場合を除くほか、あらかじめ本人の同意を得ないで、要配慮個人情報を取得してはならない。（以下各号省略）」

ウ．適切。個人情報保護法第25条第1項、第26条第1項、第23条第2項・第3項、第2条第9項、第36条第1項に以下の定めあり。

「第25条第1項（第三者提供に係る記録の作成等）　個人情報取扱事業者は、個人データを第三者（第2条第5項各号に掲げる者を除く。以下この条及び次条において同じ。）に提供したときは、個人情報保護委員会規則で定めるところにより、当該個人データを提供した年月日、当該第三者の氏名又は名称その他の個人情報保護委員会規則で定める事項に関する記録を作成しなければならない。ただし、当該個人データの提供が第23条第1項各号又は第5項各号のいずれか（前条の規定による個人データの提供にあっては、第23条第1項各号のいずれか）に該当する場合は、この限りでない。」

「第26条第1項（第三者提供を受ける際の確認等）　個人情報取扱事業者は、第三者から個人データの提供を受けるに際しては、個人情報保護委員会規則で定めるところにより、次に掲げる事項の確認を行わなければならない。ただし、当該個人データの提供が第23条第1項各号又は第5項各号のいずれかに該当する場合は、この限りでない。（以下各号省略）」

「第23条第2項　個人情報取扱事業者は、第三者に提供される個人データ（要配慮個人情報を除く。以下この項において同じ。）について、本人の求めに応じて当該本人が識別される個人データの第三者への提供を停止することとしている場合であって、次に掲げる事項について、個人情報保護委員会規則で定めるところにより、あらかじめ、本人に通知し、又は本人が容易に知り得る状態に置くとともに、個人情報保護委員会に届け出たときは、前項の規定にかかわらず、当該個人データを第三者に提供することができる。（以下各号省略）

第3項　個人情報取扱事業者は、前項第2号、第3号又は第5号に掲げる事項を変更する場合は、変更する内容について、個人情報保護委員会規則で定めるところにより、あらかじめ、本人に通知し、又は本人が容易に知

り得る状態に置くとともに、個人情報保護委員会に届け出なければならない。」

「第2条第9項　この法律において「匿名加工情報」とは、次の各号に掲げる個人情報の区分に応じて当該各号に定める措置を講じて特定の個人を識別することができないように個人情報を加工して得られる個人に関する情報であって、当該個人情報を復元することができないようにしたものをいう。

1　第1項第1号に該当する個人情報　当該個人情報に含まれる記述等の一部を削除すること（当該一部の記述等を復元することのできる規則性を有しない方法により他の記述等に置き換えることを含む。）。

2　第1項第2号に該当する個人情報　当該個人情報に含まれる個人識別符号の全部を削除すること（当該個人識別符号を復元することのできる規則性を有しない方法により他の記述等に置き換えることを含む。）。」

「第36条第1項（匿名加工情報の作成等）　個人情報取扱事業者は、匿名加工情報（匿名加工情報データベース等を構成するものに限る。以下同じ。）を作成するときは、特定の個人を識別すること及びその作成に用いる個人情報を復元することができないようにするために必要なものとして個人情報保護委員会規則で定める基準に従い、当該個人情報を加工しなければならない。（第2項以降、及び第37～39条省略）」

エ．不適切。改正前の個人情報保護法第2条3項5号に取り扱い個人データベースが5,000件以下の小規模事業者の適用除外の規定があったが、改正個人情報保護法第2条第5項には小規模事業者を除外する記載そのものがなくなった。ただし、第20条の安全管理措置の適用に当たっては、「個人情報の保護に関する法律についてのガイドライン（通則編）」（個人情報保護委員会、2016.11.30）の「8（別添）講ずべき安全管理措置の内容」において、従業員が100人以下の事業者で個人データベースの受託業務がなく自社保有個人データベースの個人データが5,000人分以下の場合に限って、実施する安全管理措置の各手法について軽減の特例が示されている。

オ．適切。個人情報保護法第84条に以下の定めあり。

「第84条　個人情報取扱事業者（その者が法人（法人でない団体で代表者又は管理人の定めのあるものを含む。第87条第1項において同じ。）である場合にあっては、その役員、代表者又は管理人）若しくはその従業者又

はこれらであった者が、その業務に関して取り扱った個人情報データベース等（その全部又は一部を複製し、又は加工したものを含む。）を自己若しくは第三者の不正な利益を図る目的で提供し、又は盗用したときは、1年以下の懲役又は50万円以下の罰金に処する。」

●参考文献

・改正個人情報保護法「個人情報の保護に関する法律（2017年5月30日全面施行）」
・個人情報保護委員会（PPC）「個人情報の保護に関する法律についてのガイドライン（通則編）」2016

●編著
ビジネス・キャリア®検定試験研究会

●監修
菅原　邦昭
SKコンサルティング事務所　代表社員

●監修協力
加野　隆司＜情報化企画、情報化活用＞

川田　茂＜情報化活用＞

中村　隆夫＜情報化企画、情報化活用＞
NITコンサルティング　代表

政井　寛＜情報化企画、情報化活用＞
政井技術士事務所　代表

山田　喜彦＜情報化活用＞

- 本書掲載の試験問題及び解答の内容についてのお問い合わせには、一切応じられませんのでご了承ください。
- その他についてのお問い合わせは、電話ではお受けしておりません。お問い合わせの場合は、内容、住所、氏名、電話番号、メールアドレス等を明記のうえ、郵送、FAX、メールにてお送りください。
- 試験問題については、都合により一部編集しているものがあります。
- 問題文及び解説文に適用されている法令等の名称や規定は、出題時以降に改正され、それに伴い正解や解説の内容も変わる場合があります。

ビジネス・キャリア®検定試験過去問題集 解説付き
経営情報システム 2級

初版1刷——— 令和4年5月

編著————— ビジネス・キャリア®検定試験研究会
監修————— 菅原 邦昭
発行————— 一般社団法人 雇用問題研究会

〒103-0002 東京都中央区日本橋馬喰町1-14-5 日本橋Kビル2階
TEL 03-5651-7071
FAX 03-5651-7077
URL http://www.koyoerc.or.jp

ISBN978-4-87563-712-7